Enfrentando o dragão

Leta Hong Fincher

Enfrentando o dragão

O despertar do feminismo na China

Tradução: Daniela Belmiro

© 2019 - Leta Hong Fincher
Direitos em língua portuguesa para o Brasil:
Matrix Editora
www.matrixeditora.com.br
Publicado sob licença da Verso, marca da New Left Books – Inglaterra

Diretor editorial
Paulo Tadeu

Capa, projeto gráfico e diagramação
Allan Martini Colombo

Revisão
Adriana Wrege
Silvia Parollo

Tradução
Daniela Belmiro

CIP-BRASIL - CATALOGAÇÃO NA PUBLICAÇÃO
SINDICATO NACIONAL DOS EDITORES DE LIVROS, RJ

Fincher, Leta Hong
Enfrentando o dragão / Leta Hong Fincher ; tradução Daniela Belmiro. - 1. ed. - São Paulo: Matrix, 2019.
264 p. ; 23 cm.

Tradução de: Betraying big brother
ISBN 978-85-8230-593-5

1. Feminismo - China. 2. Mulheres - Atividades políticas - China. 3. Mídia social - Aspectos políticos - China. I. Belmiro, Daniela. II. Título.

19-59900
CDD: 305.420951
CDU: 316.347-055.2(529)

Meri Gleice Rodrigues de Souza - Bibliotecária CRB-7/6439

Para Aidan e Liam, e para minhas irmãs que
são parte da resistência por todo o mundo.

As mulheres chinesas vão romper os grilhões e se erguer inflamadas – todas se tornarão heroínas. Elas serão as protagonistas em um mundo novo, nomeadas pelos céus para serem as responsáveis por reconsolidar o país.

– Qiu Jin, *As Pedras do Pássaro Jingwei*

Sumário

Prefácio 11
Introdução 13

Capítulo 1
O Quinteto Feminista da China 29
Capítulo 2
A Internet e o despertar feminista 47
Capítulo 3
Prisão e liberdade 75
Capítulo 4
Seu corpo é um campo de batalha 89
Capítulo 5
Jingwei enche o mar 125
Capítulo 6
Feministas, advogados e trabalhadores 159
Capítulo 7
O autoritarismo patriarcal chinês 185
Conclusão
Uma canção para todas as mulheres 215

Agradecimentos 235
Notas 239

Prefácio

Por Sônia Bridi

Não estranhe se, ao ler este livro, você tiver a sensação de que está diante de uma ficção distópica. O cenário é muito atual. As personagens andam de trem-bala. Nas ruas, câmeras de reconhecimento facial. As redes sociais estão abertas a todos. Mas os elementos de Big Brother são extremamente perturbadores. Num instante a rede social censura e apaga conteúdo, sem notificação ao usuário, porque assim ordenou o grande irmão, que no caso assumiu um papel muito mais de "grande pai".

Na China de Xi Jinping, mulheres são presas por fazerem manifestação contra o assédio sexual no metrô. Ou por participarem de ONGs que defendem mulheres contra abusos sexuais, violência doméstica e leis de divórcio que permitem ao homem ficar com tudo – inclusive com os filhos. Não só presas. São torturadas com privação de sono, ameaças às suas famílias e aos seus filhos.

Um projeto de país que controla os direitos de reprodução da mulher – primeiro, com a política do filho único. Agora, por causa da virada demográfica, tenta forçar as mulheres a terem mais filhos. Mas não todas as mulheres. Só as da etnia han, a majoritária na China, e só as mais educadas, que têm curso superior.

As acusações feitas pela ditadura que se autodenomina comunista, no entanto, soam extremamente familiares no Brasil: "Vocês estão financiadas por ONGs estrangeiras que querem sabotar o país"; "Vocês, feministas, querem desmoralizar o governo"; "Odeiam os homens porque são feias ou lésbicas". No projeto patriarcal de poder, só cabe a versão submissa de mulher com o estereótipo princesinha oriental.

A história de cinco mulheres escrita por Leta Hong Fincher nos conduz pelos subterrâneos de uma ditadura que completou 70 anos em 2019; chegou ao poder prometendo igualdade entre homens e mulheres e faz do presente um ataque brutal aos movimentos feministas.

Mas, ao mesmo tempo, mergulhamos no cotidiano dessas cinco mulheres que enfrentaram a mais poderosa ditadura dos tempos modernos e sobreviveram para contar a história, graças a uma rede de sororidade que apoiou, escondeu, acolheu e ajudou a cicatrizar as feridas.

Este livro é fundamental para qualquer um que tente compreender como é o exercício do poder na segunda economia do mundo, que avança a passos rápidos para espalhar seus valores e métodos pelo planeta.

Sônia Bridi é jornalista e correspondente internacional da TV Globo.

Introdução

A gravação tem início com o soprano tilintante de uma jovem cantando em chinês *a capella*. A melodia é a mesma de "Ouça o povo a cantar", canção do musical *Les Misérables*, mas a letra fala dos direitos das mulheres:

> Você é igual a mim?
> Acreditamos num mundo igualitário
> Esta canção clama por liberdade e dignidade
> Uma canção para todas as mulheres!

A ativista feminista Li Maizi, de 25 anos, fez circular "Uma canção para todas as mulheres" por grupos feministas no aplicativo de mensagens mais popular da China, o WeChat, em meados de abril de 2015. Ela tinha acabado de ser libertada depois de passar mais de um mês presa junto com quatro outras ativistas: Wu Rongrong, Zheng Churan, Wei Tingting e Wang Man. A canção – que se transformou no hino do movimento feminista chinês – anunciava para o governo do país que, apesar das ameaças constantes e das rodadas de interrogatórios durante o período na prisão, Maizi não se deixara abater.

As autoridades chinesas haviam encarcerado cinco ativistas feministas por articularem comemorações pelo Dia Internacional da Mulher, 8 de março, distribuindo adesivos contra o assédio sexual no metrô e nos ônibus. Quando foram detidas, as cinco mulheres eram quase completamente desconhecidas. Não fosse o período na prisão, suas atividades provavelmente não teriam atraído muita atenção. Ao decidir fechar o cerco sobre essas figuras quase anônimas, entretanto, o governo chinês incitou a criação de um novo símbolo da oposição contra o Estado patriarcal e autoritário: o "Quinteto Feminista".

Se as lideranças do país pensavam que seriam capazes de esmagar a onda incipiente de ativismo feminista com a prisão de cinco mulheres em Pequim e duas outras cidades, elas estavam lamentavelmente enganadas. A notícia da prisão do quinteto se espalhou depressa para o mundo todo por meio das redes sociais. Houve marchas de apoio às feministas chinesas nos Estados Unidos, Grã-Bretanha, Hong Kong, Coreia do Sul, Índia, Polônia e Austrália, e a notícia de sua prisão foi manchete em muitas das principais agências mundiais de notícias.

A detenção coincidiu com os preparativos do presidente chinês Xi Jinping para ser um dos anfitriões da reunião sobre direitos das mulheres organizada pela ONU em Nova York em comemoração ao vigésimo aniversário da Conferência Mundial sobre a Mulher de Pequim, o que disparou uma onda de protestos por parte de organizações de defesa de direitos e lideranças internacionais. Hillary Clinton – na época a favorita na corrida presidencial americana – postou em sua conta do Twitter: "Xi vai presidir a reunião sobre direitos das mulheres na ONU enquanto persegue feministas? Que papelão". O secretário de Estado americano, junto com representantes governamentais da União Europeia, Grã-Bretanha, Canadá e outros países, fez apelo para que as autoridades chinesas libertassem as feministas detidas. O vice-presidente dos Estados Unidos, Joe Biden, adaptando uma hashtag adotada no Twitter por membros do governo americano para fazer referência aos preparativos da reunião na ONU, postou: "Os direitos de mulheres e meninas nunca devem ser violados. Pedimos que as autoridades chinesas respeitem isso. #FreeBeijing20Five". A embaixadora dos Estados Unidos na ONU, Samantha Power, tuitou: "Na China, manifestações contra o assédio sexual estão 'perturbando a ordem'. Perturba mais impedir o trabalho de ONGs que lutam por direitos universais". Diante da imensa pressão vinda do mundo todo por meios diplomáticos e via redes sociais, as autoridades chinesas libertaram as mulheres, depois de mantê-las por 37 dias na prisão. O seu status de suspeitas criminais permanecia o mesmo até a publicação deste livro, e as cinco vivem sob vigilância constante do Estado chinês.

A prisão do Quinteto Feminista foi um ponto de virada importante na história da luta pelos direitos das mulheres na China, mostrando para o mundo que um grupo relativamente pequeno de jovens feministas era capaz de representar uma ameaça considerada grave ao poderio do Partido Comunista Chinês. No país, ativistas do feminismo, estudantes, advogados, trabalhadores e a classe intelectual reagiram com choque e revolta à injustiça cometida pelo governo. Até mesmo trabalhadores do sexo masculino que vinham se beneficiando da luta das feministas por direitos trabalhistas mostraram solidariedade ao Quinteto Feminista nas redes sociais. Um deles publicou no Weibo, a versão chinesa do Twitter, uma foto das suas costas nuas trazendo a inscrição, em grandes letras vermelhas: "Coelho Gigante (o apelido de Zheng Churan), que orgulho! O proletariado está com você!"

Mesmo mulheres mais jovens, algumas ainda alunas de colégio, começaram a se inscrever como voluntárias do movimento iniciante, mas em franco crescimento, de ativismo feminista. Mulheres que até então preferiam se abster de discussões políticas decidiram se declarar publicamente como feministas nas redes sociais, obrigando os censores do governo a trabalharem com ainda mais afinco para reprimir as manifestações on-line de solidariedade ao Quinteto Feminista. O próprio termo "feminista" (*nüquan zhuyi zhe*) entrou para a lista de gatilhos políticos sujeitos à monitoração da censura. Uma das integrantes do quinteto, Wei Tingting, postou no WeChat (usando um pseudônimo) o seu relato "Notas da Prisão", em que falava sobre as "alegrias de trair o Big Brother" durante o período em que esteve presa em 2015 – e foi daí que veio o título escolhido para este livro[1].

Enfrentando o dragão fala do conflito entre a represália sem precedentes do governo chinês às jovens ativistas do feminismo e o surgimento de

---

1 O título em inglês, *Betraying Big Brother* ("Traindo o Grande Irmão"), foi adaptado para o Brasil. (N. do E.)

um despertar feminista mais amplo que já começou a transformar as mulheres em diversas cidades do país. Os resultados desse confronto entre o Estado patriarcal e autoritário e mulheres comuns que estão cada vez mais fartas de lidar com o sexismo em suas vidas diárias podem vir a afetar de maneira importante a China – hoje a segunda economia do planeta– e também o resto do mundo.

Quase uma a cada cinco mulheres vivas no mundo atualmente mora na China, país cuja população feminina chega aos 650 milhões de habitantes. Qualquer mudança demográfica significativa que possa resultar de uma rejeição em massa ao casamento e à função de ter filhos – ou talvez de um levante contra a opressão do Partido Comunista – terá reverberações inevitáveis na economia mundial.

Sob a liderança do presidente Xi Jinping, o regime ditatorial do país sofreu um recrudescimento alarmante. No dia 11 de março de 2018, a legislação chinesa aboliu as limitações ao tempo de mandato presidencial, permitindo que Jinping continue sendo o governante supremo da China enquanto estiver vivo. Existem razões variadas que explicam a continuidade do regime comunista chinês por quase setenta anos, mesmo depois do colapso do comunismo na União Soviética e em outros países do Leste Europeu, mas é impossível compreender a longevidade do Partido Comunista Chinês sem que sejam reconhecidas as raízes patriarcais do autoritarismo exercido por ele. Em resumo, Xi, o ditador que comanda o país, assim como outros autocratas do mundo, vê o autoritarismo *patriarcal* como um elemento fundamental à sobrevivência do Partido Comunista.

O governo chinês trabalha agressivamente pela perpetuação das normas tradicionais de gênero e para reduzir as mulheres ao papel de esposas dedicadas, mães e geradoras de bebês confinadas ao ambiente doméstico, como uma forma de reduzir a agitação social e produzir futuras gerações de trabalhadores qualificados. A repressão esmagadora às ativistas do feminismo também está ligada a uma percepção dos governantes – todos homens – de que a segurança do Estado depende da subjugação completa das mulheres. Em vista disso, a hashtag #MeToo, de protesto contra o assédio sexual, tem sido alvo de censura permanente, criando um desafio extra para o ativismo feminista no país, que adotou o combate à violência sexual como uma de suas causas centrais.

Fora da China, a campanha do #MeToo (criada por Tarana Burke, afro-americana ativista pelos direitos civis) viralizou em mais de oitenta países em 2017 e acabou com a carreira de homens muito poderosos ao expor o envolvimento deles em casos de assédio e violência sexual, numa lista que incluiu o produtor de Hollywood Harvey Weinstein e o âncora televisivo Matt Lauer, além de uma série de políticos americanos de renome. O dicionário Merriam-Webster anunciou *feminismo* como a palavra do ano de 2017, mencionando um aumento de 70% nas buscas pelo termo ao longo de 2016.

Na China, porém, o esquema pesado de censura do governo e um amplo aparato de segurança de Estado podem ter impedido que uma campanha em escala nacional do #MeToo decolasse. Em novembro de 2017, as autoridades obrigaram três ativistas feministas a deixarem suas casas na cidade de Guangzhou, no sul, em retaliação aos seus planos de distribuir cartazes de protesto contra o assédio sexual para as mulheres exibirem nas ruas. No mesmo mês, a censura deletou um depoimento ao estilo do #MeToo publicado por uma mulher de Xangai no aplicativo de mensagens por telefone WeChat reclamando de um molestador contumaz do seu bairro que costumava apalpar as vizinhas e ela nas ruas. O post teve mais de 1 milhão de visualizações e quase 10 mil comentários, mas foi apagado dois dias depois pelos responsáveis pelo WeChat sob a justificativa de que "violava o regulamento" do aplicativo. Quando a mesma mulher fez um post sobre o acontecido na rede social Weibo, ele recebeu uma avalanche de comentários misóginos de outros usuários da rede, culpando-a por estar "exagerando" na sua reação ao fato de ter sido apalpada e por se vestir de maneira muito "provocante".

Em janeiro de 2018, milhares de alunos e ex-alunos de dezenas de universidades por toda a China, mulheres e também homens, assinaram petições ligadas ao #MeToo exigindo que fossem tomadas providências para combater o assédio sexual nos campi. Muitas delas, entretanto, acabaram deletadas pelos censores assim que foram publicadas nas redes sociais. Um pouco depois, na noite de 8 de março de 2018, o Dia

Internacional da Mulher, o Weibo bloqueou a página feminista mais influente da sua rede, *Feminist Voices* (Vozes Feministas), por postar "informações confidenciais e ilegais". No dia seguinte, o WeChat também deletou o perfil delas. Na ocasião em que foi ceifado do mundo virtual, o perfil *Vozes Feministas* tinha mais de 180 mil seguidores no Weibo e mais de 70 mil no WeChat.

O fato de haver um espaço público cada vez mais restrito para as discussões sobre direitos das mulheres na China torna ainda mais extraordinária a sobrevivência do movimento feminista no país. A repressão exercida pelo governo/Partido ao ativismo pelos direitos das mulheres ganha um caráter especialmente irônico se pensarmos na importância que o tema da igualdade de gênero teve durante a Revolução Comunista e no princípio da Era Maoísta, que se seguiu à fundação da República Popular da China, em 1949. Entre as décadas de 1950 e 1970, o governo chinês celebrava publicamente a igualdade entre os gêneros e alardeava o fato de contar com o maior contingente de mão de obra feminina do mundo (uma estratégia empregada para alavancar a produtividade nacional). Mas nos anos 1990 as desigualdades entre homens e mulheres se acirraram à medida que o compasso das reformas econômicas se acelerava na China, desfazendo a obrigatoriedade instituída pelo Partido de oportunidades de emprego iguais para os dois gêneros. Em 1990, por exemplo, o salário médio anual de uma mulher nas áreas urbanas correspondia a 77,5% do masculino, ao passo que em 2010 essa porcentagem havia caído para 67,3%, segundo dados oficiais do governo.

Em meu primeiro livro, *Leftover Women: The Resurgence of Gender Inequality in China*[2], há uma descrição de como as mulheres chinesas – desde as mais pobres, vivendo em áreas rurais, até as mulheres da classe média urbana – ficaram praticamente de fora da maior onda de acumulação de propriedade imobiliária da história do país, que chegou a movimentar 3,3 vezes o valor do PIB chinês, segundo dados do Banco HSBC. Ao fim de 2017, o montante chegou a US$ 43 trilhões.

---

[2] Em tradução livre, "As mulheres que sobraram: o ressurgimento da desigualdade de gênero na China", sem edição em português. (N. da T.)

O texto analisa de que maneira fatores carregados de viés de gênero – tais como a pressão para que mulheres não envolvam seus nomes em negociações imobiliárias e as novas barreiras legais para a aquisição de imóveis por pessoas do sexo feminino – criaram, após a privatização do sistema de habitação do país, uma lacuna financeira gigantesca entre homens e mulheres.

Nesse mesmo período, também houve um reforço agressivo por parte da mídia das normas de gênero tradicionais. Como eu explico no livro citado, a partir de 2007 foi iniciada uma campanha perversa do governo chinês para estigmatizar mulheres solteiras com mais de 25 anos profissionalmente ativas, chamando-as zombeteiramente de "as que sobraram", como uma forma de pressioná-las a se casarem e terem filhos pelo bem da nação. Entretanto, o contingente inédito de chinesas matriculadas em universidades dentro e fora do país está começando a desafiar o sexismo e a desigualdade onipresentes, e um número cada vez maior dessas mulheres está começando a se identificar como feminista.

É muito comum que o peso da atuação feminina em movimentos de resistência seja negligenciado, mas é de suma importância que se dê atenção à perseguição contra as ativistas do feminismo que resistem à repressão do regime autoritário chinês. As histórias dessas mulheres mostram por que os governantes homens do país se sentem tão ameaçados pela perspectiva da existência de um movimento feminista em larga escala. Embora tenha havido um bom número de homens ativistas pelos direitos humanos que se destacaram ao longo dos anos (em especial Liu Xiaobo, vencedor do Prêmio Nobel da Paz que faleceu na prisão em 2017), são pouquíssimos os cidadãos comuns da China que conhecem seus nomes ou que se sentem identificados com as causas abstratas que eles defendem. A resistência feminista, por sua vez, talvez ainda tenha potencial para se tornar a força social mais transformadora da China em longo prazo – desde que exista espaço no país para que qualquer movimento social possa se articular.

Em 2012, por volta de cem ativistas feministas participavam regularmente de performances artísticas e ações diretas em diversas partes do país, visando denunciar a desigualdade de gênero crescente promovida pela transição para a economia de mercado. Os protestos eram focados em violência doméstica (não havia leis efetivas para o combate à violência doméstica na China até 2016), assédio sexual e discriminação de gênero nas entrevistas de emprego e acesso à universidade – causas escolhidas por não serem delicadas demais do ponto de vista político, mas terem relevância suficiente para incitar o debate junto à opinião pública. Dessa época para cá, as ativistas feministas chinesas cultivaram uma rede de apoio que chega a alguns milhares de pessoas, fundamentada principalmente nos meios universitários. Algumas delas se tornaram articuladoras muito eficazes. Possivelmente, essas ativistas representam um desafio maior e mais complexo para o regime comunista do que os homens que lutaram por direitos antes delas.

"O movimento feminista tem a ver com questões do dia a dia das mulheres e com a formação de uma comunidade, mais do que com a ideia de impulsionar um ou dois nomes famosos que ditem as ideias para o resto das pessoas", afirma Lü Pin, editora e fundadora da página *Vozes Feministas*. "As chinesas sentem o peso da desigualdade em todas as suas atividades diárias, e não há governo que possa fazê-las esquecer a sensação de injustiça que elas têm por isso."

Em 2016, já era flagrante a importância das mídias sociais para aumentar a conscientização feminista entre as mulheres chinesas. Mesmo com a forte repressão do governo às articuladoras do movimento, mulheres comuns haviam começado a compartilhar informações e a dar voz à sua revolta contra o sexismo na internet. Em alguns casos, elas chegaram a coibir com sucesso a propaganda sexista do governo. Num país sob regime autoritário em que os cidadãos não têm liberdade de reunião ou de imprensa, ter conseguido tamanha massa crítica é um feito digno de nota.

Basta ver o que ocorreu após a gafe governamental cometida em maio de 2016, pouco depois da posse da primeira mulher a ocupar a presidência em Taiwan, Tsai Ing-wen, quando o editorial de um jornal ligado ao Partido Comunista afirmou que Ing-wein seria "emocional" demais por ser uma mulher solteira sem filhos ou família, e portanto mais inclinada a assumir posições políticas "extremas". O texto foi amplamente ridicularizado nas redes sociais, tanto por mulheres quanto por homens. No dia seguinte à sua publicação, todos os veículos de imprensa do país tiveram ordens para apagá-lo, por ser "inapropriado" e exercer "má influência sobre a opinião pública", de acordo com orientações da censura vazadas mais tarde.

Ao ser informada sobre a prisão do Quinteto Feminista, fiquei abalada e muito preocupada. Tendo trabalhado na China como jornalista por muitos anos antes de cursar meu PhD em Sociologia na Universidade Tsing-hua, em Pequim, eu estava bastante familiarizada com o histórico escandaloso de violações aos direitos humanos no país. E eu tinha laços pessoais com uma das mulheres presas. Em 2013, havia conhecido Li Maizi (cujo nome de batismo é Li Tingting) em uma festa promovida na sede do *Vozes Feministas*, em Pequim, para comemorar a decisão histórica da Justiça chinesa de conceder à cidadã americana Kim Lee o divórcio de seu marido famoso e abusivo, Li Yang, por motivo de violência doméstica. Li Maizi havia se postado diante do tribunal, durante o julgamento do caso, usando um vestido de noiva manchado com sangue cenográfico e ostentando um cartaz com os dizeres: "Que vergonha, Li Yang abusador!". Essa vitória judicial, que incluiu o primeiro mandado de restrição emitido por uma corte de Justiça em Pequim, foi um marco no processo que levou à criação da nova lei contra a violência doméstica na China, em vigor a partir de 2016.

Nos anos que se seguiram, eu entrevistei pessoalmente todas as integrantes do quinteto e também outros nomes fundamentais para o feminismo chinês em Pequim, Guangzhou, Shenzhen, Hangzhou, Hong Kong, Xangai e Nova York, numa lista que incluiu Xiao Meili, que caminhou dois mil quilômetros por toda a China promovendo a tomada de consciência sobre a questão do abuso sexual e a ocupação feminina dos espaços públicos; Zhang Leilei, que perambulou diariamente pelas ruas de Guangzhou brandindo um enorme cartaz contra o assédio sexual, até ser ameaçada de expulsão da cidade pela polícia local; Huang Yizhi, advogada feminista que conseguiu para a sua cliente o montante inédito de 30 mil yuanes (cerca de US$ 4.500), naquele que é tido como o primeiro processo na Justiça chinesa por causa de discriminação de gênero; e Lü Pin, fundadora da página *Vozes Feministas*, que vive num exílio autoimposto em Nova York desde 2015. Eu também entrevistei dezenas de ativistas pelos direitos dos trabalhadores, além de estudantes e advogados especializados nos direitos das mulheres.

Sempre me impressionaram a paixão, o comprometimento inabalável e a resiliência que vi nas ativistas do feminismo na China. Embora vivam sob a vigilância constante da polícia e enfrentem ordens de despejo ocasionais por parte de senhorios que sofreram, eles mesmos, ameaças também da polícia, quase nenhuma das mulheres entrevistadas por mim manifestou intenção de deixar o ativismo. É pouquíssimo provável que elas venham a ver seus ideais de justiça realizados ou que testemunhem o fim da repressão autoritária do governo nos próximos anos. Ainda assim, o seu comprometimento com a luta pelos direitos das mulheres só tem aumentado desde o início das represálias oficiais.

Embora vivam em regiões diferentes da China e do planeta, essas mulheres criaram entre si uma rede de solidariedade. Várias das principais ativistas do feminismo chinês escolheram se mudar para Guangzhou depois de 2015 para estarem mais próximas umas das outras, para poderem zelar pela segurança mútua e monitorar de perto a repressão policial exercida sobre cada uma. Feministas que moram em outras cidades passaram a manter comunicação frequente umas com as outras e a organizar encontros presenciais sempre que estão em locais próximos.

Essas mulheres dedicam as vidas a enfrentar ferozmente uma sociedade misógina e um Estado autoritário – muitas vezes sem contar com o apoio da própria família. Algumas testemunharam ou passaram por situações abusivas na infância e no início da juventude, tais como surras violentas e frequentes dos pais, *bullying* misógino e homofóbico na escola ou episódios de assédio e abuso sexual. Com frequência, descrevem o despertar feminista como uma experiência profundamente transformadora que as fez se perceberem pela primeira vez como vidas com alguma importância, como pessoas merecedoras de uma existência digna e com capacidade para conscientizar outras mulheres dessas mesmas coisas.

Ao longo do processo alternadamente inspirador e excruciante que foi a escrita deste livro, eu também passei por uma profunda transformação pessoal. Ouvindo os relatos aterradores das ativistas, eu tomei contato com memórias há muito reprimidas do abuso sexual sofrido quando eu estava com 15 anos e era uma garota com raízes chinesas e americanas vivendo na Austrália. Pude sentir visceralmente de que maneira as lutas de mulheres sob Estados policialescos e repressores estão ligadas à opressão exercida pelo patriarcado em todo o mundo. Embora viéssemos de histórias de vida completamente diferentes, eu reconheci nos relatos dessas corajosas mulheres chinesas a mesma dor que eu havia enfrentado e a mesma vergonha que tinha me feito ficar calada depois. Em vez de manter uma posição de observadora distante, acadêmica, eu abracei a crença na importância crucial de criarmos laços mais fortes de solidariedade feminista com mulheres do mundo inteiro. Aquelas entre nós que gozam de imensos privilégios – como eu mesma, cidadã americana de classe média – têm muito a aprender com as irmãs feministas vítimas de perseguição na China. Todas nós lutamos, de maneiras diferentes, contra um inimigo comum: o patriarcado.

Desde a fundação da República Popular da China, há quase 70 anos, o Partido Comunista exige que todas as atividades importantes em prol dos direitos das mulheres sejam vinculadas de uma forma ou de outra à agência oficial do Estado para assuntos femininos, a Federação Nacional da Mulher Chinesa. Foi somente a partir de 2012 que começaram a despontar ações feministas articuladas e independentes do Partido Comunista organizadas por mulheres jovens em diversas cidades do país. A reação do governo foi fechar agressivamente algumas organizações não governamentais de luta pelos direitos das mulheres (em especial as financiadas com recursos estrangeiros), mobilizando a polícia para monitorar e assediar as ativistas, acirrando o controle ideológico sobre programas de estudos sobre gênero e condição feminina nas universidades e atacando as páginas feministas nas redes sociais. Eu entrevistei mais pessoas do que seria possível incluir no livro, mas, com uma única exceção, todas as que estão retratadas aqui me pediram que fossem identificadas por seu nome verdadeiro ou apelido mais conhecido.

No Capítulo 1, há um relato das ações coordenadas de prisão de ativistas feministas nos dias 6 e 7 de maio de 2015, nas cidades de Pequim, Guangzhou e Hangzhou. Embora as autoridades chinesas tenham promovido um amplo festival de prisões e interrogatórios nesses dois dias, o foco do livro são as integrantes do que se tornaria conhecido como Quinteto Feminista, algumas das quais têm também profundo envolvimento com o movimento por direitos LGBTQ+.

O Capítulo 2 explica como a evolução da internet na China esteve intrinsecamente ligada à crescente conscientização sobre direitos que se viu entre muitas mulheres chinesas nos últimos anos – apesar do movimento intrusivo de censura governamental e das interferências sobre as comunicações on-line. Relata o nascimento e a atuação cada vez mais influente da página *Vozes Feministas* e mostra como o governo transformou *feminismo* em um termo politicamente sensível, lançando uma ferrenha represália a conteúdos feministas nas mídias sociais em 2017 e 2018. Contrariando qualquer prognóstico, o movimento #MeToo se alastrou pelo país no princípio de 2018, com o clamor de milhares de estudantes de diversas universidades exigindo maior proteção contra assédio e abuso sexual. Essa foi uma das maiores demonstrações de ação estudantil articulada desde o movimento pró-democracia de 1989.

O Capítulo 3 relata algumas experiências das integrantes do Quinteto Feminista durante seu tempo de detenção. Elas foram alvo de maus-tratos psicológicos e, em alguns casos, físicos, na prisão, mas mesmo assim encontraram meios de se manter em contato e dar força umas às outras. Algumas tiveram encontros apavorantes com agentes da lei depois da libertação, altamente noticiada, em abril de 2015. Membros da segurança estatal chinesa se infiltraram profundamente nas redes familiares das feministas detidas na tentativa de dizimar as lideranças do movimento, com um grau de brutalidade e eficiência que lembrou a ação da Stasi durante o regime comunista na Alemanha Oriental.

No Capítulo 4, há um mergulho em algumas das questões centrais tratadas pelo movimento feminista: assédio sexual, abuso e violência contra a mulher. O texto mostra de que maneira as experiências pessoais com abuso de algumas das ativistas levaram-nas a ter uma determinação ainda maior na luta pelos direitos das mulheres. Além dos constantes maus-tratos de agentes estatais de segurança, as feministas chinesas tiveram que enfrentar os resultados da misoginia arraigada que afeta toda a sociedade, e até mesmo casos de assédio perpetrados por homens participantes do movimento pelos direitos humanos.

O Capítulo 5 mostra como o movimento feminista atual da China se encaixa numa tradição histórica de feminismo que remonta à virada do século XX, quando ativistas revolucionárias como a *cross-dresser* Qiu Jin escreveu o seu *As Pedras do Pássaro Jingwei,* relatando a luta das mulheres chinesas contra a opressão patriarcal. Qiu Jin acabou decapitada por conspirar contra o império Qing, mas a liberação da mulher continuou sendo uma causa forte entre as revolucionárias nos primeiros tempos depois da fundação do Partido Comunista Chinês, em 1921. Ao final da década de 1920, comunistas homens haviam se mobilizado contra o "feminismo burguês" e determinado que a luta contra a opressão de classe deveria prevalecer sobre todas as outras causas, incluindo a dos direitos das mulheres. Depois da Revolução Comunista de 1949, a "igualdade entre homens e mulheres" foi assegurada na Constituição da República Popular da China, e o novo governo empreendeu iniciativas ambiciosas para angariar a mão de obra feminina para a construção da nova nação comunista. Com a chegada da transição para a economia de mercado e a queda do modelo econômico planificado entre as décadas de 1980 e 1990, entretanto, as desigualdades de gênero dispararam novamente, levando à articulação da onda feminista contemporânea.

O Capítulo 6 analisa como as perspectivas feministas começaram a permear os movimentos sociais relacionados de luta por direitos trabalhistas e universais na China, à medida que algumas das feministas de classe média começaram a apoiar mulheres das classes trabalhadoras em seus pleitos trabalhistas. O texto mostra como vitórias jurídicas emblemáticas envolvendo casos de abuso sexual de meninas em escolas ao longo de 2013 começaram a se mostrar ameaçadoras para o Partido Comunista, que passou a temer a união de feministas, advogados e trabalhadores para criar uma força poderosa de oposição.

O Capítulo 7 mostra como o líder patriarcal Xi Jinping se posicionou como punho de ferro e pai da nação chinesa, governando um "estado-família sob a bênção dos céus (*jiaguo tianxia*)". O alerta divulgado em 2017 pelo governo chinês alegando que "forças estrangeiras hostis" estavam se valendo do "feminismo ocidental" para interferir em assuntos chineses foi só uma manifestação do autoritarismo patriarcal chinês. A propaganda oficial pró-natalidade voltada para as chinesas da etnia han com diploma universitário vem se intensificando, já que os legisladores continuam vendo as mulheres fundamentalmente como ferramentas reprodutivas para realizar as metas desenvolvimentistas da nação. O texto lança o argumento de que o sexismo e a misoginia ocupam uma posição central no controle autoritário exercido sobre a população chinesa e na batalha pela sobrevivência do Partido Comunista.

Na Conclusão, eu descrevo de que maneira a perseguição às ativistas do feminismo na China vem crescendo, justo no momento em que cada vez mais empresas estão reconhecendo o apelo de mercado do "feminismo de consumo". De olho no futuro, o feminismo chinês tem se globalizado à medida que as principais expoentes do movimento começam a construir novos "campos de batalha" fora da China, da mesma maneira que muitos reformistas fizeram no exílio na época do período revolucionário, há mais de um século.

Enquanto Xi Jinping reforçar o culto à sua personalidade hipermasculinizada e o regime ditatorial que mantém na China, é possível que a repressão ao feminismo e aos movimentos pelos direitos das mulheres – e a toda a sociedade civil – continue aumentando. Essa é uma tendência bastante perigosa também para o resto do mundo, uma vez que já vemos indícios dela em países como Rússia, Irã, Filipinas e Turquia, onde, sob a batuta de autocratas misóginos, o retrocesso nas conquistas femininas por direitos faz parte de um programa autoritário de repressão generalizada. E até mesmo nos Estados Unidos há sinais dela, com o aumento do autoritarismo e a dilapidação de normas democráticas há muito estabelecidas que vêm gerando retrocessos na luta feminista.

Embora o foco de *Enfrentando o dragão* seja a China, as experiências do Quinteto Feminista e de outras mulheres corajosas envolvidas no movimento feminista do país servem de lição para todas nós. Por meio da narrativa das histórias delas, eu tentei abrir uma janela para expor a repressão governamental sem precedentes que vem se abatendo contra o ativismo pelos direitos das mulheres. E também mostrar as razões pelas quais todas as pessoas preocupadas com a escalada global do autoritarismo precisam ficar atentas ao que está acontecendo na China. Minha esperança é de que as vozes dessas mulheres sirvam como fonte de inspiração e como um chamado à luta para pessoas do mundo inteiro.

1

O Quinteto Feminista da China

Quando as autoridades chinesas prenderam a ativista feminista Wei Tingting em Pequim, no dia 6 de março de 2015 – pouco antes do Dia Internacional da Mulher –, os óculos dela foram confiscados, para que não pudesse enxergar. Portadora de problemas graves de visão, ao ser privada dos óculos Wei só conseguia distinguir as pessoas umas das outras pelo som das suas vozes. Agentes de segurança do governo apreenderam também o celular dela e o laptop e exigiram que entregasse todas as senhas. Eles a levaram para uma parte pouco iluminada no subsolo da delegacia, tiraram suas botas forradas de inverno e a puseram numa pequena cela sem aquecimento de cerca de cinco metros quadrados, enquanto o frio do lado de fora alcançava temperaturas abaixo de zero.

Então, teve início o interrogatório.

"Por que você se envolveu em atividades subversivas de combate ao assédio sexual?"

"Quem são suas comparsas no movimento pelos direitos das mulheres?"

"Que instituições estrangeiras estão financiando suas atividades?"

Wei disse às silhuetas borradas à sua frente que queria ligar para um advogado antes de responder a alguma pergunta.

"Você não pode falar com um advogado agora. Não entendeu ainda? Você não compreende a lei?"

Wei passou pela primeira rodada de questionamentos e achou que a coisa terminaria por ali, mas, no meio da noite – ela não fazia ideia de que horas eram, ali não havia relógio –, os agentes a levaram para mais uma sessão de interrogatório.

Pela primeira vez na vida, Wei Tingting – que tinha apenas 26 anos quando foi presa – começou a pensar em fugir para o exterior. Ela estava se sentindo desorientada e tomada por uma sensação avassaladora de impotência. Nesse momento, começou a ouvir um vozerio indistinto vindo do lado de fora e encostou o ouvido na parede da cela para tentar escutar melhor. Surpresa, Wei reconheceu a voz de uma de suas companheiras de ativismo, Wang Man, que participara com ela de algumas campanhas do movimento, vindo da sala ao lado.

Meu Deus! Wang Man está aqui também!, Tingting pensou. Ela gritou para um guarda para dizer que estava com sede e que precisava beber água, e em seguida encostou novamente o ouvido na parede para escutar mais. Wei começou a distinguir as vozes de outras ativistas que haviam sido presas também: além de Wang Man, havia a voz de Li Maizi; da namorada de Li, Teresa Xu; e de diversas outras estudantes universitárias que haviam participado como voluntárias de campanhas recentes do movimento.

Mais tarde, Wei descreveria como conseguiu superar a sensação de desamparo no ensaio on-line (posteriormente deletado) que ganhou o título de "Prison Notes" ("Notas da Prisão") e foi postado no WeChat sob pseudônimo. "Eu decidi que precisava resistir àquela tristeza e tomar uma atitude, então comecei a fazer diversas coisas: como a cela era gelada e só me deixavam calçar chinelos, eu comecei a fazer exercícios para as pernas, como chutes e agachamentos; depois, iniciei práticas de meditação profunda. Quando vi que pessoas antes de mim haviam riscado palavras nas paredes, eu aproximei os olhos delas o mais que pude para examiná-las; e também comecei a andar em círculos, entoando canções", ela escreveu em seu texto.

Wei cantava em voz alta tanto para animar a si mesma quanto para que as outras mulheres presas ouvissem a sua voz e soubessem que não estavam sozinhas – e que ela estava ali ao seu lado também. Li Maizi também cantava, recitando de volta os versos de "Uma canção para todas as mulheres", o hino do movimento feminista chinês:

> Proteja meus direitos, não me reprima
> Por que eu devo perder minha liberdade?
> Vamos romper esses grilhões
> E tomar nosso poder como mulheres!

Isso acalentou o espírito dela, escreve Wei Tingting, e a fez recuperar seu espírito rebelde. "Mesmo ouvindo os dois guardas caminhando para cima e para baixo e fazendo barulho nas grades do lado de fora, eu sentia uma certa alegria por estar traindo o Grande Irmão."

As mulheres detidas nessa noite em Pequim para passar 37 dias na prisão iriam se tornar conhecidas como o Quinteto Feminista, mas o movimento do qual elas fazem parte vai muito além desse episódio.

Zheng Churan, na época com 25 anos, estava entre as jovens presas. Formada recentemente na universidade, ela continuava vivendo com os pais em Guangzhou, o maior porto e polo industrial da região Sul da China. Enquanto os pais de muitas outras feministas chinesas se mostravam abertamente contrários ao trabalho realizado pelas filhas, os de Zheng respeitavam a sua independência. Mesmo nem sempre concordando com suas posições, eles davam suporte aos seus esforços para conseguir mudanças sociais, e a jovem não queria vê-los prejudicados.

Zheng havia se envolvido profundamente no ativismo feminista quando cursava Sociologia e Arquivologia na prestigiosa Universidade Sun Yat-sen, em Guangzhou. Foi no campus que ela se interessou pelo feminismo e pelo movimento em prol dos direitos LGBTQ+ e que adotou o apelido de Da Tu (Coelho Gigante). Ela ficou amiga de algumas universitárias lésbicas (chamadas de *lala*) e passou a participar de um grupo de estudantes LGBTQ+. Zheng se identificava como *queer*: embora costumasse se relacionar com homens, ela achava a companhia das mulheres bem mais divertida.

Com o tempo, a jovem passou a perceber o machismo que imperava no tal grupo LGBTQ+. "Os organizadores homens nos menosprezavam, mesmo se dizendo a favor da igualdade de gêneros. As mulheres do grupo nunca recebiam recursos para seus projetos", Zheng relata. Ela defende que todo grupo de luta por direitos LGBTQ+ deve ter um enfoque feminista. Por isso, decidiu com sua amiga lésbica Liang Xiaowen e outras *lalas* romper com o grupo principal para criar o seu próprio grupo feminista *queer*, o Sinner-B (B de *bitch*, ou "vagabunda", em inglês). As participantes, em sua maioria estudantes universitárias, organizavam performances com enfoque ativista.

Em 2012, as jovens do Sinner-B se uniram ao Grupo de Trabalho pela Igualdade de Gênero, coordenado pela ativista Wu Rongrong e afiliado à ONG de luta pelos direitos civis Yirenping (que quer dizer "interesse público, humanidade e igualdade"). O Grupo de Trabalho pela Igualdade de Gênero estava planejando, na ocasião, o seu protesto Ocupa Banheiros Masculinos, para reivindicar a instalação de mais sanitários públicos para as mulheres. Foi nele que Zheng conheceu outras ativistas – incluindo Li Maizi – que se tornariam figuras-chave do movimento feminista. Elas tomaram conta de um toalete masculino público no centro de Guangzhou, convidando mulheres a usarem as cabines vagas para abreviar a fila de espera feminina, habitualmente muito longa.

As ativistas decidiram concentrar esforços na paridade de gêneros nos banheiros públicos por acreditarem que essa campanha não poderia ser vista como sensível do ponto de vista político, nem sequer remotamente considerada como um brado de oposição ao Partido Comunista. Como as longas filas de espera para usar o banheiro eram um problema facilmente identificável por todas as mulheres, o grupo conseguiu amplo apoio popular para sua campanha. Ele a usou para chamar atenção para a questão subjacente do machismo sistêmico e a desvalorização constante das vidas femininas na sociedade chinesa. A campanha chegou a receber cobertura dos veículos oficiais da mídia do país, incluindo a Agência de Notícias Xinhua e o *People's Daily*. Populares entrevistados pelos repórteres da mídia estatal expressaram seu apoio à ação, e as autoridades da província de Guangzhou mais tarde prometeram a construção de mais banheiros públicos femininos.

Em 2012, Zheng Churan trabalhou na realização de "Noivas Sangrentas", uma ação no Dia dos Namorados programada para chamar a atenção para o tema da violência doméstica, com as ativistas Li Maizi, Wei Tingting e Xiao Meili desfilando por uma rua de Pequim trajando vestidos de noiva manchados de sangue cenográfico. Elas carregavam cartazes com frases como "O amor não é desculpa para a violência", num protesto visualmente impactante contra a falta de uma lei nacional contra a violência doméstica na China. (Em 2016, entrou em vigor uma lei assim no país.) As ativistas também rasparam a cabeça em público na performance "Irmãs Carecas", um protesto em Guangzhou contra a discriminação aberta ao ingresso das mulheres nas universidades: em muitos programas de admissão, candidatas do gênero feminino precisam ter notas mais altas que as dos homens na prova para conseguir as vagas. (Quando Lü Pin e a advogada feminista Huang Yizhi escreveram uma carta formal de protesto ao ministro da Educação, elas receberam uma resposta afirmando que as políticas de ingresso – basicamente, uma ação afirmativa em prol dos homens – haviam sido estabelecidas para "proteger os interesses nacionais".)

Depois que concluiu a formação universitária, Zheng ingressou como membro do Grupo de Trabalho pela Igualdade de Gênero em Guangzhou. Pouco antes do Dia Internacional da Mulher de 2015, ela achou que seria uma boa ideia chamar atenção para o grave problema do assédio sexual nos transportes públicos. O governo chinês não divulga estatísticas claras sobre casos de violência sexual, e essa falta de transparência camufla a verdadeira extensão do problema. Ainda assim, a questão do assédio nos transportes públicos é vista como um tema menor em termos de sensibilidade política, e uma pesquisa feita pelo jornal estatal *China Youth Daily*, em agosto de 2017, constatou uma epidemia de assédios, com 53% das mulheres entrevistadas relatando que já haviam sofrido alguma forma de assédio no metrô.

Zheng recebeu uma pequena verba da Embaixada da Suécia para imprimir e distribuir os adesivos coloridos contra o assédio que seriam entregues aos usuários de ônibus e metrô no Dia Internacional da Mulher. Um dos adesivos mostrava uma ilustração cartunesca de uma mulher gritando, com os dizeres, de ambos os lados: "Se você for assediada sexualmente, GRITE!" e "Fora, tarados!". Outro, com imagens de quepes policiais, trazia os dizeres: "Prisão para os assediadores. Polícia, atrás deles!".

A ideia de Zheng soava atraente, e voluntárias – muitas delas universitárias – se inscreveram para participar da ação em diversas cidades do país, incluindo Guangzhou e Xiamen, no sudeste, a capital Pequim, a metrópole da região Leste Hangzhou, Nanjing, Wuhan e, no sudoeste do país, Kunming. Ela conseguiu que uma gráfica imprimisse os adesivos e os mandou via correio expresso para as cidades onde voluntárias haviam se oferecido para participar. "Todas as nossas ações são muito rápidas e espontâneas", explica Zheng. "Em cada cidade, só é necessário um número pequeno de voluntárias. Nesse caso, basicamente uma pessoa para entregar os adesivos e outra para tirar as fotos. Depois, basta mandar o *release* para a imprensa e a coisa toda está feita."

Mas, tarde da noite do dia 6 de março de 2015, logo depois que Zheng havia tomado um banho e estava relaxando diante da TV na companhia dos pais, alguém bateu com força na porta. Zheng pediu aos pais que não se levantassem. Ela olhou pelo buraco da fechadura e ficou alarmada ao ver um grupo numeroso, com cerca de oito homens amontoados no espaço exíguo do lado de fora, alguns nos degraus das escadas do prédio. Somente o homem que batera à porta estava usando uniforme policial.

"O que é?", Zheng perguntou, sem abrir a porta.

"Nós estamos verificando o seu registro domiciliar", um dos homens respondeu.

"Se é só uma verificação, vocês não precisam entrar. Podem pedir a informação de que precisam daí mesmo."

Silêncio.

Depois de uns poucos segundos sem resposta, Zheng soube que teria problemas. Ela voltou até a sala para dizer aos pais que fossem para o quarto e que a deixassem lidar com os homens que estavam à porta. E tratou de fazer depressa uma chamada em viva-voz para a amiga Liang Xiaowen, deixando a ligação ativa sem dizer nada, de modo que Liang ouvisse tudo o que fosse acontecer em seguida.

"Abra a porta", mandaram os homens lá fora, voltando a bater com força.

"Eu não vou abrir se não tiverem um mandado de busca", foi a resposta de Zheng.

"Se não nos deixar entrar, teremos que levá-la para a delegacia."

Os homens não tinham um mandado de busca, nem sequer um documento de identificação, e se recusaram a dizer por que estavam ali. Zheng ainda discutiu com eles por um tempo, mas por fim concordou em acompanhá-los, porque não queria que entrassem na casa dos seus pais. Na madrugada do dia 7 de março, Zheng estava sendo interrogada em uma delegacia de polícia de Guangzhou. Depois de várias horas de interrogatório, os agentes a levaram até em casa para imprimir os e-mails ligados à ação contra o assédio sexual, assim como as suas tratativas com a Embaixada da Suécia. Depois voltaram com ela para a delegacia e continuaram o interrogatório até o amanhecer, para então levarem-na a um quarto de hotel, onde ela ficou detida o dia inteiro. Por volta das oito da noite do dia 7 de março, os agentes a levaram de carro a uma segunda delegacia de polícia, algemaram-na e fizeram-na ficar de pé enquanto liam em voz alta a comunicação formal de sua prisão por "provocar brigas e perturbar a ordem pública" – uma acusação de escopo genérico que vem sendo cada vez mais usada contra opositores do governo chinês. No dia 8 de março, ela foi conduzida de avião a Pequim para começar a cumprir sua pena.

A essa altura, a notícia da prisão já havia se espalhado pelas redes feministas do país. Wu Rongrong estava de passagem por Shenzhen, a cidade no sul que liga Hong Kong ao resto da China, quando recebeu uma ligação, por volta das 11 da noite do dia 6 de março. Liang Xiaowen, do outro lado da linha, descreveu-lhe o que soubera da situação, também por telefone. Essa não foi a única chamada que Wu recebeu nessa data. À tarde, um agente da segurança estatal havia lhe enviado uma mensagem dizendo que cancelasse as atividades programadas para o Dia Internacional da Mulher.

Depois disso, à noite, chegou uma mensagem de texto de Li Maizi, que estava em Pequim: "Caramba, eles estão na minha porta". Wu ligou para Li na mesma hora, mas ninguém atendeu. Em seguida, chegaram várias mensagens via WeChat relatando que agentes do governo haviam detido outras colegas e estudantes universitárias que haviam se oferecido como voluntárias para distribuir os adesivos contra o assédio sexual.

Aos 30 anos, Wu Rongrong era uma espécie de veterana do movimento feminista: antes de ter fundado o Centro Feminino Weizhiming, em Hangzhou, ela havia trabalhado por muitos anos para a Yirenping, em Pequim e outras cidades. Num primeiro momento, Wu não se preocupou muito: ela mesma havia sido detida e interrogada muitas vezes no passado, então concluiu que as companheiras seriam liberadas na manhã seguinte. Mas, depois das mensagens de Li Maizi e da conversa com Liang Xiaowen, Wu começou a ficar ansiosa e não conseguiu dormir. Às três horas da madrugada, ela ligou para um agente de segurança que conhecia em Guangzhou. Zheng Churan havia sido detida para interrogatório, esse agente informou, e devia ser liberada em breve. Mas, às quatro horas, Liang Xiaowen ligou para Wu novamente para dizer que os agentes haviam acompanhado Zheng até sua casa para que ela entregasse alguns documentos de trabalho e que iriam mantê-la detida em um hotel pelo resto da noite.

Quando amanheceu, sem que as mulheres tivessem sido liberadas, Wu Rongrong conversava com uma colega por telefone sobre qual seria a melhor coisa a fazer: voltar para Hangzhou, o que as companheiras achavam que não seria seguro, ou permanecer em Shenzhen – de onde com uma curta viagem de trem era possível atravessar a fronteira para Hong Kong em segurança – até que as coisas se acalmassem? (Hong Kong, uma ex-colônia britânica, foi devolvida ao controle da China em 1997 e hoje tem o status de "região administrativa especial", uma área onde se tem mais liberdades do que em qualquer outro lugar do país, embora essas liberdades também venham sendo dilapidadas.) Wu se sentiu dividida. Ela havia recrutado pessoalmente Zheng Churan e Li Maizi para o protesto Ocupa Banheiro Masculino. Wei Tingting e Wang Man, em Pequim, nem sequer trabalhavam em tempo integral pela causa dos direitos das mulheres; elas apenas tinham se voluntariado para entregar os adesivos contra o assédio sexual. Se queriam responsabilizar alguém, pensava Wu, ela teria que ser essa pessoa. Sua trajetória no movimento feminista era mais longa do que a de qualquer uma delas.

Sua decisão, então, foi tomar um avião de volta para Hangzhou. "Eu fui muito ingênua. Achei que bastaria ter uma chance de explicar a situação aos agentes da segurança estatal para que o mal-entendido fosse desfeito e que eles libertariam as outras mulheres", Wu declarou mais tarde.

Wu Rongrong cresceu num vilarejo pobre na província de Shanxi, região carvoeira da China, onde meninas eram consideradas sem valor e muitas vezes eram forçadas a deixar os estudos para trabalhar, enquanto seus irmãos continuavam na escola. Aos 6 anos de idade, ela começou a arar as lavouras do pai, uma vez que sua mãe era muito doente para o trabalho no campo. Na adolescência, Wu foi diagnosticada com hepatite B crônica, e o médico lhe disse que o mais provável era que ela não caísse doente até completar 28 anos. "Eu entendi isso como um recado de que só tinha mais dez anos para viver, e, a partir de então, passei a aproveitar cada dia ao máximo e a fazer de tudo para que cada momento vivido fosse significativo", escreve ela.

Muitos familiares e moradores do vilarejo tentaram dissuadir Wu de ir para a universidade e sugeriram que em vez disso procurasse se casar, mas a jovem estava determinada a escapar do mundo fechado no qual havia crescido. Ela se mudou para Pequim e cursou Serviço Social na Universidade Feminina da China. No campus, envolveu-se como voluntária em diversos grupos sem fins lucrativos de luta por causas de interesse público e trabalhou em prol de questões, como combate à miséria e apoio às vítimas da aids, além da defesa dos direitos das mulheres.

Sempre que se inscrevia para receber uma bolsa, Wu precisava obter comprovantes de residência com as autoridades do seu vilarejo natal. Muitos homens em posições de poder se aproveitaram de sua vulnerabilidade e a assediaram sexualmente nesse processo. A jovem não tinha a quem recorrer em busca de apoio e se sentia impotente demais para fazer uma denúncia. "Se eu tentasse expor a situação, teria sido alvo de fofocas humilhantes e de uma rede de intrigas que faria com que fosse impossível para mim voltar a circular no vilarejo", ela diz.

Outro incidente apavorante aconteceu em Pequim, quando Wu estava com 19 anos e procurava emprego na época do feriado do Ano-Novo chinês. Um homem que se apresentou como possível empregador a convenceu a entrar num carro e a levou para o subúrbio distante de Shunyi, onde começou a atacá-la sexualmente. Wu conseguiu escapar, mas a experiência foi terrível e a deixou profundamente abalada. "Eu comecei a compreender quanto era indefesa (...) Assim como eu, diversas amigas passaram por situações de assédio enquanto buscavam vagas de emprego temporário ou em tempo integral", ela escreve. "E, aos 18 ou 19 anos de idade, tudo o que nos ocorria fazer era comprar uma faca com que pudéssemos nos defender."

O episódio marcou Wu para sempre. Depois que se formou no curso de Serviço Social, em 2007, ela estava ávida por começar a trabalhar pelos direitos das mulheres e em outros projetos de luta por justiça social, e passou por cargos na ONG Instituto Aizhixing, em prol do combate ao HIV/aids, de Pequim, e na Yirenping, trabalhando com direitos das mulheres e crianças. Em 2009, Wu organizou a primeira campanha de alta visibilidade da Yirenping, ligada ao caso de Deng Yujiao, uma jovem de 21 anos trabalhadora de um karaokê acusada de esfaquear um funcionário do governo na província de Hubei enquanto era atacada sexualmente por ele. Segundo declarações de Deng ao *Southern Metropolis Daily*, o funcionário arrancou suas roupas da cintura para baixo e a empurrou para cima de um sofá enquanto a xingava e batia nos seus ombros e no rosto com um maço de notas de dinheiro. Deng golpeou o homem no pescoço com um canivete, matando-o em legítima defesa.

Embora o incidente tenha acontecido pouco antes da estreia da rede social Weibo, o caso de Deng teve grande repercussão na internet. Num prenúncio do que seria a turbulência emocional causada pela campanha Me Too, cidadãos chineses inundaram os blogs e seções de comentários dos portais com milhões de mensagens acaloradas de solidariedade à jovem e revolta contra os funcionários corruptos e abusivos que praticavam atos de violência contra mulheres sem sofrer nenhuma represália.

"Por que ela ainda teve que ir a julgamento? Houve uma tentativa de estupro (...) Qualquer mulher tentaria se defender caso se visse ameaçada de estupro", escreveu o autor de um dos comentários publicados no portal *China Daily*.

"De onde esses funcionários públicos tiram tanto dinheiro? Na briga entre os dois, [o funcionário] bateu em Deng com um maço de notas. Como um servidor público conseguiu tanto dinheiro e não demonstrou nenhuma compaixão? Aquelas notas eram de dinheiro público ou seriam produto de alguma fraude?", questionou um blog vinculado ao site do *People's Daily*, no endereço People.com.cn.

"[No] fundo do meu coração, ela sempre será inocente, porque eu não creio que se possa falar em uso excessivo da força quando se está lutando contra um estupro e pela sua dignidade", escreveu a ativista pelos direitos das mulheres Ye Haiyan.

Para demonstrar solidariedade a Deng Yujiao, estudantes universitárias de Pequim organizaram uma performance de protesto. Depois de carregarem uma mulher amordaçada e amarrada com lençóis brancos dentro de uma jaula, elas a deitaram no chão cercada pelos dizeres: "Todas nós poderíamos ser Deng Yujiao". Wu também uniu forças a Guo Jianmei, conhecida advogada pelos direitos das mulheres, para organizar um debate público sobre como o caso de Deng expunha o grave problema da prática de violência sexual contra mulheres por parte de funcionários do governo cercada de impunidade. Como parte da campanha desencadeada pelo episódio, dezenas de estudantes do sexo feminino assinaram uma petição pedindo mais compreensão quanto à situação de Deng Yujiao e exigindo respeito aos direitos das mulheres. Numa vitória jurídica, o tribunal acabou absolvendo Deng, libertando-a da prisão em junho de 2009, sob a alegação de que sofria de "distúrbios de humor" e que havia se entregado voluntariamente à polícia.

Nos anos que se seguiram, Wu expandiu a sua luta pelos direitos das mulheres para além do campo do assédio sexual, para incluir temas como a violência doméstica. Ela participou da organização do desfile performático "Noivas Sangrentas" em Pequim e do abaixo-assinado contra a violência doméstica, que reuniu 10 mil assinaturas em 2012. Wu e sua equipe iniciaram programas para lutar contra a discriminação de gênero no mercado de trabalho e criaram performances de protesto contra a obrigatoriedade dos exames ginecológicos para as candidatas a ocuparem cargos no funcionalismo público chinês. Como parte do processo seletivo, as mulheres eram submetidas a exames para detectar doenças sexualmente transmissíveis e a questionários invasivos a respeito de seu ciclo menstrual, enquanto os homens não passavam pelo mesmo tratamento.

Era esse histórico de ativismo que estava na mira dos agentes da segurança estatal quando, no dia 7 de março, um policial alto e uniformizado entrou no avião em que Wu estava no momento em que aterrissou em Hangzhou. Ele caminhou entre os assentos até chegar junto a ela e lhe mostrou seu distintivo. "Nós somos do Escritório de Segurança Pública. Precisamos que nos acompanhe."

Ao sair do avião, conduzida pelo braço pelo policial, Wu ficou chocada ao se deparar com uma frota de carros da polícia com as sirenes ligadas e os faróis iluminando o asfalto da pista. Um amontoado de pessoas estava à espera ao lado dos carros, e vários agentes de segurança a cercaram para escoltá-la até eles. Fotógrafos da polícia fizeram retratos e filmagens dela enquanto caminhava. A cena se parecia com uma transmissão ao vivo da TV acompanhando uma emboscada policial para prender uma gangue de criminosos.

Wu começou a passar mal. Ela acabara de sair de quase duas semanas de internação hospitalar para tratar de complicações no seu quadro de hepatite B e estava com muita sede.

"Podem me arranjar um pouco de água, por favor?", pediu.

"É melhor você se comportar!", um policial gritou em resposta.

Na delegacia policial de Hangzhou, os agentes de segurança ignoraram seus pedidos por água e começaram a interrogá-la sobre suas atividades feministas como se elas configurassem crime de alta periculosidade. "Quem organizou o ato contra o assédio sexual? Quem são os financiadores do seu centro para mulheres?"

Fazia parte da estratégia do movimento feminista omitir os nomes envolvidos na organização de qualquer campanha ligada a ele, para que ficassem livres de acusações criminais forjadas pelo governo. Em um primeiro momento, Wu disse não saber quem eram as organizadoras, mas quando vieram as perguntas sobre o apoio financeiro ela se preocupou com a possibilidade de estarem armando um processo criminal mais grave. E quis desviar a culpa.

"Vocês querem capturar a cabeça da organização, certo? Bem, vocês já têm a mim. Eu estou aqui, sou a fundadora do Centro Feminino Weizhiming", disse Wu. "As outras mulheres que vocês prenderam eram apenas voluntárias." Talvez assim os agentes liberassem as outras feministas.

O interrogatório prosseguiu. Wu continuou pedindo água e dizendo que estava passando mal – ela precisava se hidratar e tomar seus remédios para hepatite B –, mas os agentes ignoraram seus pedidos o tempo todo, tratando-a à base de gritos e xingamentos. "Eu me dei conta de que não conseguiria continuar falando com aquelas pessoas, que me tratavam de um jeito tão hostil e como se eu fosse o inimigo", explica ela. Assim, o que fez foi parar de falar. Wu permaneceu em silêncio enquanto os agentes gritavam. Por fim, eles a levaram até o Centro Weizhiming, vasculharam todo o lugar (nunca foi apresentado a Wu um mandado de busca ou uma ordem de prisão com seu nome), confiscaram todos os computadores e telefones celulares e a deixaram em um segundo centro de detenção pelo resto da noite.

Mais tarde, Wu ficou sabendo que os agentes também vasculharam a sua casa e interrogaram seu marido sobre o seu trabalho como ativista. No entanto, como havia brinquedos do filho de 4 anos do casal espalhados por toda parte, os agentes só conseguiram levar alguns pen drives e outros materiais do tipo. O filho de Wu perguntou pela mãe. "A mamãe viajou para um país estrangeiro bem longe daqui para trabalhar", foi a resposta do pai.

No dia seguinte – o Dia Internacional da Mulher –, Wu estava se sentindo tão mal, faminta e atordoada pela falta da medicação que não se lembra dos detalhes de como os agentes a levaram para fora de Hangzhou. De qualquer forma, em algum momento desse dia ela foi embarcada para Pequim para ser detida oficialmente pelo crime de "provocar brigas e perturbar a ordem pública".

Na capital, Wu Rongrong ficou junto das companheiras de ativismo, embora cada uma estivesse isolada em uma cela individual e trancafiada atrás de grades. Em uma dessas celas estava Zheng Churan e, em outra, Wei Tingting, ambas privadas dos seus óculos e vendo o mundo em volta na forma de um borrão.

Li Maizi, que mandara a mensagem de texto para Wu Rongrong dois dias antes, também estava numa das celas. A polícia batera à sua porta em Pequim no momento em que ela e a namorada, Teresa Xu, se preparavam para ir para a cama, mas Li não ficou muito preocupada. A jovem, então com 25 anos, já havia sido detida para averiguações policiais muitas vezes, e o que pensou ao ouvir as batidas foi que se ficassem em silêncio talvez os policiais fossem embora. Isso não aconteceu. Quando Teresa apertou sem querer a descarga do banheiro, os guardas começaram a tentar arrombar a porta, então Li abriu. Meia dúzia de homens – alguns policiais fardados e outros à paisana – entraram no apartamento, tiraram o celular da mão de Li e começaram a vasculhar o local atrás dos equipamentos eletrônicos. Teresa estava usando somente um conjunto de lingerie.

"Como duas pirralhas como vocês podem ser tão indecentes?", um dos policiais rugiu.

"Olhe quem está nos chamando de indecentes!", Li retrucou com um grito. Eles podiam insultá-la e chamá-la de "pirralha", mas não fariam isso com a sua namorada. "Nós estamos na nossa casa! É claro que podemos andar por aqui de lingerie!"

Apesar dos protestos, os agentes levaram as duas para a delegacia. Ao chegar lá, Li Maizi se deu conta de que não seria só um interrogatório de rotina. Funcionários colheram amostras do seu sangue e de urina para fazer exames e tiraram suas digitais e a impressão das palmas da mão. Depois de fazerem-na tirar o casaco e as botas de neve, eles a deixaram sozinha numa sala de interrogatório sem aquecimento. Os dois homens que fizeram as perguntas em nenhum momento se identificaram, não estavam usando uniformes e não explicaram que acusações havia contra ela. Insistiram em saber sobre o financiamento estrangeiro recebido pela instituição que a empregava, a ONG Yirenping, e Li concluiu que deviam ser agentes da segurança estatal. Mesmo assim, recusou-se a colaborar.

"Aqueles sujeitos se comportavam como se tivessem acabado de vencer uma batalha épica", ela diria mais tarde, com desdém. Em seu esforço para fazer com que falasse, um dos agentes a tirou da sala de interrogatório para fazê-la "ver o quadro geral". Com orgulho, ele mostrou que haviam detido tantas ativistas feministas naquela noite que não havia salas de interrogatório suficientes para todas elas. Li Maizi reconheceu algumas de suas companheiras – Wei Tingting, Wang Man e outras voluntárias –, embora nenhuma delas tenha tido permissão para falar com as outras. Ela sabia, no entanto, que contava com uma vantagem: todas as outras feministas presas tinham problemas de visão e, com os óculos confiscados, ficavam – como Li dizia de brincadeira – "cegas". Ela, com sua visão perfeita, obteve um ganho psicológico. "A parte boa de não ser cego é que se pode ver os rostos dos interrogadores", disse ela mais tarde. "E isso é uma espécie de ameaça, porque eles têm medo de que você possa identificá-los depois."

Um dos agentes que interrogaram Li começou a se gabar de que tinha dois diplomas universitários. A jovem, sempre provocadora, não resistiu a alfinetá-lo: "Nesse caso, suponho que tenha permissão para deixar o país, não é mesmo?", indagou.

Por um instante, ele pareceu abatido. "Isso não é possível, mas mesmo sem permissão para deixar a China eu tenho uma vida boa aqui", foi a resposta dele.

"Boa?", insistiu Li. "Vá sonhando."

Depois de um tempo, a jovem percebeu que manter uma fachada durona não estava dando resultado e escolheu uma nova estratégia: desabar em lágrimas. "Assim está melhor!", reagiu o agente, e moderou o tom do seu questionamento. O que Li não sabia era que uma das paredes da sala era um espelho falso e que os agentes estavam com Teresa do outro lado. Teresa também sofria de problemas de visão, e também, como as outras, tinha tido seus óculos confiscados – mas ela conseguiu distinguir a imagem borrada de Li.

"Você não passa de uma pequena arruaceira!", um dos agentes gritou para Teresa. "Conte quem você conhece nesse grupo de mulheres! Você acha mesmo que vai ser liberada depois de vinte e quatro horas? Você não teria nem tempo de sair da cidade antes que nós a capturássemos e trouxéssemos de volta para cá!"

Durante todo esse tempo, Teresa permaneceu em silêncio, encarando o agente. No dia seguinte ela foi liberada – por ser ainda uma estudante e estar concluindo um mestrado em Ciências Sociais, os agentes alegaram –, mas não sem antes ter de assinar uma declaração afirmando: "Eu amo fervorosamente meu país. Amo fervorosamente o Partido Comunista. Eu apoio o trabalho do Partido Comunista. Eu prometo manter distância da organização não governamental Yirenping, de Pequim".

Li não teve a mesma sorte. Ela nem cogitava a possibilidade de permanecer mais de um dia detida por ter planejado a distribuição de adesivos contra o assédio sexual. Como ela e suas companheiras de ativismo não haviam feito nada que se opusesse ao Partido Comunista, Li simplesmente disse para si mesma: *Você só precisa aguentar pelas próximas vinte e quatro horas. Depois disso, vai estar fora daqui.*

Vinte e quatro horas mais tarde, os agentes mandaram que ela reunisse os seus pertences e os acompanhasse por uma passagem subterrânea. Mais agentes se juntaram a eles, alguns caminhando atrás da jovem e outros à sua frente. "Eu pude sentir que as pessoas atrás de mim estavam com muito medo de que eu tentasse escapar", ela disse. "Naquele instante, vi que não havia possibilidade de que fossem me deixar ir para casa." Quando saiu da passagem, Li viu uma minivan que estava à sua espera na rua. Dentro dela, ladeadas por dois agentes de segurança cada uma, já estavam Wei Tingting e Wang Man. As três foram conduzidas para o Centro de Detenção Distrital de Haidian.

A quinta mulher a ser encarcerada, Wang Man, havia crescido como uma menina rebelde e cheia de vida, responsável por desapontar pais e professores com sua eterna falta de obediência. "Como uma menina pode se comportar dessa maneira?", eles ralhavam. Quando chegou a puberdade, as broncas pareceram surtir efeito e ela passou a investir todas as suas energias nos estudos. Mas logo viria a descobrir que, mesmo tendo concluído um mestrado em Relações Internacionais e passado um período estudando fora, em Kioto, no Japão, nunca estaria livre da discriminação de gênero gritante que impera no mercado de trabalho chinês. No seu primeiro emprego, como professora de Inglês num prestigioso colégio em Tianjin, as mulheres precisavam ter um mestrado para exercer a função que, no caso dos homens, requeria somente um diploma de graduação. Indignada com essa duplicidade de critérios, Wang pediu demissão. Então, quando completou 27 anos – assim como a maioria das chinesas moradoras de centros urbanos e perto da casa dos 30 anos –, Wang Man começou a sentir uma pressão intensa para que se casasse e fugisse do estigma de ser considerada uma mulher "que sobrou" (*sheng nü*). Sem gostar suficientemente de nenhum dos homens com quem saía, pensou que devia haver algo terrivelmente errado com ela.

"Eu sempre escutei que era teimosa demais, radical demais, estranha demais, tudo simplesmente *demais,* e que por isso fracassava na busca de um marido", conta Wang. "Como mulher prestes a completar 30 anos, diziam que era um dever importante que eu me casasse, e que, se não conseguisse, estaria decepcionando todos à minha volta ou a mim mesma." Em 2010, Wang Man foi convidada para trabalhar em Pequim, em uma ONG que se dedicava ao combate à miséria. E não demorou para que conhecesse diversas ativistas feministas que lhe mostraram como a sua perspectiva estava enviesada. "Meu Deus, todos aqueles problemas da vida que eu imaginava que eram causados por falhas de caráter pessoais, na verdade resultavam da desigualdade de gênero sistêmica – essa foi uma tremenda revelação!", diz ela.

Logo, ela estava atuando como voluntária em campanhas feministas, incluindo o protesto Ocupa Banheiro Masculino, realizado em Guangzhou, e escrevendo artigos a respeito dos usos do ativismo feminista de rua no país – que mais tarde seriam resgatados para assombrá-la. Durante o período de detenção, era comum que agentes de segurança lessem em voz alta esses seus textos, como se fossem evidências da sua "traição" contra a China e sua disposição para ser usada como instrumento de "forças estrangeiras hostis" (termo usado genericamente em alusão aos Estados Unidos ou Grã-Bretanha).

Na noite de 6 de março de 2015, agentes de segurança levaram Wang, na época com 33 anos, para um espaço subterrâneo da delegacia de polícia de Haidian, em Pequim – o mesmo lugar onde estavam detidas Li Maizi e as outras ativistas do que ficou conhecido como Quinteto Feminista –, e confiscaram os óculos dela. Sem poder distinguir seus algozes ou seu paradeiro com clareza, Wang Man começou a ficar apavorada.

Tiveram início os interrogatórios. Os agentes insistiam em perguntar sobre fundos de pesquisa destinados pela União Europeia para o grupo de combate à miséria do qual ela participava. Depois de uma longa rodada de questionamentos, ela achou que finalmente fosse ser liberada, mas, em vez disso, foi conduzida de volta ao isolamento da cela. Tentou dormir, mas estava com muito frio e fome para conseguir isso – mal havia recebido algum alimento desde que fora presa. Era inverno, e mesmo assim um duto de ar-condicionado soprava um vento congelante por entre as ripas de madeira do único banco que havia na cela. Embora já não tomasse remédio para isso havia muitos anos, Wang nascera com um problema cardíaco congênito, e de repente começou a se sentir vulnerável e assustada por causa da sua saúde. Em algum momento dessa mesma noite – ela não faz ideia do horário –, a sensação foi de que não aguentaria por muito tempo o terror daquela incerteza toda.

Foi então que ouviu a voz de Wei Tingting do lado de fora da porta trancada da cela.

"Eu estou com sede! Preciso de água!", gritava Wei, que em seguida começou a cantar em voz alta a canção folclórica tradicional "Moli Hua" (Flor de Jasmim).

> Linda flor do jasmim (...)
> Me deixe colhê-la
> Para partilhar com os outros a sua beleza
> Flor de jasmim, oh, flor de jasmim

Ao ouvir o canto de Wei, Wang foi tomada por uma onda de gratidão. A sua companheira de luta estava ali, do outro lado da parede.

A Internet e o despertar feminista

No dia seguinte à prisão das "Cinco Irmãs Feministas" (*niiquan wu jiemei*), outras ativistas do movimento começaram a postar campanhas de solidariedade nas redes sociais Weibo e WeChat. Enquanto a indignação mundial se alastrava por meio da hashtag #FreeTheFive (Libertem o Quinteto) pelo Twitter, Facebook e Instagram – todos proibidos na China –, as ativistas locais postavam fotos de mulheres usando máscaras com os rostos das integrantes do Quinteto Feminista circulando livremente em espaços públicos.

"Nós escolhemos os locais públicos mais impregnados de vida comum que podíamos para nossas fotos, mostrando as mulheres como se estivessem livres e comendo num restaurante, andando pelo shopping ou numa feira de rua", explica Xiao Meili, articuladora feminista que em 2013 e 2014 caminhou de Pequim até Guangzhou, uma distância de mais de 2 mil quilômetros, para protestar contra o abuso sexual e reivindicar a presença feminina nos espaços públicos.

A primeira foto postada por elas mostrava cinco mulheres caminhando numa faixa de travessia de pedestres inspirada na capa do álbum *Abbey Road*, dos Beatles, usando máscaras com os rostos de Li Maizi, Wu Rongrong, Zheng Churan, Wei Tingting e Wang Man.

Na legenda, se lia: "7 de março: Prisão das Ativistas Feministas – Dia Um". A foto do Dia Dois mostrava cinco mulheres usando máscaras do Quinteto Feminista em frente a um sanitário público, numa referência ao protesto Ocupa Banheiro Masculino.

Em outro dia, as mulheres mascaradas esperavam na plataforma de uma estação de metrô com xícaras de chá nas mãos, simbolizando a prática policial corriqueira de contatar as ativistas para "convidá-las para um chá" – eufemismo usado para os interrogatórios feitos a figuras identificadas como possíveis agitadoras. A cada dia, aparecia nas redes sociais uma nova foto, marcando a passagem do tempo de prisão das ativistas. "Vocês não vão conseguir prender todas nós!", lia-se na legenda de uma delas.

As feministas também conclamaram outras pessoas por toda a China a postarem suas próprias fotos no Weibo e no WeChat em solidariedade às cinco detentas. Em Pequim, onde policiais e agentes de segurança à paisana estavam perseguindo ostensivamente ativistas do movimento feminista para levá-las a interrogatório, grupos de cinco mulheres posavam para as fotos em público e depois acrescentavam pelo Photoshop as máscaras das feministas antes de fazerem as postagens. Em Guangzhou, onde a repressão não estava tão ferrenha, as ativistas portavam máscaras de verdade do Quinteto Feminista ao fazerem as fotos em locais públicos movimentados, como shopping centers e cruzamentos de ruas movimentadas. As postagens eram anônimas em sua maioria, para escapar do aparato de vigilância digital do Estado, ao passo que ativistas baseadas fora da China, como Lü Pin, da famosa página *Vozes Feministas,* postavam usando seus nomes verdadeiros.

Na China, a internet é alvo de monitoração pesada e de censura, e permanece isolada do resto do mundo virtual por meio da "Grande Muralha Digital". Censores do Estado estão infiltrados em praticamente todas as empresas da área tecnológica, que são instruídas a deletar quaisquer postagens nas redes sociais que possam ser consideradas ofensivas ao Partido Comunista ou capazes de "perturbar a ordem social". Numa prática descrita pela especialista em Direito Digital Rebecca MacKinnon como "autoritarismo conectado", as empresas de serviços de internet têm como procedimento de rotina entregar à polícia informações pessoais de qualquer usuário procurado por eles. O exército de censores deletou muitos posts e artigos de portais de notícias que mencionavam explicitamente a prisão do Quinteto Feminista, mas não chegou a impor uma proibição total aos posts feministas nas redes sociais, de modo que algumas mensagens e fotos solidárias às detentas postadas por estudantes, intelectuais e ativistas na luta por direitos (incluindo homens) continuaram a circular on-line. A operária de uma fábrica postou uma foto de si mesma com os dizeres: "Nós podemos combater o assédio sexual! Parem já com o assédio! Todo o apoio [ao Quinteto Feminista] – uma trabalhadora chinesa". Um trabalhador de Xiamen postou uma foto de si mesmo segurando um cartaz que dizia: "Os trabalhadores de Xiamen apoiam Wu Rongrong, Li Tingting, Wang Man, Zheng Churan, Wei Tingting". (Embora essas fotos tenham sido deletadas pelos censores, o ativista pelos direitos dos trabalhadores Wei Lizhi, namorado de Zheng Churan na época e que mais tarde se tornou seu marido, fez uma compilação delas e escreveu sobre algumas em um artigo para o site Libcom.org.)

Muitas pessoas que haviam recebido ajuda por meio de campanhas pelos direitos das mulheres no passado quiseram nesse momento demonstrar solidariedade às feministas presas. Algumas delas haviam conhecido Zheng Churan (ou Coelho Gigante) por meio das campanhas que ela organizou em prol dos direitos trabalhistas para mulheres e homens da classe operária. Uma das petições chegou a reunir mais de 1.100 assinaturas – apesar do grande risco enfrentado por qualquer pessoa que assinasse abertamente seu nome em um documento assim. Os organizadores enviaram as assinaturas para o Centro de Detenção Distrital de Haidian, em Pequim, onde as mulheres estavam presas, e também para o Escritório de Segurança Pública de Haidian, para as procuradorias locais e para a Federação Nacional da Mulher Chinesa.

Outro abaixo-assinado colheu assinaturas de um grupo de advogadas feministas chamado Rede Colaborativa de Advogadas Chinesas em Prol do Interesse Público, e um terceiro teve o apoio de cerca de cem advogados da luta pelos direitos humanos. Alguns meses mais tarde, o governo chinês iniciou uma perseguição a esses e outros advogados envolvidos com a causa dos direitos humanos, encurralando e prendendo centenas deles – incluindo Wang Yu, advogada de uma das integrantes do Quinteto (ver Capítulo 6).

O fato de essas campanhas de solidariedade terem chegado a circular na internet é digno de nota. Apesar do trabalho invasivo dos censores, a ascensão da nova onda do ativismo feminista na China está intrinsecamente ligada à explosão de adesões ao Weibo, em 2010, e ao WeChat, em 2011. À medida que números recordes de mulheres chinesas passaram a ingressar nas universidades, tanto dentro do próprio país quanto no exterior, elas marcaram presença também na vida virtual e começaram a questionar o machismo generalizado e o tratamento desigual dispensado a homens e mulheres, embora não se identificassem explicitamente como feministas. A internet lhes dava espaço para explorarem suas ideias com mais liberdade do que a que experimentavam na maior parte dos seus locais de trabalho e ambientes domésticos, ao mesmo tempo que permitia que mulheres com ideias semelhantes em partes diferentes do país mantivessem contato umas com as outras. Em vista da monitoração cerrada do aparato estatal de segurança, a avalanche de mensagens de apoio para as feministas presas é a prova de como elas aproveitaram bem essas conexões e foram capazes de mobilizar uma ampla base de apoio espalhada por todo o país.

Até mesmo algumas das maiores estrelas "Big V" (com contas verificadas) do Weibo passaram por uma espécie de despertar feminista, graças em parte ao trabalho das ativistas e ao poder galvanizante do episódio da prisão do Quinteto Feminista. Li Yuan, editora-chefe do site chinês do *Wall Street Journal*, foi uma das primeiras mulheres a conquistarem o posto de celebridade "Big V" no Weibo, num perfil com cerca de 2,5 milhões de seguidores. A experiência dela ilustra bem a importância crucial das redes sociais para o crescimento da conscientização das mulheres chinesas a respeito da luta feminista.

Li Yuan foi criada em Yinchuan, capital da província de Ningxia, na região Oeste do país, e trabalhou para a agência de notícias Xinhua por diversos anos como correspondente internacional no Afeganistão,

Tailândia e Laos antes de se mudar para os Estados Unidos para completar seus estudos. Lá, ela concluiu dois mestrados – um na Universidade George Washington, em Relações Internacionais, e outro em Jornalismo, na Columbia – antes de começar a trabalhar como repórter de tecnologia para o *Wall Street Journal* em Nova York. Em 2008, ela se mudou para Pequim com o projeto de revitalizar o site em língua chinesa do *Journal*, sendo responsável pela contratação de mais tradutores e por desenvolver mais conteúdo originalmente chinês.

Nessa época, os cidadãos comuns da China ainda tinham acesso ao Twitter e ao Facebook, além de utilizarem a principal ferramenta local de microblogging, o Fanfou. Em junho de 2009, o governo chinês bloqueou temporariamente o Twitter e outros serviços on-line por ocasião do aniversário de vinte anos do massacre na Praça da Paz Celestial, já antecipando a enxurrada de reportagens e tuítes politicamente delicados.

Então, no dia 6 de junho de 2009, conflitos irromperam em Xinjiang, no noroeste do país, entre residentes da etnia uigur, adepta da religião muçulmana, e a maioria han, deixando um saldo de 156 mortos e mais de mil feridos. O episódio foi uma das turbulências sociais mais graves na China desde os protestos na Praça da Paz Celestial. Centenas de uigures se reuniram na capital de Xinjiang, Urumqi, para exigir a investigação oficial de uma briga entre operários uigures e hans em uma fábrica em Guangzhou, que terminou com a morte de dois uigures. Muitos residentes uigures de Xinjiang se ressentem profundamente da interferência do Partido Comunista, um enclave dos hans, em suas vidas particulares e costumes religiosos, bem como do policiamento pesado em seus bairros feito pelas Forças Armadas dos hans.

O governo central chinês percebeu que teria de agir para controlar o tumulto. As autoridades lançaram mão de um pesado aparato de repressão, interrompendo os serviços de internet em Urumqi e outras partes de Xinjiang para impedir que as informações a respeito do tumulto se alastrassem. Inicialmente, a repressão pareceu se concentrar apenas na região dos conflitos, mas não demorou para que o governo central bloqueasse o acesso ao Twitter e ao Facebook em toda a China, numa proibição que não foi suspensa até o momento.

No mesmo mês, Charles Chao, ex-jornalista que se tornou executivo da área tecnológica e que já vinha trabalhando em uma nova versão local para o Twitter, percebeu a enorme janela de oportunidades que se abria e decidiu ocupá-la. Em agosto de 2009, poucas semanas depois da proibição em caráter permanente do Twitter e do Facebook ter sido implementada, Chao promoveu o lançamento do Sina Weibo, uma plataforma local de mídia social já equipada com um complexo sistema interno de censura humana e por software. Por ser recém-inaugurado, o Weibo precisou recrutar agressivamente nomes considerados fortes como influenciadores sociais – como estrelas do cinema, empresários conhecidos e celebridades midiáticas – para criarem contas na plataforma. No início de 2010, um executivo da Sina convidou Li Yuan a criar um perfil no Weibo. Ela relutou, no início, por ter uma posição como jornalista e não querer expor publicamente suas opiniões pessoais, mas acabou concordando. Em outubro de 2010, pouco mais de um ano depois de seu lançamento, o Weibo bateu a marca dos 50 milhões de usuários. Desde então, a popularidade do serviço explodiu, para alcançar 392 milhões de usuários ativos por mês em dezembro de 2017[3] – mais do que o número total de usuários ativos por mês do Twitter em todo o mundo.

"Primeiro, me pareceu muito intimidador usar o Weibo, porque depois de postar um texto eu nunca queria olhar os comentários que as pessoas faziam a meu respeito", Li Yuan diz. Era comum que surgissem pessoas dizendo coisas como: "Por que você se mete tanto a dar opiniões sobre tudo? Por que fala tanto? Você é mulher!". "O que se espera das mulheres é que sejam submissas", explica ela. A princípio, Li Yuan se sentiu desconfortável por estar tão exposta. Mas logo ela estaria se envolvendo animadamente nos debates que pipocaram pela plataforma com o início da Primavera Árabe, nos primeiros meses de 2011 – época do feriado do Ano-Novo chinês, que a jornalista passou em companhia dos pais, na província de Ningxia. Hospedada na casa deles, ela ficava acordada

---

[3] Segundo o portal Statista, de estudos e estatísticas, em julho de 2019 o Weibo contava com 462 milhões de usuários ativos. (N. do E.)

até tarde da noite postando a respeito das agitações revolucionárias na Tunísia e no Egito.

"Meus pais não sabiam que eu estava levando uma vida dupla", relata Li Yuan. "De dia, ficava com os dois em casa, comendo e conversando. À noite, quando a situação do [presidente Hosni] Mubarak no Egito ficou tensa, eu começava a postar por horas a fio e não ia para a cama antes das 2 ou 3 da madrugada."

Li Yuan se refere a esse período inicial como a "Primavera do Weibo": muitos chineses se empolgaram com as possibilidades criadas por esse fórum novo e aberto para discussões sérias das questões sociais do país, e passavam várias horas do dia engajados em debates on-line. "Todo mundo estava mobilizado pelo Weibo, se perguntando 'Como podemos usar essa plataforma para moldar a China, para mover o país na direção certa?'", conta ela. "A China está passando por mudanças tremendas, diferentes das que qualquer outro país do mundo tenha enfrentado. Há muitas questões sobre as quais as pessoas precisam refletir – questões de cunho social, político e econômico –, e a possibilidade de debatê-las publicamente nos pareceu muito empoderadora. Todos nós passamos a nos engalfinhar uns com os outros em discussões on-line, algumas delas nada agradáveis, mas foi um período muito estimulante – um grande embate de ideias."

Li Yuan viu um crescimento meteórico no seu número de seguidores no Weibo em 2012, e quando deu por si já estava fazendo parte do "Big V", o grupo das celebridades on-line com mais de 2 milhões de seguidores. À medida que sua audiência crescia, aumentava também o interesse da jornalista em usar a plataforma para denunciar problemas sistêmicos do país – como a imensa desigualdade social e a privação de direitos, incluindo os direitos das mulheres. Nesse meio-tempo, o site da versão chinesa do *Wall Street Journal*, coordenado por ela, também havia explodido em popularidade.

No final de 2011, Li Yuan me procurou interessada em publicar uma tradução chinesa do editorial que eu havia escrito para a revista *Ms.* intitulado "As mulheres 'que sobraram' na China", no qual eu denuncio a campanha de propaganda deliberadamente sexista criada pelo governo do país para envergonhar mulheres solteiras com formação universitária e persuadi-las a se casarem. Quando o artigo foi postado (sem cortes) no site chinês do *Wall Street Journal,* ele se tornou o campeão de acessos daquele dia em toda a China, acumulando dezenas de milhares de *views* somente nas primeiras vinte e quatro horas – e atraindo uma atenção exponencialmente maior do que a obtida pelo texto original em inglês.

Mesmo tendo passado muitos anos sem se identificar publicamente como feminista, Li Yuan usava suas postagens no Weibo para atacar o machismo endêmico da sociedade chinesa e da propaganda governamental. Um exemplo disso foi a ocasião, em 2016, em que o perfil do *People's Daily* no Weibo publicou uma série de fotos das elaboradas refeições que uma jovem esposa preparava todas as manhãs para o seu marido antes que ele saísse para o trabalho. "Que variedade! Um cardápio diferente a cada dia, ao longo de três meses!", alardeava a legenda das fotos, que enfatizava ainda que, com uma esposa que cozinhava tão bem, o marido nunca tinha vontade de comer fora. Li Yuan fez um *repost* com um comentário sarcástico: "Por que, em vez disso, o homem não pode preparar o café da manhã da mulher?"

Em outra oportunidade, ela postou uma foto mostrando várias lideranças mundiais do sexo masculino e escreveu: "Se nós tivéssemos mais governantes mulheres (…) como Hillary Clinton e Angela Merkel, eu aposto que este mundo seria um lugar mais estável e pacífico". Li Yuan fazia ainda postagens frequentes conclamando as mulheres a não sucumbirem à pressão onipresente pelo casamento: "Não há nada de mais em permanecer solteira. Não se casem precipitadamente, só por medo de serem incluídas entre 'as que sobraram'. Dedicar uma vida inteira a satisfazer as exigências das outras pessoas é uma forma de trair a si mesma". Embora os censores deletassem com alguma frequência os posts de Li Yuan, a conta dela nunca chegou a ser totalmente "desaparecida", como acontecia com os perfis de alguns críticos mais ferrenhos do governo.

Li Yuan compartilhou muitos detalhes e fotos da sua vida pessoal no Weibo. Ela havia se casado quando estava com vinte e poucos anos, sem refletir muito a respeito, poucos anos depois se divorciou e não se mostrava interessada em se casar novamente ou em ter filhos. Li sempre deixava claro em suas postagens quanto apreciava a sua vida de solteira, em especial a parte de poder viajar sozinha. Eram frequentes os registros de suas aventuras solo no exterior, em lugares como Índia e Tailândia. "A liberdade é um valor importante para mim, e eu não quero ter de restringi-la por nenhum motivo", ela diz.

Em 2013, Li Yuan foi incluída na lista dos "100 perfis mais influentes do Weibo" e apareceu num artigo para a BBC chamado "Who Are China's Weibo Superstars?" ("Quem são os superstars do Weibo na China?"). Ela passou a ser abordada por jovens que agradeciam por lhes mostrar que era possível ter uma vida feliz sem se casar, dizendo coisas como: "Eu sigo você no Weibo e acho que está certa, que eu não tenho que ceder à pressão dos meus pais para me casar e que está tudo bem se eu ficar solteira".

Junto com o crescimento do número de seguidores, Li Yuan também viu aumentarem os ataques misóginos on-line. Ela procurava não se deixar abalar muito por eles. (Quando eu criei um perfil no Weibo, em 2011, ela me disse: "Não dê atenção aos comentários maldosos".) Certa vez, quando fez um post dizendo que não gostava de cozinhar, um homem que conhecia retrucou: "É por isso que não arruma marido!". As pessoas também acusavam-na de ser uma "traidora da China" e de ter passaporte americano (Li é cidadã chinesa), por acharem que seus textos exageravam no tom crítico. Eles contra-atacavam sua popularidade criando listas de perfis questionáveis do Weibo; e muitos se referiam a ela como "agitadora nas horas vagas".

Muitas das mensagens abusivas eram piadas sexistas com o seu nome de usuário, @YuanLiWSJ, em que as letras da sigla para *Wall Street Journal* também podem ser lidas como uma abreviação da palavra chinesa *weishengjin*, que significa "absorvente higiênico". Os *trolls* adoraram a coincidência. As pessoas enviavam fotos de absorventes ensanguentados com mensagens como: "O que você está dizendo não tem lógica nenhuma, porque você não passa de uma mulher", conta Li Yuan. Para ela, uma parte dos ataques misóginos sofridos on-line veio de pessoas pagas ou implicitamente encorajadas pelo governo para tentarem influenciar a opinião pública na internet – um grupo que ficou conhecido como "a turma dos cinquenta centavos" (*wumao dang*) depois que o jornal estatal *Global Times* publicou que os comentaristas de portais da internet recebiam cinquenta centavos de yuan para cada manifestação pró-governo que publicassem (embora se trate apenas de uma expressão idiomática, não de uma quantia literal).

"Por um tempo, os 'cinquenta centavos' foram especialmente agressivos. Quando eu postei sobre quanto tinha amado a minha viagem à Índia, dezenas deles comentaram que gostariam que eu tivesse sofrido um estupro coletivo por lá", conta Li Yuan. "E isso durou diversos dias. Parecia haver muitos perfis diferentes deles, e obviamente era uma ação organizada, porque os comentários eram todos muito parecidos."

Li Yuan bloqueou centenas de pessoas, numa tentativa de evitar que sua família visse as ameaças mais violentas, mas, obviamente, é impossível bloquear todos os *trolls*. Os comentários agressivos chamaram atenção até mesmo da sua sobrinha pequena, que perguntou: "Titia, por que as pessoas xingam você na internet?" (Eu também recebi ameaças de estupro coletivo depois de ter feito postagens em prol dos direitos das mulheres no Weibo, assim como muitas outras mulheres que postam qualquer coisa que as identifique como feministas.) Depois que o presidente chinês Xi Jinping assumiu o cargo em 2012, Li Yuan e muitas outras personalidades influentes do Weibo, que estavam esperançosas a respeito das possibilidades oferecidas por essa rede social, se desiludiram.

Em 2013, o governo começou a alertar os comentaristas dos perfis "Big V" para que ficassem atentos ao teor de suas postagens no Weibo. Um dos maiores formadores de opinião da plataforma, o investidor sino-americano Charles Xue (também conhecido como Xue Manzi) – que conta com 12 milhões de seguidores –, foi preso em agosto de 2013 acusado de ter feito sexo com uma prostituta. Posteriormente ele apareceu na emissora de TV estatal chinesa usando uniforme de presidiário e algemas e confessou publicamente ter "espalhado postagens irresponsáveis na internet". Xue, que foi criado na China, mas é cidadão americano, permaneceu preso e acabou libertado em 2014 por "motivos de saúde". A agência de notícias Xinhua afirmou que a prisão de Xue "fez soar um alarme sobre a vigilância legal para todos os Big V e o seu comportamento on-line". Alguns amigos de Li Yuan também chegaram a ser presos em razão de postagens nas redes sociais, e mais tarde liberados. "Eles foram obrigados a confessar crimes que haviam cometido ou não, mesmo nunca tendo existido julgamentos por tais crimes, porque havia essa repressão sistemática à dissidência on-line", conta ela.

Li Yuan começou a ter problemas frequentes para ler as postagens de seus amigos no Weibo. Alguns novos posts não ficavam visíveis para o seu perfil, embora não tivessem sido deletados, o que tornava a censura quase impossível de detectar. Outras pessoas começaram a dizer a ela que também não estavam vendo seus posts, embora eles aparecessem normalmente em sua própria timeline. Assim que o número dos seus seguidores chegou a 2,4 milhões, por volta de 2013, a conta foi declarada como tendo "excedido o limite" pelo Weibo, e não ganhou novos seguidores desde então. Li Yuan conhece outras pessoas que passaram pela mesma limitação no número de seguidores. "Quando indaguei um alto executivo do Weibo a respeito, ele admitiu que pessoas como eu 'não são o tipo de influenciador que a plataforma quer atrair no momento'", diz ela. Em novembro de 2013, os censores bloquearam o próprio site chinês do *Wall Street Journal*, junto com o da agência de notícias Reuters, por matérias não especificadas consideradas politicamente sensíveis. (Os sites chineses de outros veículos internacionais de imprensa, como *New York Times* e *Bloomberg News*, já estavam bloqueados desde 2012, em razão de reportagens investigativas sobre as fortunas familiares das lideranças mais proeminentes do país.)

Depois da prisão do Quinteto Feminista, Li Yuan se uniu a muitas outras vozes que postaram sua indignação no Weibo e passou a usar o termo *feminista* para se descrever. "Eu não me sentia confortável com essa palavra nos anos em que morei na China, entre 2008 e 2015, porque me parecia demais com o estereótipo clássico da feminista: era solteira, sem filhos e considerada muito intimidadora pela maioria dos homens", diz ela. Li Yuan acrescenta ainda que o termo *feminista* carregava tantas conotações negativas no país que costumava fazer parte dos insultos misóginos despejados pelos *trolls* nas áreas de comentários de colunas suas falando sobre, por exemplo, sexismo no mercado de capitais de risco ou no setor de empresas de tecnologia da China. "Há um monte de homens chineses que acham que as mulheres já ganharam poder suficiente. Eles dizem: 'Não existe preconceito contra as mulheres na China! Por que vocês continuam achando que não conquistaram a igualdade?'", Li Yuan relata.

"Existe uma expressão chinesa, *da nanzi zhuyi* [macho chauvinista]", ela conta, "e os homens me chamam de 'fêmea chauvinista'". Quando se mudou para Hong Kong para assumir um novo cargo como colunista de tecnologia para a China, Li Yuan reagiu a isso passando um longo tempo sem se referir publicamente a si mesma como feminista, talvez numa tentativa de se proteger. "Mas, depois disso, tantas coisas aconteceram e eu vi algumas amigas minhas irem parar na cadeia. E foi então que decidi que sou, sim, uma feminista, e que vou carregar com orgulho esse rótulo", explica. Em abril de 2018, ela foi contratada como a primeira colunista de tecnologia para a Ásia do *New York Times*. Li Yuan continua postando regularmente no Weibo, mas deixou de ver a plataforma como uma força preponderante para alavancar mudanças sociais.

Mesmo com sistemas cada vez mais sofisticados e tecnologicamente avançados de vigilância e censura a conteúdos on-line, as ativistas do feminismo vêm encontrando novas maneiras de manter o movimento ativo e em expansão, tanto na internet quanto fora dela. Lü Pin, fundadora e editora da maior página feminista da China nas redes sociais, a *Vozes Feministas* (*Niiquan zhi Sheng*), afirma não ser coincidência o fato de mais jovens terem passado a se identificar como feministas no país na mesma época em que a página começou a postar maciçamente artigos sobre o tema no Weibo, em 2011 (a conta do *Vozes Feministas* na plataforma foi banida pelos censores em 2018).

Lü Pin havia acabado de concluir seu mestrado em Língua Chinesa e Literatura Clássica pela Universidade Shandong quando se mudou para Pequim, em 1994. Ela começou a trabalhar como jornalista no *China Women's News* (*Zhongguo Funü Bao*) pouco antes da Conferência Mundial das Nações Unidas sobre a Mulher, em 1995. A credencial profissional lhe deu acesso privilegiado às plenárias da conferência, que foi relegada pelo governo para o distante distrito de Huairou, bem afastado da área central de Pequim. Nessa época, Lü Pin não se via como feminista.

"Ainda não existia internet na China", explica ela, "então a população tinha muito pouca consciência sobre o que estava acontecendo. A Conferência Mundial sobre a Mulher representou uma boa oportunidade para algumas pessoas, mas o número de participantes chineses foi reduzido demais" – em sua maior parte funcionários do governo e profissionais do alto escalão vinculados à Federação Nacional da Mulher Chinesa. Lü Pin descreve o *China Women's News* como "a ponte do Partido Comunista para se comunicar com as mulheres". Ela e outros repórteres escreviam matérias tentando chamar a atenção para as necessidades femininas, mas também precisavam cumprir seu dever de divulgar a propaganda do Partido – "dois objetivos altamente conflitantes", nas suas próprias palavras. Se fossem escrever um artigo sobre as mulheres de regiões rurais vivendo na pobreza, por exemplo, esperava-se que incluíssem informações que mostrassem de que maneiras o Partido Comunista estava ajudando essas mulheres a superarem as suas dificuldades.

Essas experiências profissionais de Lü Pin coincidiram com um despertar pessoal. Embora tivesse de seguir a batuta do Partido no trabalho que fazia para o *China Women's News,* Lü Pin começou a ler tudo o que podia sobre as teorias do feminismo. Nessa mesma época, ela foi morar com o namorado e iniciou com ele uma união que durou vários anos. "No início, eu achei que fosse igual às outras pessoas e quisesse simplesmente me casar", diz. Mas, à medida que ela e o namorado foram se deparando com problemas no relacionamento, Lü Pin passou a refletir mais detidamente sobre maneiras de combinar o seu compromisso político com o ativismo feminista e as escolhas da vida pessoal, e se viu cada vez mais resistente ao casamento, não apenas com o namorado em questão, mas com qualquer homem. "Com o passar do tempo, eu me dei conta de que na verdade não sou como as outras pessoas e de que não tenho nenhuma vontade de me casar." O casal rompeu o laço de compromisso que tinha e Lü Pin decidiu renunciar à instituição do casamento. No seu entender, o matrimônio oprime as mulheres, transformando-as em mão de obra não remunerada – em especial na China, onde frequentemente os direitos das mulheres casadas são violados.

A jornalista deixou seu cargo no *China Women's News* em 2004 para trabalhar na ONG chinesa Media Monitor For Women Network, de onde poderia atuar mais diretamente para denunciar a discriminação de gênero praticada pela mídia do país. Na mesma época em que o Weibo foi lançado, em 2009, Lü Pin fundou a plataforma alternativa de notícias *Vozes Feministas* (que inicialmente foi batizada de *Jornal das Vozes Femininas,* ou *Nü Sheng Bao*), que cobria temas tão variados quanto a falta de apoio às vítimas de violência doméstica, a discriminação contra a mulher no ambiente de trabalho e o assédio sexual. No início, a página *Vozes Feministas* despertou muito pouco interesse público. Elas criaram um perfil no Weibo em 2010, mas ele permaneceu praticamente inativo e com apenas poucas centenas de seguidores até meados de 2011, quando Lü Pin e suas colegas iniciaram um esforço concentrado para aumentar a sua audiência, fazendo postagens bem mais frequentes sobre temas ligados aos direitos das mulheres.

O grande ponto de virada para elas chegou em agosto de 2011, quando a Corte Popular Suprema Chinesa divulgou sua nova interpretação da Lei do Matrimônio, que basicamente revertia um dos pilares originais da Revolução Comunista: a noção de propriedade conjugal conjunta. Enquanto a disposição original da Lei do Matrimônio, de 1950, dava às mulheres casadas igualdade de direitos à propriedade e outras garantias como a liberdade de divórcio, a nova interpretação judicial de 2011, calcada em termos vagos, determinava basicamente que, a menos que houvesse contestação em juízo, toda propriedade do casal pertenceria por definição à pessoa cujo nome estivesse citado na escritura – em geral, o de um homem.

Os perfis da *Vozes Feministas* postaram uma torrente regular de críticas detalhadamente embasadas nessa interpretação, argumentando que ela representava um retrocesso grave no âmbito do direito à propriedade das mulheres casadas. A advogada feminista Li Ying, por exemplo, chamou a nova versão da Lei do Matrimônio de "uma lei de homens", pois, como a maior parte das escrituras cita o nome do marido, as propriedades do casal passariam a ir para as mãos dele em caso de divórcio. A página

Vozes Feministas também postou comentários indignados de mulheres casadas em pânico com a ideia de perderem o direito à propriedade que até então consideravam assegurado.

O perfil da página no Weibo postava constantemente fotos, comentários e artigos sobre direitos das mulheres e sobre ações performáticas encenadas nas ruas – incluindo o ato "Irmãs Carecas", de 2012, em Guangzhou, protestando contra a discriminação de gênero no acesso às universidades, e a "Bela Caminhada Feminista" de Xiao Meili, que foi a pé de Pequim até Guangzhou para aumentar a conscientização sobre o abuso sexual em 2013 e 2014. Ao todo, a equipe de Lü Pin acumulou mais de 180 mil seguidores no Weibo e mais de 70 mil no WeChat, sinalizando o interesse crescente entre os usuários pelas ideias feministas (antes que a página *Vozes Feministas* fosse definitivamente bloqueada, em 2018). Considerando a estigmatização do termo *feminista* promovida pelo Partido Comunista, esses números foram bastante expressivos, embora não tenham chegado aos pés dos milhões de seguidores atraídos pelas grandes celebridades do Weibo na China.

A reação on-line mais acalorada ocorrida imediatamente após a prisão do Quinteto Feminista em 2015 veio das estudantes universitárias chinesas. Um grupo de alunas da Universidade Sun Yat-sen, em Guangzhou – onde Zheng Churan concluiu sua formação –, assinou corajosamente seus nomes completos em um abaixo-assinado público de apoio às ativistas detidas. Inicialmente, a petição foi postada no Weibo e no WeChat, e depois de deletada pelos censores continuou a ser divulgada pelas estudantes por meio de canais criptografados.

> Os grupos de discussão on-line sobre feminismo e discriminação de gênero surgiram por toda parte. Embora o feminismo ainda não tenha se tornado um tema popular entre todos os membros da sociedade chinesa, as postagens nesses fóruns têm sido inspiradoras e reconfortantes (...) Considerando que estamos em uma sociedade em que a discriminação de gênero e a objetificação da mulher são amplamente disseminadas, os esforços de Zheng Churan e suas companheiras chegam

carregados de energia positiva e refletem um progresso social. A Universidade Sun Yat-sen deve se orgulhar de ter entregado ao mundo uma aluna tão idealista e comprometida.

A petição reuniu quase cem assinaturas apenas entre alunos e ex-alunos da Universidade Sun Yat-sen antes que a direção começasse a punir os apoiadores da causa, muitas vezes incluindo deméritos em suas fichas acadêmicas.

Os abaixo-assinados se espalharam por muitas outras universidades chinesas, até que seus conselhos administrativos passaram a investigar internamente todos os alunos que os haviam assinado. O departamento de assuntos estudantis de uma universidade de Guangzhou divulgou a seguinte nota nas redes sociais chinesas: "Há registros de que estudantes de dez universidades aderiram a um abaixo-assinado. Por favor, providenciem para que todas as instituições ajam rapidamente para penetrar a fundo nos grupos estudantis, investigar e iniciar um trabalho educativo e dissuasivo".

Estudantes da cidade que haviam aderido aos abaixo-assinados foram convocados para encontros de "orientação" com funcionários das universidades, em que eram avisados sobre "avaliações negativas" que seriam incluídas em suas fichas pessoais e poderiam afetar buscas por emprego e o seu futuro acadêmico, segundo reportagem de Didi Kirsten Tatlow para o *New York Times*. Policiais e agentes da segurança estatal foram enviados a faculdades por toda a China para interrogar e intimidar estudantes que haviam postado mensagens de apoio ao Quinteto Feminista ou atuado voluntariamente em campanhas ativistas.

Zhu Xixi, aluna de doutorado na Universidade Zhejiang, em Hangzhou, nunca imaginou que estaria na mira dos agentes de segurança. Quando ficou sabendo que as autoridades locais haviam detido Wu Rongrong, integrante do Quinteto Feminista, Zhu se ofereceu para esconder em seu quarto no alojamento universitário uma caixa com os adesivos contra o assédio impressos para o Dia Internacional da Mulher. No dia 7 de março de 2015, a estudante recebeu uma ligação de um agente de segurança dizendo que queria se encontrar com ela. Zhu deu uma desculpa, desligou o telefone e decidiu que iria se esconder por uns tempos, como fizeram muitas ativistas feministas em diversas cidades.

Zhu, com 27 anos na época, dedicava-se fervorosamente à luta pelos direitos das mulheres desde 2012, quando cursava um mestrado em Economia Política em Wuhan. Nesse mesmo ano, ela participou de manifestações contra a obrigatoriedade de exames ginecológicos para mulheres ingressarem no funcionalismo público na China.

Junto com um grupo de outras jovens, a estudante encenou uma performance-protesto em que todas se postaram em frente ao prédio do departamento de recursos humanos do governo local usando grandes calcinhas de papel estampadas com um "X" vermelho sobreposto ao caractere chinês para "exame" na parte da frente. As estudantes levavam cartazes com dizeres, como "Abaixo os exames pélvicos!" e "Nada de questionários sobre ciclo menstrual!". O seu argumento era de que a norma dos exames para candidatas mulheres era sexista e violava as leis contra a discriminação de gênero no mercado de trabalho.

Em seguida, Zhu mudou-se para Hangzhou para iniciar um PhD em Administração Pública na Universidade Zhejiang. Lá ela se tornou amiga próxima de Wu Rongrong, prestando muitas vezes serviços voluntários para o Centro Feminino Weizhiming, fundado por Wu. Depois de ter passado cerca de uma semana escondida fora de Hangzhou, decidiu voltar à sua universidade para ver se os agentes de segurança a deixariam em paz. Por ser estudante em tempo integral e não funcionária de alguma organização de defesa de direitos das mulheres, ela imaginou que poderia contar com certa tolerância.

No entanto, assim que chegou à cidade e voltou a ligar seu telefone, Zhu recebeu uma ligação do orientador do Partido Comunista. (Na China, a maior parte dos estudantes universitários conta com um orientador do Partido para monitorar seu "comportamento político", que não é a mesma pessoa que desempenha o papel de orientador acadêmico.) O orientador mandou que ela comparecesse ao seu escritório no campus e deixou claro que havia sido instruído pelo governo a tratá-la com a maior rigidez.

"Por que se ausentou do campus a semana toda? Que conhecidas suas estão desaparecidas? Quem foi que organizou a atividade contra o assédio sexual?"

Educadamente, Zhu fingiu não saber do que se tratava. Após um tempo, acabou sendo liberada pelo orientador. Depois disso, foi procurada diretamente por um agente da segurança estatal, que pediu para encontrá-la no campus. O encontro aconteceu no escritório do orientador do Partido Comunista, e o agente apareceu trazendo uma pilha de adesivos contra o assédio e outros panfletos sobre discriminação de gênero que haviam sido confiscados no Centro Feminino Weizhiming na noite da prisão de Wu Rongrong. Ele espalhou o material diante de si como se fossem as evidências de uma cena de crime.

Havia uma foto da performance contra os exames ginecológicos em Wuhan que pareceu interessar especialmente ao agente, uma em que Zhu aparecia de braços cruzados, à frente das outras jovens. Ele disse à estudante que olhasse a fotografia com atenção. "É você nessa foto? Quem organizou essa atividade em Wuhan? Quem eram as outras mulheres que foram fotografadas aqui?" O agente de segurança mandou que Zhu assinasse uma confissão por escrito declarando que outras doze mulheres haviam feito parte da performance. Zhu retrucou que não eram tantas assim e recusou-se a assinar a confissão até que o número de participantes fosse reduzido e o tom virulento das acusações fosse amainado. O agente concordou, e só a liberou depois de assinada a nova versão do documento.

Com alguns telefonemas, Zhu descobriu, consternada, que havia agentes de segurança e orientadores do Partido Comunista interrogando praticamente todas as estudantes que haviam participado como voluntárias de qualquer atividade feminista nos últimos anos. De repente, ela se viu com medo de ser chamada para mais um interrogatório e de que os seus depoimentos viessem a ser usados como evidência nos processos criminais contra as cinco mulheres detidas e tomou a decisão de fugir outra vez da cidade.

No início de abril, quando a prisão do Quinteto Feminista já completava um mês, o orientador acadêmico de Zhu fez contato com ela e disse que voltasse urgentemente ao campus ou poderia "ter problemas" com seu PhD. Ele lhe assegurou que sua atuação extracurricular como feminista até ali não afetaria o seu currículo acadêmico, mas que ela precisava "se cuidar". Assim que voltou ao campus, Zhu foi convocada novamente ao escritório do orientador do Partido Comunista. Dessa vez, ele lhe deu um ultimato: "Se não cooperar totalmente com a segurança estatal, pode ser que a universidade se veja forçada a expulsá-la". Quando chegou para o encontro, o agente de segurança estatal que a havia feito assinar a confissão estava lá à sua espera.

O agente começou um interrogatório a respeito do ativismo de Zhu nas causas feministas e do tema da dissertação que estava escrevendo para a universidade, a violência doméstica na China: "Por que você escolheu a violência doméstica como tema de sua pesquisa? Essa pesquisa está ligada de alguma forma à sua participação em atos contra a violência doméstica?". Dessa vez, Zhu não se deixaria intimidar. Não haveria meio de fazê-la mudar o tema da dissertação só para ceder à pressão de um agente de segurança chauvinista, ela pensou.

Em junho de 2017, o Comitê Central de Inspeção Disciplinar, braço de vigilância do Partido Comunista, fez uma crítica à Universidade Zhejiang por ser uma das catorze "mais fracas em seu trabalho político" de todo o país, de acordo com o *South China Morning Post*. Em setembro, a universidade divulgou uma nota convidando alunos e o corpo docente a divulgarem conteúdos on-line que demonstrassem "valores socialistas fundamentais" e pudessem influenciar a opinião pública com "correção de pensamento", e acrescentou que conteúdos que promovessem o socialismo e tivessem ampla circulação on-line receberiam o mesmo crédito acadêmico do que um artigo publicado em periódicos científicos de renome. Ying Biao, coordenador de propaganda do Partido Comunista na Universidade Zhejiang, declarou que essa nova política para conteúdos na internet reforçaria a meta do presidente Xi Jinping de transformar as universidades em "baluartes da supremacia do Partido".

Mesmo com o recrudescimento do controle ideológico nos campi universitários, cada vez mais jovens chinesas começaram a criar perfis feministas nas redes sociais. E os debates on-line não ficaram restritos às mulheres da etnia han. Jovens tibetanas passaram a se pronunciar mais no WeChat sobre as dificuldades específicas enfrentadas por pertencerem a uma minoria étnica oprimida pelo governo comunista de predominância han e também pelos homens de sua própria comunidade.

Séagh Kehoe, estudiosa do tema, analisou, por exemplo, um debate que movimentou as tibetanas no WeChat em 2016 a respeito do sumiço do "corado dos planaltos", referindo-se às bochechas avermelhadas comuns entre pessoas que vivem em altitudes mais elevadas e que passaram a ser desprezadas em razão do padrão de beleza dominante da pele mais clara associada aos chineses han. "Nestes tempos em que há padrões de beleza unificados, muitas jovens tibetanas escolhem usar clareadores de pele associados à cor vermelha berrante dos batons e às intermináveis dietas para perda de peso que as deixam exauridas", escreveu a jovem autora tibetana de um artigo que foi traduzido por Kehoe. "Quanto às poucas que ainda mantêm o corado dos planaltos, essa mesma cultura as submete a sentimentos de vergonha e insegurança por causa dessa característica natural". Para Kehoe, a polêmica no WeChat sobre a indústria cosmética e a cultura da "remoção do corado dos planaltos" no Tibete refletiu os "dilemas e conflitos internos vivenciados por tibetanas que vivem à sombra da dominância cultural e estatal han".

Mulheres uigures também criaram fóruns movimentados de discussão no WeChat, que, segundo a pesquisadora Dilnur Reyhan, se voltavam principalmente para as mulheres mães. Reyhan explica que as uigures vetaram a participação masculina nesses grupos para disfarçar o viés de organização política que eles carregavam. Os temas debatidos entre as mulheres incluíam tópicos polêmicos, como "secularismo e religião para a homossexualidade (…) políticas para as minorias em outros países e o futuro da identidade uigur", escreve Reyhan. Umun, uma celebridade uigur da internet, fundou um grupo chamado "Jovens Liberais" para angariar mais apoio para as comunidades feministas e LGBTQ+. Mas Chen Quanhguo, novo secretário linha-dura do Partido Comunista para Xinjiang, nomeado em 2016, iniciou uma represália às manifestações uigures on-line, e os fóruns dessa etnia no WeChat acabaram sendo desativados.

Em março de 2016, época do primeiro aniversário da detenção do Quinteto Feminista, tantas chinesas haviam começado a se identificar como feministas na internet que o Weibo barrou por vários meses a criação de novos perfis que contivessem esse termo. Grupos feministas criados no aplicativo de mensagens WeChat passaram a receber mensagens anônimas recomendando que "tomassem cuidado" com suas atividades. Zhang Leilei, ativista do feminismo em Guangzhou, uniu-se a uma advogada para processar o Weibo por ter deletado diversos perfis feministas, mas os tribunais locais e também os de Pequim se recusaram a aceitar o caso. Depois de alguns meses, sem fazer alarde, o Weibo voltou a liberar os perfis vetados.

Então, em fevereiro de 2017, censores bloquearam por trinta dias a conta do *Vozes Feministas* nessa mesma rede social. Ostensivamente, o bloqueio se deu em razão de um artigo postado pelo perfil a respeito da greve feminina planejada para o 8 de Março nos Estados Unidos, em protesto contra o presidente Donald Trump. As feministas chinesas fizeram circular na rede a nota recebida do Weibo: "Olá, devido a conteúdos postados recentemente em desacordo com as leis e regulamentações nacionais, a sua conta será bloqueada por trinta dias". A fundadora do *Vozes Feministas*, Lü Pin, acredita que o Weibo tenha usado o artigo como pretexto para dar um alerta ao número crescente de feministas chinesas que vêm se manifestando on-line. Para ela, a decisão tomada pelo governo do país de aumentar a repressão sobre os perfis feministas nas redes sociais é a maior prova de que o ativismo pelos direitos das mulheres acertou ao voltar seu foco para as necessidades mais urgentes das chinesas, conseguindo assim chamar a atenção da opinião pública.

"Depois que as pessoas passam por esse despertar feminista e param de acreditar na propaganda do Partido, não há mais volta", afirma Lü Pin. Antes de o *Vozes Feministas* ser expulso definitivamente da rede, em março de 2018, Pin acreditava que o feminismo chinês tinha potencial para se tornar o movimento social mais potente das últimas décadas no país, graças ao seu poder para mobilizar uma comunidade altamente conectada, flexível e comprometida com a causa. "A maior parte [exilada ou presa] dos ativistas chineses pelos direitos humanos nem sequer pode contar com uma comunidade numerosa de apoiadores, permanecendo basicamente isolados e independentes em seu ativismo e perdendo, com o tempo, a capacidade de mobilizar as pessoas no país", acrescenta ela. "Com o feminismo a situação é diferente, porque somos uma comunidade bem ampla, e a demanda pela mensagem que trazemos é gigantesca."

Hoje, as ativistas do feminismo não precisam mais estar à frente das denúncias por misoginia contra órgãos da imprensa estatal chinesa, porque nos últimos anos mulheres comuns – e homens – criaram coragem para criticar por conta própria o machismo e a violência sexual. Em abril de 2016, por exemplo, câmeras de segurança flagraram um homem agarrando uma mulher pelo pescoço e pelos cabelos no Hotel Yitel, em Pequim. O sujeito a arrastou por um corredor até que ela finalmente conseguiu se desvencilhar. A mulher, que identificou a si mesma como "Wanwan", postou o vídeo captado pelas câmeras no Weibo e também no site de compartilhamento de vídeos Youku, onde teve milhões de visualizações e uma avalanche de comentários indignados. O tamanho da revolta on-line com a agressão sofrida pela mulher criou pressão para que a polícia de Pequim capturasse o agressor. Mais tarde, o hotel se desculpou publicamente pela falha na segurança e no atendimento ao cliente.

Em setembro do mesmo ano, uma aluna da Universidade Normal de Pequim, que tem maioria feminina em seu corpo discente, publicou no Weibo um relato de 13 mil palavras detalhando data, local e frequência de pelo menos sessenta ocorrências de abuso e assédio sexual nas dependências da universidade ao longo da última década. Um dos casos envolvia um vice-reitor que drogava as alunas para abusar delas. Além disso, numa campanha análoga ao #MeToo iniciada em março de 2017, um dos maiores bancos de investimentos do país, o China International Capital Corporation, acabou suspendendo um analista sênior por assédio sexual a estagiárias depois de uma postagem anônima no Weibo com prints das mensagens obscenas que ele costumava lhes enviar.

Ainda assim, só será possível fazer com que a mensagem feminista alcance um público mais amplo enquanto o controle sobre a internet não for acirrado demais. Nos Estados Unidos, a campanha do #MeToo, iniciada por Tarana Burke, viralizou em 2017 depois que o jornal *New York Times* e a revista *New Yorker* publicaram reportagens investigativas abrangentes sobre o comportamento de predador sexual do poderoso produtor Harvey Weinstein, de Hollywood. Na China, entretanto, a falta de liberdade de imprensa combinada com a censura da internet impede que órgãos da mídia conduzam investigações semelhantes.

Apesar disso, em janeiro de 2018 uma versão chinesa do #MeToo teve repercussão considerável no país, numa demonstração da resiliência notável de um ativismo feminista que vem impondo desafios sem precedentes ao governo exclusivamente masculino da China nestes tempos de conectividade global. Ativistas do movimento e milhares de estudantes de dezenas de universidades chinesas enfrentaram a pesada censura à internet que impera no país para surfar a onda mundial de repercussão do #MeToo e exigir o fim do assédio sexual nos campi.

A rapidez com que mais de 8 mil alunas e ex-alunas de cerca de 70 universidades se mobilizaram para aderir ao protesto demonstra que essa geração mais jovem de chineses está "revoltada com a prevalência da desigualdade de gênero e da repressão", Lü Pin escreveu em um artigo breve que publicou no Dossiê sobre a China da ONG Asia Society. "Essa atuação de guerrilha, amparada pela conectividade digital, foi muito mais eficaz do que teria sido uma campanha planejada e executada a partir de um comando central na missão de contornar as questões ligadas à censura e dar às participantes espaço para suas iniciativas pessoais", acrescentou ela.

A ativista Xiao Meili foi apenas mais uma entre as muitas estudantes que criaram abaixo-assinados ligados ao Me Too para serem entregues às diretorias das universidades: "Dada a gravidade do problema do assédio sexual nos campi, nós nos sentimos compelidas a protestar. É imprescindível que as faculdades do país organizem mecanismos para evitar a ação de assediadores em suas dependências", dizia o texto elaborado por ela e dirigido à Universidade de Comunicação da China, em Pequim. A petição foi deletada pelos censores quase imediatamente após ser postada no Weibo e transmitida via WeChat. Mais tarde, diversas alunas que a assinaram relataram que o orientador do Partido

Comunista na instituição pressionou seu então professor titular para que tomasse uma atitude a respeito, e que o professor, em resposta, fez contato com elas para questionar se a petição do Me Too havia sido criada por influência de "forças estrangeiras hostis".

Esse tipo de questionamento tem se tornado cada vez mais comum depois de maio de 2017, quando o site do *People's Daily* – porta-voz oficial do Partido Comunista Chinês na mídia – lançou um alerta afirmando que "forças ocidentais hostis" estavam se valendo do "feminismo ocidental" para interferir nas decisões chinesas a respeito de questões ligadas à mulher. Song Xiuyan, presidente da Federação Nacional da Mulher Chinesa, foi citada como tendo declarado que os funcionários do governo dedicados à questão da mulher estavam em meio a uma "séria batalha política" e que precisavam seguir urgentemente a orientação do presidente Xi Jinping para se protegerem contra a infiltração ideológica vinda do Ocidente.

A despeito de todas as barreiras, o brado on-line exigindo o fim do assédio sexual começou a se expandir para além dos meios universitários para chegar às mulheres operárias. Uma funcionária anônima assediada frequentemente por colegas na linha de montagem da Foxconn, a principal fornecedora da Apple na Ásia, publicou no final de janeiro de 2018 um artigo no site *Jian-jiao buluo*, em prol dos direitos das mulheres, intitulado "Eu sou uma funcionária da Foxconn e exijo um sistema que combata o assédio sexual". A mulher dizia ter se inspirado nas notícias a respeito de outras chinesas que haviam protestado contra o assédio e que queria "se opor a esse sistema injusto e inviável". O seu artigo exigia que seus empregadores criassem canais próprios para ouvir outras vítimas como ela. "Nós precisamos que mais homens deem atenção à situação de suas irmãs", diz o texto.

À medida que a censura à hashtag Me Too foi ficando mais acirrada, a feminista chinesa Qiqi teve a ideia de usar os emojis para "arroz", 🍚 (*mi*), e "coelho", 🐰 (*tu*), para criar a hashtag #ArrozCoelho, 🍚🐰 (*mitu*, o mesmo som em chinês para "me too"), e assim driblar o rastreamento dos censores.

Em seguida, o Weibo tomou a drástica medida de deletar a página *Vozes Feministas*, depois que as celebrações pelo Dia Internacional da

Mulher se estenderam até tarde da noite do dia 8 de março de 2018. No dia seguinte, o WeChat deletou o grupo de troca de mensagens de mesmo nome hospedado em seu servidor. O apagamento dos perfis do *Vozes Feministas* coincidiu com o marco de três anos de prisão do Quinteto Feminista. Após a eliminação da página no Weibo, o WeChat apagou muitas postagens de leitoras exigindo que o serviço restabelecesse o perfil. Depois de ter imposto um bloqueio de trinta dias ao *Vozes Feministas* em 2017, esse apagamento da página feito pelo Weibo em 2018 parece ter sido definitivo, ao menos até o momento em que este livro foi encaminhado para publicação.

Censores já haviam deletado o perfil pessoal no Weibo da integrante do Quinteto Feminista Li Maizi após a postagem do emoji de uma vela acesa pela morte de Liu Xiaobo, ganhador do Prêmio Nobel da Paz, vitimado por um câncer de fígado no dia 13 de julho de 2017 após ser privado de tratamento médico pelo governo chinês, que o mantinha sob custódia. (Li Maizi criou um novo perfil no Weibo em seguida.) E, de 2018 em diante, a China adotou a tecnologia de vigilância mais avançada do mundo, contendo recursos de reconhecimento facial e escaneamento da íris, para expandir drasticamente o alcance do seu aparato de segurança sobre a vida pessoal de seus cidadãos, criando uma "ditadura digital" em larga escala.

Em abril de 2018, alunos mais persistentes de diversas universidades chinesas continuavam circulando petições relacionadas ao Me Too e exigindo que seus diretores parassem de camuflar as acusações de assédio e abuso sexual.

Na Universidade Peking, a instituição acadêmica mais renomada da China, um grupo de oito alunas apresentou um requerimento de liberdade de informação relativa ao caso de Gao Yan, estudante de Literatura que cometeu suicídio em 1998 depois de revelar a familiares e amigos que havia sido estuprada por Shen Yang, seu professor. Shen, que a essa altura já não lecionava mais em Peking, negou a acusação, mas a direção da universidade admitiu ter advertido o professor em 1998 por "conduta inadequada nas relações com os alunos".

Uma das alunas responsáveis pelo requerimento, Yue Xin, contou que no dia 22 de abril de 2018 seu orientador compareceu ao alojamento universitário da Faculdade de Línguas Estrangeiras onde ela morava acompanhado de sua mãe, que, muito abalada, lhe fez um apelo para que parasse de falar sobre o estupro acontecido vinte anos antes. Yue foi mandada para casa junto com a mãe logo depois, mas o relato que postou sobre a intimidação sofrida circulou amplamente pelas redes sociais. "À 1h da manhã o orientador entrou abruptamente em meu quarto na companhia da minha mãe, me acordou e exigiu que eu deletasse todas as informações ligadas ao requerimento de liberdade de informação que estavam no meu celular e no meu computador", diz o texto de Yue.

O orientador alertou Yue de que seu ativismo poderia ser considerado "subversivo" e de que ela estaria passível de enfrentar acusações criminais por envolvimento com "forças estrangeiras". Yue Xin relatou que a mãe ficou tão abalada após o episódio com a administração da faculdade que chegou a ameaçar se matar.

Colegas da Universidade Peking, indignadas com o tratamento injusto dado a Yue Xin, pregaram cartazes do tipo *dazibao* (manuscritos, com caracteres grandes) num quadro de avisos do campus com mensagens de solidariedade a ela. Esses alunos escreveram: "Perguntamos a vocês, cavalheiros responsáveis por esta escola, do que estão com medo, na verdade?", e afirmaram que a atitude de Yue estava alinhada com o espírito do movimento histórico do 4 de Maio de 1919 (ver Capítulo 5). Os protestos evocavam a ação conhecida como Muro da Democracia, de 1978/79, e o levante estudantil pró-democrático de 1989 que culminou com o massacre da Praça da Paz Celestial. A segurança do campus foi rápida na remoção dos cartazes, e, no dia seguinte, a Universidade Peking havia instalado novas câmeras de segurança, apontadas para o local onde eles apareceram.

As autoridades passaram um alerta à mídia do país dizendo: "Não publiquem reportagens a respeito do incidente com a carta aberta na Universidade Peking (...) Qualquer conteúdo com ditas expressões de solidariedade deve ser vetado ao compartilhamento, inclusive via perfis pessoais nas redes sociais", de acordo com uma lista de diretrizes aos censores que vazou. Ainda assim, o apoio on-line continuou desafiando a censura, com postagens de imagens das declarações dos estudantes sendo feitas de lado ou de cabeça para baixo, ou mesmo com o uso da tecnologia blockchain, empregada em transações com criptomoedas.

Devido ao aumento das barreiras internas à comunicação, Lü Pin acredita que o movimento feminista chinês precisa contar com postos de trabalho no exterior, e foi por isso que passou a considerar a possibilidade de "abrir um novo front", onde estivesse livre da interferência governamental. Lü Pin concluiu que poderia dar uma contribuição melhor para o tão estrangulado movimento se partisse para um exílio autoimposto – assim, após a detenção do Quinteto Feminista, em 2015, ela aceitou um posto de conferencista visitante na Universidade Columbia, em Nova York, e depois ingressou no mestrado em Estudos de Gênero na Universidade Estadual de Nova York, em Albany. Durante esse período, ela se uniu a outras companheiras para fundar o primeiro grupo de luta pelos direitos da mulher na China baseado nos Estados Unidos, denominado Chinese Feminist Collective, ou Coletivo Feminista Chinês.

"Mesmo que no passado não tenhamos manifestado abertamente oposição ao Partido Comunista, nós agora sabemos bem o que o Partido pensa sobre nós (…) O movimento entrou em sua fase mais confrontadora", afirma Lü Pin, que usa a nova base nos Estados Unidos para falar com uma liberdade que nunca teve sob a monitoração atenta das autoridades chinesas. Sua esperança é de que essa diáspora feminista chinesa possa se tornar uma fonte importante de informações livres de censura e na língua chinesa a respeito dos direitos das mulheres para as feministas na China, bem como um canal que possa recrutar novas ativistas que sustentem o movimento. Embora muitas ativistas percam o acesso aos canais on-line internos do país depois que saem da China, a internet (até o momento, pelo menos) tem facilitado o contato delas com comunidades dentro da China –sobretudo o amplo circuito do feminismo chinês, que conta com uma rede de cooperação transnacional maior que o esperado em diversas plataformas de mídias sociais e transmissão criptografada de mensagens.

"Se não mantivermos esse grupo nos Estados Unidos, o movimento feminista chinês acabará se tornando passivo demais", Lü Pin afirma.

Leta Hong Fincher

"A posição das principais ativistas dentro do país é extremamente frágil; nós nunca sabemos quando a polícia vai chegar para prender uma delas outra vez – isso sempre pode acontecer, hoje mesmo ou amanhã."

3

Prisão e liberdade

No Dia Internacional da Mulher de 2015, as integrantes do Quinteto Feminista foram oficialmente encarceradas no Centro de Detenção Distrital de Haidian, em Pequim. Wu Rongrong havia sido detida inicialmente em Hangzhou, onde a submeteram a uma avaliação médica antes do embarque no avião que a levou a Pequim no dia seguinte. Wu estivera hospitalizada algumas semanas antes para tratar de complicações decorrentes de sua hepatite B crônica, portanto, quando o resultado dos exames se mostrou alterado, os agentes de Haidian a conduziram a um hospital penitenciário, com grossas correntes presas aos tornozelos, para evitar que escapasse. Eles insistiram para que ela ficasse internada lá, mas a equipe médica alegou que não havia leitos disponíveis. "Nós perdemos nosso tempo trazendo a prisioneira até aqui e vocês nem tomaram as providências necessárias!", os agentes penitenciários gritaram para a equipe do hospital. Wu foi levada de volta ao presídio, onde a guarda responsável pela sua ala concluiu que a internação havia sido recusada por se tratar de uma arruaceira. "Essa aí é presa política, melhor não falarem com ela", a guarda disse às companheiras de cela de Wu Rongrong.

As correntes dos tornozelos foram removidas, mas Wu teve os óculos confiscados e foi obrigada a dormir no chão. Agentes de segurança a interrogavam até três vezes ao dia, programando a última sessão de interrogatório sempre para o meio da noite. Wu tinha de relembrar constantemente a todos que era portadora de hepatite B e por isso não podia ficar sem receber medicação e precisava de horas de sono ininterruptas todas as noites; mesmo assim, os interrogatórios noturnos não foram suspensos, e ela continuou sem receber nenhum medicamento.

Muitas das sessões de interrogatório foram registradas em vídeo, e era comum que agentes do sexo masculino gritassem insultos para desestabilizá-la emocionalmente logo antes de iniciarem as gravações.

"Se não fosse por essa sua luta pelos direitos das mulheres na China que envenena as cabeças das nossas garotinhas, nós ainda poderíamos ter três ou quatro esposas, como tínhamos no passado!"

Às vezes, eram feitas ameaças mais diretas.

"Se não fizer uma confissão, nós vamos mandar você para a ala masculina para ser estuprada pelos prisioneiros de lá!"

Wu se sentia tão enojada com esses interrogatórios que deixou de se preocupar com o próprio bem-estar, e, quando os agentes perceberam que as ameaças de estupro não surtiam efeito, passaram a usar menções aos familiares da ativista.

Eles a deixaram apavorada dizendo coisas a respeito do filho de 4 anos que Wu nunca quis reproduzir por escrito.

Esse golpe a atingiu em cheio. Wu começou a soluçar incontrolavelmente e não conseguiu mais falar. Depois que terminaram de destruí-la emocionalmente, os agentes levaram Wu de volta para sua cela. Nessa noite, a ativista não conseguiu dormir nem por um instante. O corpo começava a dar sinais de exaustão e seus nervos estavam em frangalhos.

Wu se pegou pensando na ativista Cao Shunli, presa pelas autoridades chinesas em setembro de 2013 depois de ter organizado um protesto em frente ao Ministério do Exterior para demandar participação pública na revisão dos direitos humanos em curso no país. Cao foi acusada de "provocar brigas e perturbar a ordem" (a mesma justificativa usada mais tarde para a prisão do Quinteto Feminista) e foi privada dos medicamentos que tomava para problemas no fígado e tuberculose.

Quando entrou em coma, em março de 2014, a ativista foi levada às pressas para o hospital e morreu alguns dias mais tarde. *Eu estou aqui sem remédios, sem acesso a um médico,* Wu Rongrong pensou. *Vou acabar morrendo na prisão, como aconteceu com Cao Shunli.*

Não demorou para que Wu começasse a escarrar sangue, e mesmo assim ninguém deu atenção aos seus pedidos por ajuda médica, antes que lhe permitissem ter uma audiência com sua advogada, no dia 16 de março.

Wang Man, outra integrante do Quinteto Feminista, também foi privada dos cuidados médicos necessários devido à sua insuficiência cardíaca congênita. Assim que chegou ao presídio, Wang começou a ser interrogada a respeito de todos os arquivos salvos no seu computador e de seus e-mails, que haviam sido inteiramente vasculhados.

"Confesse! Você estava agindo como instrumento de forças estrangeiras!", os agentes gritavam, acusando-a de espionagem pelo fato de sua ONG receber recursos da União Europeia.

Mais tarde, Wang Man, que é filha única, ficou sabendo que agentes de segurança também assediaram sua mãe durante o tempo em que ela permaneceu presa. Um deles chegou a registrar um apelo em vídeo em que ela implorava à filha que abrisse mão do advogado e confessasse todos os seus crimes. Na prisão, diziam a Wang que haviam conversado longamente com seus pais e que eles estavam doentes de preocupação. "Como você pode ser tão desnaturada, como pode ser uma filha tão egoísta? Você está fazendo seus pais sofrerem demais!"

Todas as noites, depois do interrogatório, Wang ficava acordada repassando ponto por ponto as acusações feitas pelos agentes e tentando imaginar o que poderia ter feito de errado. Depois de uma semana, o rosto dela empalideceu de repente, e as companheiras de cela avisaram à guarda que era preciso chamar um médico. Wang foi examinada fisicamente e lhe deram alguns comprimidos misteriosos antes de levá-la para mais horas de interrogatório. Na manhã seguinte, os guardas acorrentaram seus tornozelos e a levaram para um hospital penitenciário, onde um médico iniciou uma administração intravenosa de medicamentos.

À noite, ela permanecia acorrentada à cama. De dia, continuavam os interrogatórios e a pressão dos agentes de segurança para que Wang assinasse uma confissão. Ela se recusava a fazer isso. Cada vez mais debilitada e à beira de um colapso, Wang finalmente foi examinada por um médico, que disse aos agentes que eles não poderiam mais interrogá-la naquele estado. No dia 20 de março, o advogado de Wang divulgou uma nota afirmando que ela vinha sofrendo de complicações cardíacas por causa dos longos interrogatórios diários. "Embora o seu quadro esteja controlado e ela esteja fora de perigo, não é mais aconselhável que Wang Man permaneça detida", afirmou ele, segundo a Organização de Direitos Humanos na China.

A terceira feminista presa, Zheng Churan, de Guangzhou, também sofre com sequelas dos 37 dias que passou detida. Zheng usou a gíria *pujie* – estatelada no meio da rua – para descrever o seu estado mental quando ficou no presídio. "Em Guangzhou, nós costumamos dizer que se uma pessoa sai para a rua sem tomar cuidado, quando der por si ela vai estar estatelada no asfalto, num estado lamentável", explica ela. "Eu me sentia em pânico, como se estivesse ficando louca."

Ela não se achava "durona" como Li Maizi, que resistiu às ameaças e à humilhação dos agentes despejando provocações constantes neles. Zheng ficou o tempo todo muito preocupada com os pais, e os agentes de segurança aproveitaram para explorar sua devoção à família: "Você vai ser acusada de espionagem! Seus pais vão ser acusados também, e passarão o resto da vida sendo vigiados pelo Estado. Neste exato momento, nós estamos mandando policiais até a casa deles".

O que exatamente a polícia poderia fazer com seus pais? Zheng não tinha como saber, e o fato de estar sem os óculos e não poder distinguir claramente as feições de seus algozes deixava as ameaças ainda mais aterradoras. Foi só muito depois disso que a ativista soube que as tentativas de assédio policial aos pais dela em Guangzhou foram evitadas em grande parte pela ação do seu namorado e pela rede de contatos dele entre os ativistas pelos direitos dos trabalhadores, que iam regularmente até a casa deles para garantir que estivessem seguros.

Para completar, os agentes disseram a Zheng que a sua companheira de ativismo Wu Rongrong estava muito mal, por causa de complicações no seu quadro crônico de hepatite B. Desse ponto em diante, Zheng passou a chorar incontrolavelmente ao longo de todo o tempo em que era interrogada, todos os dias, e chorou tanto que despertou a compaixão de uma de suas companheiras de cela, que passou a cuidar dela como se fosse uma filha. Seus cabelos caíam em tufos por causa do estresse, ela tinha dificuldade para pegar no sono e era despertada no meio da noite para cumprir turnos de trabalho prisional. Embora sempre tivesse sido uma jovem saudável, Zheng Churan se viu, aos 25 anos, com os joelhos enrijecidos e as articulações rangendo sempre que se mexia, e o coração passou a sofrer palpitações devido ao estado de constante ansiedade.

Zheng teve medo de estar ficando cega, já que andava com a visão tão fraca que precisava apertar os olhos o tempo todo para enxergar. Ela também vivia tomada por insegurança e por um sentimento de culpa, pelo fato de suas companheiras de ativismo terem sido presas – afinal, havia sido ideia sua distribuir os adesivos contra o assédio sexual. Se ela tivesse ficado quieta, pensava, as outras não estariam enfrentando tantos abusos e tanta dor.

Além da omissão no tratamento médico e das ameaças de represálias contra os membros das famílias, havia também o medo de que o tempo na prisão se estendesse indefinidamente. No início, Wei Tingting achou que seria liberada depois de alguns dias, e por isso conseguiu manter um distanciamento emocional do que estava acontecendo e observar a coisa toda como se fosse uma experiência antropológica, uma espécie de pesquisa de campo. Quando percebeu que passaria mais do que uns poucos dias presa, os interrogatórios constantes começaram a deixá-la em um estado de ansiedade e desorientação extrema, por enxergar muito pouco sem os óculos e não fazer ideia do que estava acontecendo fora da sua cela. Logo, seu corpo começou a paralisar ao som de algemas batendo contra a porta de metal, mesmo que ela estivesse no meio de uma conversa com alguma companheira de cela. "Quando eu os ouvia chegar, sabia que ia ser levada para um interrogatório. Caso não estivesse na minha vez, os guardas seguiriam pelo corredor e eu poderia soltar um suspiro de alívio", Wei conta.

A última integrante do Quinteto Feminista e a mais combativa de todas era Li Maizi, que mal abriu a boca ao longo da primeira semana de interrogatórios. Ela se limitava a reagir com sorrisos sarcásticos aos agentes que a atacavam por ser *lala* – lésbica –, xingando-a de prostituta. "Vocês podem gritar quanto quiserem, dizer que sou suja, prostituta, lésbica, porque isso não me atinge", ela lhes dizia.

Eles acusavam Li de ser "desnaturada". "Seus pais são pobres e você está sendo uma filha má e ingrata", gritavam, antes de começar a fazer ameaças diretas aos seus pais. Os agentes da segurança estatal deram ordens ao pai de Li para que escrevesse uma carta à filha presa repreendendo-a pelo mau comportamento e fazendo um apelo para que deixasse de lado o ativismo feminista. Mas, quando a tal carta foi entregue a Li, ela soube no mesmo instante, pelo estilo empolado e o vocabulário extravagante, incluindo um apelo para que ela se "reabilitasse inteiramente para se tornar uma nova pessoa", por exemplo, que eles haviam ditado a ele um texto pronto.

Num dado momento, os agentes a levaram a uma sala de interrogatório diferente, equipada com um holofote potente que foi aceso bem perto dos seus olhos, fazendo com que fosse impossível mantê-los abertos e provocando lágrimas que escorreram por sua face. Enquanto Li era ofuscada pela luz, os agentes a acusaram de ser uma espiã das "forças estrangeiras".

"O quê? Eu trabalho pela igualdade de gênero, e agora vocês vão me chamar de espiã?", retrucou ela.

"Você é uma espiã e uma subversiva contra o poder estatal!", os agentes insistiram.

De início, Li não se abalou quando os agentes de segurança lhe disseram que ela seria condenada a cinco anos de prisão; ela concluiu que ainda seria jovem quando fosse liberada, e que aquele tempo de cadeia poderia ser usado para estudar o Direito Penal chinês. No entanto, quando as ameaças começaram a falar em uma pena de oito a dez anos, ela não conseguiu mais manter a calma. O tempo passado no presídio se alternava entre estressante e monótono.

"Às vezes eu me sentia tão desconfortável por passar o dia inteiro naquela cela que contava os minutos para ser levada para o interrogatório. Era muito maçante passar o tempo todo trancada, sentada lá, sem ter nada para fazer. Mas, cada vez que eles chegavam para me interrogar, o meu coração disparava de nervosismo", conta ela. Li começou a desenvolver mecanismos para apaziguar sua mente. "Eu repetia estas três coisas todos os dias: 'Perseverança, coragem, resistência'. Eu as dizia pela manhã, cada vez que me levavam para um interrogatório e também antes de pegar no sono à noite", ela diz. "Foi o meu mantra para passar por aquilo tudo."

~

Felizmente, o Quinteto Feminista pôde contar com uma onda de solidariedade mundial a seu favor. O advogado de Wu Rongrong divulgou uma nota dizendo que ela precisava de cuidados médicos urgentes. O marido de Wu divulgou o seu histórico médico mostrando os doze dias de internação em fevereiro, e um médico de Pequim fez uma avaliação independente das informações contidas nele e declarou que sem tomar os seus remédios diariamente ela correria o risco de falência do fígado. Dezesseis pessoas favoráveis à causa do Quinteto levaram uma carta ao Centro de Detenção exigindo tratamento médico para Wu, e foram detidas e mantidas presas por um dia inteiro. Mas a pressão pareceu dar resultado. O centro de detenção, finalmente aceitando o fato de que Wu estava mesmo doente, a transferiu para um hospital penitenciário para que recebesse tratamento. Mesmo no hospital, entretanto, ela era obrigada a manter-se com o tornozelo acorrentado à cama entre 6 da tarde e 6 da manhã. Quando precisava ir ao banheiro durante a noite, tinha de arrastar a corrente e a cama hospitalar junto, e depois arrastar tudo de volta.

Enquanto isso, as manifestações contra a prisão das feministas continuavam no mundo inteiro, com apoiadores se unindo à campanha #FreeTheFive e indo às ruas em vários países para denunciar a perseguição do governo chinês contra as ativistas feministas. No início de abril, o Quinteto Feminista parecia prestes a ser indiciado criminalmente: a acusação original de "provocar brigas e perturbar a ordem" havia sido trocada pelo crime mais grave de "incitar a população a perturbar a ordem em locais públicos", que implica em pena de até cinco anos de prisão, podendo ser estendida em alguns casos. Embora muitas vezes o governo chinês se mantenha indiferente às pressões internacionais em casos de violação dos direitos humanos, já houve ocasiões em que protestos levaram à libertação ou envio para o exílio de alguns dissidentes. Nós jamais vamos saber o que levou as autoridades do país a decidirem libertar o Quinteto Feminista. Talvez a hipocrisia gritante de ter mandado para a cadeia jovens feministas enquanto o país se preparava para comandar os eventos comemorativos dos vinte anos da Conferência Mundial sobre a Mulher de Pequim na ONU, em Nova York, estivesse manchando demais a imagem da China.

Após a promotoria ter falhado em apresentar queixas contra as mulheres detidas dentro do prazo máximo de 37 dias, determinado pela legislação penal chinesa, os advogados delas exigiram que fossem liberadas. Na noite do dia 13 de abril, as autoridades de Pequim anunciaram repentinamente que as cinco feministas ficariam em liberdade condicional, "aguardando investigações mais aprofundadas". Elas foram consideradas "suspeitas perante a lei", investigadas pelo crime de "incitar populares a perturbar a ordem", e estariam proibidas de viajar sem autorização governamental pelo prazo de um ano.

Apesar de não estarem mais presas, o assédio contra elas continuou – e teve início quase que imediatamente após a soltura.

Na noite em que Wu Rongrong foi solta em Pequim, um grupo de agentes a conduziu até o aeroporto e mandou que ficasse calada durante as inspeções de segurança para o embarque.

"Se alguém falar com você no aeroporto, trate de ignorar a pessoa e deixe que nós respondemos", um dos agentes disse a ela. Assim que o avião pousou em Hangzhou, eles a conduziram diretamente para uma delegacia, onde um dos agentes começou a filmá-la com uma câmera de vídeo enquanto o outro fazia perguntas.

"Wu Rongrong, nós cuidamos bem de você na cadeia? Você tomou todos os remédios que deveria?"

Cercada por agentes estatais e na mira da câmera de vídeo, Wu teve medo de que não a deixassem ir para casa caso dissesse alguma coisa desfavorável sobre seus algozes, então limitou-se a murmurar: "Sim, me trataram com decência".

Enquanto afirmava para a câmera sua promessa de obedecer às autoridades dali em diante, Wu foi se sentindo cada vez mais deprimida.

O que ela queria era gritar, furiosa: *Vocês me jogaram na cadeia sem motivo e me largaram lá 37 dias! Me obrigaram a dormir no chão! Vocês me deixaram sem meus remédios, e eu podia ter morrido por causa disso!*

Mesmo assim, ela se obrigou a moderar as palavras e dizer o que os agentes queriam ouvir.

"Wu Rongrong, você apresentará outras performances artísticas no futuro?", eles lhe perguntaram.

"Eu só farei coisas boas para a sociedade de agora em diante", Wu respondeu mecanicamente, sentindo-se cada vez mais enojada enquanto a filmavam.

Quando o marido da ativista foi buscá-la na delegacia, os agentes o fizeram assinar um termo de compromisso declarando que não permitiria que a esposa fizesse qualquer coisa "prejudicial" à sociedade. "Se sua mulher fizer algo parecido outra vez, nós vamos atrás de você", um dos agentes disse a ele. Wu se sentiu ainda pior nesse momento, vendo todos instruírem seu marido como se ela não estivesse presente. Por que os agentes o ameaçavam por coisas que ela havia feito?

Enquanto Wu se remoía por causa da situação, o marido estava aliviado porque a família finalmente voltaria a se reunir. O filho de Wu havia completado 4 anos enquanto a mãe estava na prisão, e ficou eufórico quando ela voltou para casa. A ativista tinha crises frequentes de choro, mas o menino era muito pequeno para entender o trauma que ela sofrera.

Com a repercussão da prisão do Quinteto Feminista e a exposição pública de detalhes sobre a vida de Wu, muitos apoiadores tinham ficado sabendo sobre o aniversário de 4 anos de seu filho. O menino recebeu uma avalanche de cartões desejando felicidades a ele e o melhor para sua mãe.

"Mamãe, por que tanta gente que eu nem conheço me mandou cartões de feliz aniversário?", ele perguntou a Wu.

"Porque a mamãe é uma boa pessoa e tem muita gente que gosta de mim, e essas pessoas gostam de você também e quiseram lhe dar os parabéns", foi a resposta dela, deixando o menino felicíssimo.

Mas o pior ainda estava por vir.

Menos de duas semanas depois que Wu Rongrong havia sido libertada, agentes da segurança estatal de Pequim foram até Hangzhou interrogá-la mais uma vez, alertando-a para que não contasse aos agentes locais a respeito dessa visita. (Supostamente, a Segurança Pública de Hangzhou teria que ser notificada a respeito da atuação dos agentes de Pequim fora da sua jurisdição.) Wu foi levada por eles para um quarto privado de hotel. Assim que entrou, ela ficou apavorada: as cortinas do tipo *blackout* estavam fechadas, o ambiente ficara na penumbra e as mesas haviam sido arrumadas para imitar a sala de interrogatórios do presídio em Pequim. Logo, as perguntas começaram. Os agentes queriam saber sobre Lu Jun, fundador da ONG Yirenping, e tentaram fazer com que Wu apontasse Lu Jun como mentor por trás das suas atividades feministas "subversivas" – da mesma forma que agentes penitenciários em Haidian já haviam feito. Wu recusou-se a fazer isso.

Os agentes começaram a gritar e a xingá-la, de uma forma tão agressiva que nem pareciam humanos. Era como se fossem animais latindo, com os rostos muito próximos do dela, vociferando sem parar por horas. Depois, fizeram com que ela dobrasse o corpo em reverência por três vezes – um gesto tradicional para demonstrar lealdade. Wu conta que em nenhum momento durante o tempo de detenção sentiu tanto medo quanto nesse quarto de hotel em Hangzhou. Ela começou a chorar. "Se continuar chorando, não vamos deixar você ir embora", eles disseram.

Oito horas mais tarde, Wu Rongrong foi liberada. Ela caminhou sozinha pela noite, abandonada e desorientada. A sensação era de ser uma alma penada, sem ter ideia de onde estava. Os faróis dos carros iluminavam sua silhueta cambaleante andando na beira da pista, e Wu começou a sentir um impulso de se jogar na frente de um deles. Nesse instante, seu telefone tocou. Era o seu marido. Só o que a ativista conseguiu fazer foi chorar para ele do outro lado da linha.

Wu Rongrong não havia falado publicamente sobre os maus-tratos recebidos na prisão por medo de gerar mais problemas para si mesma e para sua família. Mas naquela noite, depois de ter passado horas trancada e em estado de choque, ela não conseguiu segurar mais o impulso de gritar contra seus algozes. O silêncio a estava sufocando. Ela sentia que seria capaz de morrer se não abrisse a boca para contar ao mundo a verdade sobre o que havia acontecido. Wu telefonou para a amiga Zhu Xixi, estudante de graduação na Universidade Zhejiang, e pediu a ela que espalhasse a notícia de que agentes haviam ido em seu encalço para um interrogatório violento. "O meu espírito está à beira do colapso. Se não tiverem notícias minhas amanhã, isso quer dizer que estarei morta", dizia a declaração escrita por ela. Zhu enviou o documento para advogados partidários da luta por direitos e para a comunidade feminista, que o divulgou nas redes sociais. "Ou eu me transformaria numa pessoa apavorada com tudo ou escolheria o caminho da resistência para reconquistar minha liberdade", Wu explicou mais tarde.

Outra integrante do Quinteto Feminista, Zheng Churan, também sofreu traumas graves depois que os agentes de segurança a conduziram de volta a Guangzhou após ser libertada do presídio em Pequim. Zheng permaneceu em estado de choque profundo por várias semanas, com medo de ser deixada sozinha e quase sem condições de reconhecer que já não estava mais presa. Ela vivia apavorada com a ideia de ser detida novamente e assombrada pelos vultos escuros e indistintos dos agentes que a interrogaram no centro de detenção. Para agravar ainda mais seu estado, ela continuou recebendo convites constantes dos agentes de segurança para "uma refeição", "um chá" ou "uma conversa", e eles ligavam para ela para fazer perguntas. Embora não houvesse mais ameaças ou interrogatórios formais, eles a mantinham em um estado constante de ansiedade acentuada. Zheng temia que qualquer amigo que a apoiasse acabasse detido pelos agentes também.

Ela acredita que tenha sofrido uma espécie de Síndrome de Estocolmo, tentando atender às solicitações dos agentes da forma mais diligente possível. "Eles estavam tentando me transformar em uma cidadã subserviente, e, de muitas maneiras, isso foi ainda mais monstruoso do que todas as coisas que fizeram comigo na cadeia", declarou. Sessões de psicoterapia providenciadas por amigos de Hong Kong a ajudaram a lidar com o transtorno do estresse pós-traumático. Pouco a pouco, ela foi começando a imaginar planos de vingança contra cada um dos homens que a atormentaram e humilharam. Mais tarde, Zheng fez piada com essas fantasias vingativas, mas ela tem certeza de que foi o ato de se permitir fazer contato e expressar os sentimentos de raiva profunda contra as injustiças que havia sofrido que lhe abriu um caminho para curar o trauma. No final do verão, Zheng Churan estava casada com o namorado e se sentindo pronta para trabalhar novamente, embora tivesse feito uma promessa aos pais de que não se envolveria mais com ONGs de defesa dos direitos das mulheres até que as acusações criminais feitas pelo governo fossem retiradas.

Perto do final de 2015, ela havia planejado uma viagem a Pequim, mas um agente de segurança esteve na casa de sua sogra fazendo perguntas a seu respeito sob o pretexto de uma visita de rotina ligada ao plano de planejamento populacional. Zheng reagiu furiosa e ligou para o agente principal responsável por monitorá-la. "Se quer alguma coisa, procure diretamente a mim em vez de ir incomodar minha sogra!", ela lhe disse, indignada. Mas a visita já havia cumprido seu propósito: lembrar aos familiares de Zheng que ela estava sendo vigiada de perto pelas autoridades, que continuava sendo suspeita de atividade criminosa e que todas as pessoas à sua volta também estariam sujeitas a ser assediadas pelos agentes.

Quando Wang Man foi solta, por volta da meia-noite do dia 13 de abril, agentes do presídio em Pequim conduziram-na de carro até a casa dos pais, na cidade próxima de Tianjin, chegando lá por volta das duas ou três horas da madrugada. Horas mais tarde, quando Wang pensava que o seu calvário enfim havia terminado, outros agentes locais chegaram para levá-la a um espaço reservado numa sala sem janelas de um café – remodelada para se parecer com a sala de interrogatórios do centro de detenção em Pequim. E recomeçaram os interrogatórios. "Eu estou mal de saúde e tenho um problema cardíaco", implorava ela. "Por favor, me deixem descansar!" Por fim, os agentes a liberaram, por medo de que acabasse sofrendo um infarto, mas não sem antes a ameaçarem com novos interrogatórios. "Eu ainda vou atrás de você", um deles disse em tom ameaçador.

Isso, no entanto, acabou não acontecendo. Wang acredita que os agentes tenham sido pegos de surpresa pela repercussão da história e que isso os fez mudarem os planos. Ainda assim, agentes de Tianjin continuaram ligando sem parar para a mãe da ativista, alertando-a para que não falasse nada para a imprensa a respeito de sua filha. Em Pequim, a polícia fez com que a moça que dividia o apartamento com Wang se mudasse e aconselhou o senhorio a despejá-la por causa de sua "ficha criminal", deixando-a sem alternativa senão voltar para a casa dos pais, em Tianjin.

Para Wang Man, a parte mais dolorosa de toda essa experiência foi ter sido abandonada por muitos amigos. Os que faziam parte de seu círculo mais próximo, de pessoas que ela conhecia de trabalhos fora do circuito ativista, não se identificavam como feministas e consideravam a atuação dela muito radical. Embora afirmassem que o governo tinha errado ao mandá-la para a cadeia, esses amigos também acreditavam que parte da responsabilidade pelo ocorrido era dela. "Alguns amigos nos quais eu confiava muito – em especial aqueles que eram meus professores – não foram capazes de compreender o que eu tinha passado e preferiram cortar laços comigo", Wang diz. "Eu entendo perfeitamente que estavam sob muita pressão, mas, mesmo assim, foi doloroso passar por isso e bem difícil de aceitar."

Wang Man havia perdido seu emprego, seu apartamento, seu círculo habitual de amigos e a vida independente que levava em Pequim, e continuava a receber telefonemas regulares de agentes de segurança monitorando seus passos e os de sua mãe. Ela repassava mentalmente sem parar os eventos que antecederam sua prisão. Talvez o seu ativismo não fosse uma contribuição tão importante para o desenvolvimento do país quanto ela havia achado anteriormente. Talvez as pessoas que viam seu trabalho com desconfiança estivessem certas e ela merecesse levar a culpa por tudo o que lhe havia acontecido.

Esse estado de quase estagnação lhe parecia muito pior do que ter estado na cadeia, e Wang passou a desejar estar de volta ao presídio. "Do lado de dentro, tudo era preto e branco", relata ela. "Eu sabia que era inocente e que não tinha feito nada de errado, e, sendo assim, só precisava sobreviver àquela experiência e sair dali." Do lado de fora, agora, ela precisava enfrentar a dor emocional e o desapontamento de perder o apoio de muitas pessoas que tinham feito parte de sua rede de proteção.

Wang havia desenvolvido uma insônia crônica, e o transtorno de estresse pós-traumático muitas vezes a deixava sem condição de se levantar da cama. Quando buscou ajuda de psicólogos, disseram-lhe para "fazer uma autoanálise" e "assumir responsabilidade" pelas coisas que havia feito e que desencadearam a sua prisão. Receber essa resposta de profissionais de saúde fez Wang duvidar ainda mais de si mesma. Mas, no momento em que mais estava precisando, as companheiras de ativismo lhe estenderam a mão. Elas ofereceram apoio moral, garantiram a Wang que não tinha feito nada de errado e reafirmaram a importância crucial do seu trabalho. Foram elas também que lhe conseguiram o contato de um bom psicoterapeuta. Uma chegou a viajar a Tianjin para conversar com a mãe de Wang e explicar a ela que sua filha, além de não ser uma criminosa, tinha contribuído enormemente com a luta pelos direitos da mulher na China.

"A irmandade me ofereceu um lugar protegido, onde eu podia ser eu mesma e me sentir em segurança", disse Wang. "Foi essa sororidade que me salvou." Em 2016, Wang ingressou em um mestrado em Trabalho Social na Universidade de Hong Kong, e a sua crença no poder transformador do feminismo só se fortaleceu.

"Muitas jovens chinesas são doutrinadas para ver o feminismo como algo desagradável ou feio, um rótulo ao qual é melhor elas não serem associadas, mas eu penso que o feminismo pode ser uma verdadeira salvação em casos de emergência. Quando uma mulher sente que está se afogando, ele pode ser usado em seu resgate", diz ela. "É isso o que eu penso sobre a sororidade: ela é realmente capaz de salvar nossas vidas."

4

Seu corpo é um campo de batalha

Na noite em que saiu da prisão, Li Maizi fez questão de levar tudo o que pôde do centro de detenção, como o cobertor e os utensílios de mesa e talheres que havia recebido para uso pessoal. Um dos guardas que fizeram sua revista de saída quis saber o porquê de ela estar levando tantos lembretes daquele período na cadeia. "Menina, você é mesmo esquisita", ele disse.

Li respondeu que queria reproduzir as condições da cadeia em uma performance pública. "Aqui ficavam as colheres, ali colocávamos as tigelas e aqui os cobertores", ela explicaria mais tarde. "Seria uma espécie de performance em que as pessoas do público entrariam na sala e eu diria a elas como deveriam comer e dormir e como seriam interrogadas."

Os guardas começaram a vasculhar os pertences de Li às sete ou oito horas da noite e não haviam terminado a revista até perto da meia-noite. Ela havia anotado em um pedaço de papel todos os horários dos interrogatórios e escondido no elástico da sua calça, mas os guardas o encontraram e confiscaram. Quando a revista enfim terminou, Li arrumou duas malas lotadas com tudo o que pôde carregar: do seu lado esquerdo, estava o kit de higiene pessoal fornecido pelo presídio, uma panela, uma tigela, uma colher, uma bacia de lavar roupa e uma marmita; do lado direito, o cobertor e o colchonete.

Quando nos conhecemos, em 2015, Li havia memorizado muitas características do centro de detenção e passou um bom tempo desenhando um mapa detalhado do presídio para me mostrar. Primeiro, ela fez a delegacia onde as feministas ficaram detidas na noite do dia 6 de março. Li numerou as seis salas de interrogatório, desenhou a sala maior com o espelho falso e até detalhou as posições das mesas e dos bancos. Depois, ela fez uma planta do segundo andar do Centro de Detenção Distrital de Haidian. Ela se recordava do número de cada cela: a sua era a cela 1105, e na cela ao lado, a 1106, não havia nenhuma conhecida sua. Zheng Churan estava na 1107. Wei Tingting ficou na 1103, e Wang Man na 1101. As mulheres foram alocadas assim afastadas deliberadamente, para que não pudessem se comunicar, mas, como precisavam sair para as salas de interrogatório, às vezes se viam rapidamente de passagem no caminho de ida ou na volta delas. Wu Rongrong ficou em outra ala do presídio, separada de todas as outras, na cela 1203 – talvez porque fosse considerada a ativista mais experiente do grupo.

Em dezembro de 2015, várias de suas companheiras do Quinteto Feminista estavam em tratamento em razão do transtorno de estresse pós-traumático, mas quando eu perguntei a Li Maizi sobre esse assunto ela zombou da ideia de que houvesse algum tipo de psicoterapia capaz de ajudá-la. A impressão que eu tive foi de que seus desenhos detalhados do centro de detenção eram o único caminho que ela havia conseguido para se sentir no controle daquelas lembranças dolorosas. Ao manter as cinco mulheres mais de um mês presas, o Estado chinês não atuou apenas para reprimir a dissidência. Esse foi um ato de controle sobre os corpos das mulheres detidas.

A dieta deficiente e o estresse no centro de detenção fizeram com que Li, que já era magra antes, perdesse cinco quilos enquanto estava presa. Ao ser libertada, ela ficou sabendo que agentes haviam importunado incessantemente os seus pais para que a convencessem a deixar o ativismo. Forças de segurança forçaram os dois a saírem de sua casa e os mantiveram em prisão domiciliar na casa de uma das tias de Li, que vivia em uma área rural isolada e distante de Pequim. O casal não tinha permissão para comprar mantimentos e cozinhar as próprias refeições, e recebia todos os dias comida pronta trazida pelos guardas.

Depois que saiu do presídio, Li também foi obrigada a ficar com os pais na propriedade rural dessa tia, onde todos foram mantidos numa situação análoga à prisão domiciliar. A namorada de Li, Teresa, estava desesperada para reencontrá-la, mas os guardas vigiavam permanentemente a casa e não havia permissão para receber visitas. A única forma de contato que Teresa conseguiu para tentar falar com Li foi ligar para o pai dela.

"Você não sabe que estamos sendo vigiados? Nunca mais ligue para o meu telefone!", foi o que o pai de Li lhe disse.

Dois dias depois, Teresa recebeu permissão para visitar Li. Ela sabia quanto a namorada havia sofrido na prisão e não queria lhe causar mais nenhuma dor, então decidiu se manter em silêncio a respeito de algo que a estava corroendo, mas que sabia que deixaria Li muito abalada. Quando o Quinteto Feminista passou a atrair muita atenção da imprensa internacional, alguns dos advogados das ativistas detidas começaram a dar entrevistas regulares a jornalistas estrangeiros sobre a injustiça cometida pelo governo ao prendê-las. Mas começou a haver um problema com um dos advogados homens. "De todos os advogados que estavam nos representando, ele era o mais prestativo e solidário", contou Teresa. "Sempre que eu precisava conversar, ele se mostrava disposto a ouvir." Ela confiava nele cegamente, por isso não hesitou quando ele lhe sugeriu que deixasse Pequim e fosse para Harbin, no nordeste do país, para ficar mais segura.

Sozinha na cidade gelada e remota de Harbin, onde não conhecia ninguém, Teresa se sentiu extremamente amedrontada. Não seria seguro tentar fazer contato com as companheiras feministas em razão da monitoração estrita do governo, então ela não sabia de nada do que estava acontecendo. A única pessoa com quem mantinha uma comunicação regular era esse advogado. Todas as manhãs, a primeira coisa que fazia era checar o aplicativo de mensagens para ver se havia notícias sobre sua namorada e as outras feministas presas.

Pouco a pouco, o advogado começou a fazer comentários sexuais explícitos, em mensagens de texto sobre as fantasias que costumava ter imaginando Teresa e a namorada. Se ela lhe pedia notícias, ele exigia que mandasse fotos sensuais de si mesma em troca de alguma informação. Teresa se sentiu fortemente violada, mas estava isolada, desempoderada e em desespero, então, num primeiro momento, suportou o assédio. Ela ficou com medo de confrontar o advogado depois de ter depositado nele as esperanças para a requisição de soltura do Quinteto Feminista. Não demorou para que começasse a ter pesadelos em que o advogado se unia a agentes da segurança estatal para interrogá-la e humilhá-la.

Por fim, Teresa se deu conta de que o comportamento do advogado configurava um caso grave de abuso de poder e mandou *prints* das suas mensagens sexuais para uma amiga próxima. "Essas mensagens [do advogado] estão me deixando enojada, mas não tenho energia para lidar com esse assunto no momento. Por favor, guarde-as para mim", escreveu ela. Os *prints* acabaram sendo vistos por outra ativista feminista que havia sido assediada pelo mesmo advogado.

Essa segunda ativista iniciou uma sondagem e descobriu que se tratava de um predador sexual em série: o advogado assediava habitualmente jovens na casa dos vinte anos recém-engajadas no movimento e que ficavam receosas de "trair a causa" caso denunciassem o seu comportamento abusivo. Algumas dessas jovens criaram um grupo fechado para discutir que atitude tomar em relação ao sujeito. Juntas, elas enviaram uma carta interpelando o advogado sobre o seu comportamento. A resposta dele foi um pedido de desculpas privado ao grupo, dizendo que não tinha tido a intenção de prejudicar ninguém. Na ocasião, Teresa considerou que esse pedido de desculpas havia sido sincero e não quis levar a questão adiante.

Entretanto, pouco depois da libertação do Quinteto Feminista, uma das outras vítimas do advogado assediador contou a Teresa que ele havia continuado com o comportamento abusivo depois de ter enviado o pedido de desculpas. Teresa quis marcar um encontro com o sujeito para confrontá-lo pessoalmente, mas ele se recusou a falar com ela. O perfil dele no Weibo exibiu um pedido público de desculpas por um curto espaço de tempo, que logo foi deletado e substituído por declarações de que não tinha feito nada de errado e atacando as feministas por elas "não entenderem uma brincadeira".

Teresa foi falar com o diretor da ONG de defesa de direitos em Pequim onde o advogado trabalhava e mostrou a ele as mensagens obscenas. Diante da exposição de evidências contra o assediador, o diretor da ONG pareceu simpático às reivindicações de Teresa. Encorajada por essa reação, a moça lhe disse que a ONG deveria repreender o advogado e iniciar treinamentos de prevenção ao assédio com todos os seus funcionários. "Quando formos trabalhar com casos de assédio e abuso sexual no futuro, nós esperamos ter sua organização como uma parceira importante na organização da defesa deles", Teresa falou ao diretor.

A misoginia não conhece barreiras políticas; há registros por toda a história de ativistas homens supostamente progressistas que acabaram demonstrando sinais arraigados de machismo ao silenciarem, menosprezarem ou mesmo abusarem de mulheres que lutavam ao seu lado dentro do próprio movimento pelos direitos civis. A cena que se desenrolou em seguida poderia ter acontecido em muitos outros lugares do mundo, inclusive nos Estados Unidos. No caso de Teresa, o diretor da ONG de luta por direitos disse a ela que precisaria convocar uma reunião do conselho para discutir as providências a serem tomadas, mas, depois da tal reunião, ele voltou a contatá-la com notícias não muito boas. "Você foi a única que se sentiu assediada por ele; outras pessoas discordaram que isso tenha acontecido", o diretor disse a Teresa, informando a ela que o advogado seria advertido, mas que continuaria trabalhando na instituição. "Nós não somos juízes, não podemos condená-lo à morte com um veredicto. Precisamos dar uma segunda chance a ele. Você terá de ser paciente e lhe dar mais algum tempo", ele concluiu.

Teresa primeiro sentiu-se totalmente desanimada. Em seguida, foi tomada por um sentimento crescente de revolta por causa da profunda injustiça da situação. "*Ele* precisa de mais tempo?! E quanto a *mim*?", vociferava ela. Nesse meio-tempo, não foi mais possível manter a história do advogado oculta de Li Maizi, que ainda estava se recuperando do trauma da cadeia e reagiu com uma enorme raiva e frustração ao saber de tudo. A imensa ironia da situação toda foi avassaladora. O sujeito que deveria estar lá para defendê-la estava assediando a sua namorada e mentindo a respeito disso, justamente enquanto advogava como representante dela própria e de outras mulheres presas por lutarem contra o assédio sexual.

"Essa experiência me ensinou como as pessoas podem ser desprezíveis", Li Maizi diz. O advogado provavelmente imaginou que, assim que fosse libertada da cadeia, ela ficaria sabendo da verdade. Portanto, Li pensou, só havia duas explicações possíveis para o seu comportamento: ou ele era ignorante a ponto de não saber o que era assédio sexual – mesmo fazendo declarações à imprensa o tempo todo sobre direitos das mulheres e igualdade de gênero –, ou então não acreditava que Li Maizi seria libertada um dia. "Não há palavras para dizer quanto o comportamento dele foi repulsivo", ela afirma.

Passado um tempo, Teresa decidiu que era hora de tornar pública essa história e concordou que uma companheira feminista publicasse no Weibo uma parte dos *prints* com as mensagens obscenas que o advogado lhe mandara – sem revelar a sua identidade. Muitas pessoas, em sua maioria homens, reagiram dizendo que aquela acusação de assédio contra o advogado era injusta e que a polêmica causada por ela atrapalharia a causa maior e "mais importante" da luta pelos direitos humanos na China. Teresa detestou ter que aturar desconhecidos questionando se a situação havia sido um assédio "verdadeiro" e tentou ignorar os comentários misóginos, mas também se sentiu grata pela forte corrente de sororidade criada por suas companheiras de ativismo, que a ajudaram a superar a sensação de vergonha por tudo o que estava acontecendo.

Tanto nos meios da luta por direitos humanos quanto por direitos dos LGBTQ+, é comum que ativistas homens acabem demonstrando que na verdade não consideram os direitos das mulheres como direitos humanos. Muitas feministas que eu entrevistei reclamaram de machismo da parte de homens engajados no ativismo. Elas relataram que em grupos de luta por direitos dominados pela presença masculina, muitas vezes, casos de assédio são acobertados sob o pretexto de preservar a "união". Mas houve algumas feministas – entre elas Xiao Meili, Zhu Xixi e Zhao Sile – que escreveram manifestos públicos condenando o abuso cometido pelo advogado de defesa.

Vários meses depois de ter sido libertada da prisão, Zheng Churan postou uma carta aberta cheia de palavras duras a respeito do advogado de defesa nas redes sociais: "Aquele homem que vivia com a boca cheia de slogans de justiça e igualdade assediou sexualmente as minhas companheiras de luta! Eu fui para a cadeia por lutar contra o assédio e não vou deixar que ele fique impune por ter assediado minhas companheiras!". Da mesma maneira que os agentes da segurança estatal haviam feito, muitos advogados homens dentro do movimento de luta por direitos humanos também manifestaram desprezo por Li Maizi, Teresa e outras, julgando-as como "menininhas" que jamais poderiam ser levadas a sério como ativistas. Alguns demonstraram tão pouca conscientização a respeito das questões de gênero que chegaram a zombar do relacionamento de Li com Teresa, recusando-se a acreditar que as duas fossem de fato *lala* (lésbicas) e afirmando que elas "ainda não tinham encontrado o homem certo", conta Teresa.

"A maior parte dos homens chineses não tem a menor consciência sobre o que é assédio sexual, e, por isso, foi um passo importante nós termos ido a público refutar a atitude [do advogado]. Se isso não tivesse acontecido, ele poderia fazer alguma coisa pior no futuro", acrescenta ela.

"Muitos desses sujeitos hasteiam a bandeira dos direitos humanos e veem a si mesmos como figuras heroicas, mas seguem assediando e traumatizando mulheres sem que sua reputação profissional como advogados sequer seja arranhada", Zheng Churan me confidenciou.

Não existem estatísticas confiáveis sobre a prevalência do assédio sexual na China, mas algumas pesquisas merecem ser citadas. Um levantamento feito em 2016 com quase 18 mil estudantes pela ONG China Family Planning Association constatou que mais de um terço das universitárias chinesas passou por experiências de assédio ou violência sexual, sendo as mais comumente citadas "assédio sexual verbal", "ser forçada a beijar ou tocar partes íntimas" e "ser forçada a se despir ou expor partes íntimas", de acordo com o portal de notícias apoiado pelo governo *Sixth Tone*. Uma pesquisa feita em março de 2018 com mais de quatrocentas jornalistas mulheres pelo Centro de Educação sobre Gênero e Sexualidade de Guangzhou (fundado por Wei Tingting, integrante do Quinteto Feminista) e pelo Festival de Cinema Feminino da China constatou que mais de 80% delas já haviam sido vítimas de "comportamento sexual indesejado em forma de exigências, linguajar e comportamento não verbal ou envolvendo contato físico" da parte de chefes ou colegas de redação. Em 2013, um levantamento feito com mulheres operárias de fábricas em Guangzhou constatou que 70% delas já haviam sido assediadas, conforme dados publicados pelo *China Labour Bulletin*. (Após a prisão do Quinteto Feminista, o Centro Girassol das Mulheres Trabalhadoras, responsável por esse levantamento, também foi fechado.)

A veterana nos estudos sobre direitos das mulheres Feng Yuan, que trabalhou por décadas no combate à violência doméstica e discriminação de gênero no país, acredita que "99% das mulheres chinesas" já passaram por alguma forma de assédio. O que ocorre é que não há na lei chinesa uma definição clara do que constitui o assédio sexual, impossibilitando que as vítimas sejam atendidas pela Justiça do país. E, como demonstra a censura pesada sofrida pela campanha do #MeToo no país (e também a prisão do Quinteto Feminista), o tema do assédio sexual ainda é visto como altamente sensível do ponto de vista político.

O governo chinês admite que cerca de uma em cada quatro mulheres casadas apanha do marido, embora provavelmente os índices reais de violência doméstica sejam bem mais altos, segundo as ativistas. A China promulgou sua primeira lei nacional contra a violência doméstica em dezembro de 2015 e a implementou em 2016. Mas praticamente não existem esforços para fazer com que seja cumprida: é dificílimo obter medidas cautelares contra os agressores, e a maior parte dos abrigos oferecidos para as vítimas em todo o país permanece totalmente desocupada, conforme constatou um estudo de dois anos sobre as repercussões da nova lei conduzido pela organização *Wei Ping* (Igualdade), de Feng Yuan. Além disso, a lei contra a violência doméstica não faz menção à violência sexual, e a prática do estupro dentro do casamento não é considerada crime. Não é de admirar, portanto, que experiências de assédio e violência sexual e doméstica tenham sido parte da vivência formativa de muitas ativistas feministas chinesas.

Como muitas crianças na China, Li Maizi nasceu em uma família com um longo histórico de abusos. Até os 3 anos de idade, ela vivia nas montanhas do Distrito de Yanqing, nos arredores de Pequim, sob os cuidados devotados da avó, que amava tanto a única neta que carregava a pequena Li nas costas o dia inteiro, enquanto trabalhava no campo. Quando chegava em casa à noite, o avô da menina batia na avó. Ele tinha também o hábito de bater nos filhos – o pai e o tio de Li –, e eles cresceram achando que a violência doméstica era algo normal. Assim, o pai de Li também costumava bater na mãe dela.

Quando Li tinha 3 anos, seus pais se mudaram com ela para um vilarejo mais próximo de Pequim, mas assim que completou 7 anos eles a mandaram de volta para as montanhas, para morar com o tio e poder frequentar a escola. Como a família não era proprietária de terras e vivia apenas como locatária em Shunyi, o seu registro de residência (*hukou*) continuava em Yanqing, e as regras do governo exigiam que Li fosse à escola lá. O tio da menina era um homem violento e batia nela com frequência, embora não tivesse o hábito de espancar a própria filha, quatro anos mais nova. Uma vez, ele atirou o caderno de deveres escolares de Li para queimar na fornalha que mantinha a cama deles aquecida durante o inverno (uma *kang*, vista comumente na China rural).

"O meu tio me batia porque eu tinha ideias próprias e desobedecia a ele", conta ela. "Ele queria que eu fizesse as tarefas domésticas, mas eu me recusava e dizia: 'Por que deveria trabalhar para você?'". Li contava a seus pais sobre o que passava, mas eles faziam vista grossa e nunca procuraram intervir. Ela se sentia abandonada e solitária, vivia sendo importunada no vilarejo por ser uma forasteira e não tinha amigos, e sua escola era tão pobre que um único professor dava aula para todas as seis turmas.

Mesmo depois que os pais de Li conseguiram comprar uma casa e ela voltou a morar com eles, quando estava na quarta série, as atribulações continuaram. Apesar de ser ainda bem jovem, Li já sabia que se sentia atraída por garotas em vez de meninos, e por isso era tachada de "diferente" pelas outras crianças e sofria *bullying* constantemente. "Se baterem em você, você tem de revidar", o pai aconselhava.

Um dia, quando Li estava colhendo amendoins na lavoura, um garoto do vilarejo que sempre a importunava finalmente a fez atingir seu limite e ela lhe deu um soco. O nariz do menino chegou a sangrar. "A família inteira dele estava perto, vendo tudo, mas eu não me incomodei", conta ela. "Estava com muita raiva." Quando o irmão mais velho do garoto viu o que tinha acontecido, partiu para cima de Li e bateu nela. Então o pai de Li reagiu batendo no irmão mais velho. "Tudo isso aconteceu em um local público, às vistas de todo mundo, e eu também estava lá assistindo", relata ela. "Fiquei sem saber se lamentava pelo irmão que tinha apanhado ou se me alegrava por me sentir vingada." Depois desse incidente, Li Maizi nunca mais deixou de reagir quando era importunada – fosse por meninos ou por meninas –, nem mesmo quando estava diante de garotos bem maiores e fisicamente mais fortes. "Se não há ninguém por perto a quem possa pedir ajuda, você não deve se acovardar", ela diz. "Nunca desista. Nunca se renda."

Nesse meio-tempo, o pai de Li começou a bater nela, além de bater em sua mãe. Com 1,82 metro de altura, ele era um homem forte – mas Li, então, já não tinha mais medo. Uma noite, quando estava no segundo ciclo do ensino fundamental, Li estava na casa de uma menina de quem gostava quando percebeu que era quase hora do jantar. O pai ficava muito bravo quando ela se atrasava para o jantar. "Afinal de contas, eu era uma menina", ironiza Li. Ela tratou de pegar sua bicicleta e pedalar furiosamente para casa, vencendo os quase oito quilômetros de distância em quinze minutos. Assim que entrou em casa, o pai começou a gritar com ela. Li imediatamente ergueu os punhos cerrados, olhou bem nos olhos dele e se manteve firme. O pai lhe deu um chute que fez Li voar da sala de jantar para o cômodo ao lado. "Eu chorei, mas não baixei a cabeça", conta ela.

Quando já estava no ensino médio, por volta dos 17 anos, uma noite ela discutiu com o pai à mesa do jantar e se levantou para ir para o quarto. "Sua piranha de merda!", ele gritou, continuando com uma saraivada de xingamentos. Li retrucou, também aos gritos. O pai passou pela cozinha e a seguiu até o quarto com uma faca em punho, erguida acima da cabeça. A mãe da moça e o avô, ambos muito baixos, se postaram um de cada lado daquele homenzarrão, tentando defender Li. "Fuja agora! Depressa!", pediu a mãe.

A moça não sentiu nenhum medo, mas ficou tão chocada ao ver o pai tendo aquele comportamento que não conseguiu se mexer. "Vai, pode cortar!", retrucou, desafiadora. E foi então que viu a expressão de pânico no rosto da mãe, que parecia prestes a ter um colapso. Como nunca tinha visto a mãe tão assustada, Li fugiu.

Ela pedalou de volta até a casa da garota onde tinha estado e sentou-se do lado de fora, no escuro, envergonhada demais para bater à porta. Depois de um tempo, o pai dela notou uma presença e saiu da casa. "Quem está aí?", perguntou. "Tio!", exclamou Li, mas ele não conseguiu ver quem era e voltou a entrar.

Ninguém iria lhe dar abrigo, Li pensou. Ela foi com sua bicicleta até o parque ao lado da escola primária do vilarejo, decidida a passar a noite no gramado. Era o meio do outono, e o ar noturno já estava gelado. Depois de um tempo, sem aguentar mais o frio, ela foi até a casa de uma tia e ficou lá até o dia clarear.

Na manhã seguinte, quando foi para a escola, Li viu sua mãe na entrada do prédio, procurando por ela.

"Quando vi a expressão preocupada em seu rosto, senti culpa por fazê-la sofrer daquele jeito", conta. "Pa podia morrer que eu pouco me importaria, mas não tinha como deixar Ma sofrer mais." Li voltou para casa, e daquele momento em diante seu pai nunca mais bateu nela. "Ele ficava ansioso, porque eu era a única filha dos dois, e, se saísse de casa, podia ser que nunca mais voltasse", ela diz. "Essa foi a primeira vez que ele se deu conta de que a situação havia saído de controle, então parou de vez de fazer aquelas coisas." O pai de Li também deixou de bater na mãe dela, embora continuasse recorrendo a formas de abuso psicológico quando ficava irritado, como trancar a porta de casa e deixá-la do lado de fora.

Foi somente quando Li ingressou na Universidade Chang'an, em Xi'an, uma das capitais ancestrais do país, que sua vida mudou de fato. No campus, ela fez amizade com outros alunos *queer*, assumiu-se como lésbica e tornou-se ativista em um grupo de luta por direitos LGBTQ+. Ao longo de seu último ano de curso, em 2012, Li Maizi participou de diversas ações feministas (ela e as companheiras de ativismo, nessa época, evitavam deliberadamente usar a palavra *protestos*). Nesse ano, a polícia cobrou medidas disciplinares da Universidade Chang'an contra Li depois que ela foi detida por arregimentar voluntárias para a ocupação de um sanitário masculino público no centro de Pequim. Ela já era conhecida como rebelde no campus por ter sido a única aluna de sua turma que se recusou a se filiar ao Partido Comunista. O vice-presidente da universidade convocou Li para receber uma advertência formal em seu escritório. Ela estaria disposta a aceitar uma bolsa de 120 yuanes (algo em torno de 20 dólares) para trabalhar no campus em troca de abrir mão do ativismo feminista? Li recusou a oferta e disse: "Tenho uma contraproposta: eu lhe dou 250 yuanes e o senhor devolve minha liberdade". Quando concluiu o curso e se formou, ainda em 2012, Li percebeu que era o momento para mergulhar de vez no ativismo feminista lésbico e na luta por direitos das mulheres e por igualdade na China.

Quando nos encontramos pela primeira vez, em 2013, Li Maizi tinha começado a trabalhar em Pequim em tempo integral, com um cargo na ONG Yirenping. Enquanto comíamos em uma pequena casa especializada em bolinhos em um *hutong* (beco de bairro) estreito de Pequim, perto do escritório apinhado que era seu local de trabalho, Li fez brincadeiras obscenas ao se referir ao grande número de mulheres de sexualidade não normativa envolvidas com o movimento feminista chinês. Elas "entram certinhas e acabam bagunçadas", riu ela, explicando que o feminismo liberta a mente das mulheres e as faz enxergar a possibilidade de fazer escolhas de vida alternativas. Li também reclamou da dificuldade de comunicação com os homens heterossexuais, por causa da grande incidência de "câncer do homem hétero" na China (*zhinan ai*, que pode ser traduzido livremente como "chauvinismo do homem heterossexual" ou "masculinidade tóxica"), e concluiu com uma bela risada.

Ainda assim, durante o período que passou na prisão em 2015, ela conseguiu encontrar espaço em si mesma para perdoar seu pai. O seu advogado o procurou nesse período para dizer que Li estava sendo interrogada pelos agentes de segurança tarde da noite, sofrendo com a privação de sono e maus-tratos em geral. O pai de Li ficou furioso ao ouvir esse relato e ameaçou pegar em armas para vingar a filha caso os abusos continuassem. "Essa atitude me deixou comovida", conta ela. "Ele é mesmo um sujeito explosivo – é o seu jeito de ser."

Para alguém iconoclasta como Li Maizi, e que com frequência faz piada com a tradição chinesa da devoção filial, essa disposição para o perdão é digna de nota. Com o mesmo fervor com que se lançou em uma cruzada contra a violência doméstica e o assédio sexual em sua vida pública, na esfera privada Li acredita que o pai genuinamente a amou. As atitudes violentas contra ela e sua mãe podem ser creditadas à sua criação dentro de uma estrutura machista e chauvinista, pondera Li. Por vezes, ela sente que o clima combativo e violento dentro de casa ajudaram a prepará-la para os embates que teria com os agentes da segurança estatal durante o tempo no presídio.

A vida deixou Li diante de uma ameaça ainda maior do que a representada por seu pai – a violência política do Estado patriarcal e autoritário –, e ela sente que esse foi o inimigo mais perigoso que precisou enfrentar. Tendo uma história como a dela, de sofrer perseguição por diversos lados, eu posso entender as emoções profundamente contraditórias que Li demonstra ter por uma pessoa que chegou perto de matá-la. "Muita gente me pergunta por que eu me envolvi com o ativismo feminista, mas, do meu ponto de vista, eu encarno a resistência desde sempre. Resistir é parte do meu dia a dia", Li afirma. "Se eu não resistir, quem serei?"

Muitas das ativistas feministas que eu entrevistei relataram experiências de abuso sofridas mais cedo na vida e que mais tarde alimentaram um laço intensamente pessoal de comprometimento com o feminismo emergente na China. Bai Fei foi uma dessas mulheres. Quando estava no segundo ciclo do ensino fundamental em Xangai, com 13 ou 14 anos, ela ouvia as colegas de escola fofocando o tempo todo a respeito de meninos, mas não se interessava pelo assunto. Bai sentia atração por meninas, e, sem coragem de falar com alguém a esse respeito, mantinha um diário com os registros da paixonite que nutria por uma das líderes da sua turma. Alguém descobriu o diário e ela passou a sofrer abusos rotineiros e violentos por parte dos colegas. "Eles faziam comigo tudo o que você pode imaginar – espetavam todas as partes do meu corpo com objetos pontiagudos, cuspiam no meu rosto, me seguravam no chão e me forçavam a beber urina", conta Bai. Ela é uma mulher bem pequena, não tem mais de 1,52 metro de altura, e o fato de ser bem menor que os companheiros de turma a deixava ainda mais vulnerável aos abusos.

Na primeira vez que chegou em casa com arranhões sangrentos no rosto, Bai Fei ouviu de sua mãe: "O que você aprontou? Provocou alguma briga?". Ela contou que havia sofrido *bullying* dos colegas, mas o pai reagiu com desprezo. "Isso só aconteceu porque você é uma covarde", ele lhe disse. "A culpa foi toda sua. Nem tente culpar outras pessoas!"

A reação dos pais a deixou profundamente magoada. Bai era só uma menina, não tinha amigos, e depois dessa conversa não teve coragem de relatar a mais ninguém os ataques que sofria na escola, só voltando a tocar no assunto muitos anos mais tarde. Embora exibisse machucados visíveis, nenhum professor jamais interveio ou se aproximou para perguntar se estava tudo bem, e Bai Fei continuou sofrendo abusos até concluir o ensino médio. "Foram anos que eu vivi mergulhada num estado permanente de terror", conta ela. "Tinha tanto medo que não ousava nem olhar meu próprio rosto no espelho."

Pouco depois de Bai tentar conversar com os pais sobre os abusos, o pai dela começou a passar a maior parte do tempo com uma namorada e raramente aparecia em casa. A mãe de Bai – que tinha apenas educação primária e trabalhava como funcionária da limpeza em um conjunto de apartamentos – vivia infeliz demais por ter sido abandonada pelo marido para conseguir dar atenção à filha. Bai mergulhou num estado de depressão profunda e com frequência pensava em se suicidar. Sempre que fazia qualquer desenho, só usava a cor preta. Uma vez, chegou a cortar os pulsos numa tentativa de se matar, mas sobreviveu.

De alguma forma, Bai Fei conseguiu concluir o ensino médio e foi iniciar vida nova entrando para um curso de Sociologia na Universidade Normal East China, em Xangai. Ela encontrou um psicoterapeuta decente que lhe disse que "homossexualidade não é doença". Ela se assumiu como lésbica e entrou para um grupo on-line de discussão sobre HIV/aids, o Instituto Aizhixing, coordenado pelo proeminente ativista da luta contra a aids Wan Yanhai (que trocou a China pelos Estados Unidos em 2010 por causa de pressões do governo chinês). Quando Bai Fei estava mais ativa no movimento em prol das vítimas de HIV, ela foi apresentada a Wu Rongrong, que também havia trabalhado para o Aizhixing.

Bai ofereceu a Wu Rongrong um lugar para passar a noite em Xangai quando Wu estava grávida e de passagem pela cidade em 2011, época em que Bai estava terminando seu curso universitário. Na conversa que tiveram nessa noite, Bai se sentiu tão tocada pelo espírito generoso de Wu que acabou lhe confidenciando sobre os abusos que tivera de suportar nos tempos de escola. O tipo de escuta compassiva e amorosa que recebeu de Wu era diferente de tudo o que Bai Fei já vira, e ela ficou tomada por um imenso sentimento de gratidão. "Por que você não entra para o nosso movimento feminista?", Wu perguntou a Bai Fei, depois de ouvir a sua história pessoal.

"O que você quer dizer com *feminismo*?", quis saber Bai.

"Venha nos conhecer e você vai descobrir", foi a resposta de Wu.

"E foi assim que eu me engajei no movimento, sem saber nada a respeito dele, no início, e mais tarde descobri que fazia todo o sentido, que seria algo realmente transformador", Bai me disse mais tarde.

Wu Rongrong convidou Bai Fei para participar de um treinamento feminista em Hangzhou, e foi lá que Bai conheceu outras ativistas, como Lü Pin e Li Maizi. Esses treinamentos muitas vezes incluíam sessões de conscientização em que as mulheres encontravam espaço para compartilhar histórias pessoais de embates com o sexismo, abuso ou injustiças de modo geral, ouvidas pelas companheiras.

Inspirada e energizada pelas companheiras feministas, Bai se lançou em campanhas ativistas sobre temas como abuso sexual e violência doméstica. Em um caso amplamente divulgado, uma mulher chamada Li Yan, de um vilarejo rural na província de Sichuan, acabou condenada à morte por ter matado o marido, em 2010, depois de anos sofrendo abuso constante. O marido batia regularmente a cabeça dela contra a parede, queimava seu rosto e suas pernas com cigarros, praticava abuso sexual e chegou até a cortar um dos dedos de sua mão. Uma noite, ele lhe deu uma coronhada com uma arma de ar comprimido e ameaçou matá-la – mas Li Yan conseguiu tomar a arma da mão dele e o espancou até a morte com ela, para em seguida desmembrar o seu corpo. Os advogados da mulher disseram que ela perdeu as estribeiras depois de ter tentado muitas vezes buscar ajuda da polícia e de funcionários da sede local da Federação da Mulher e sempre ouvir de todos que devia voltar para o marido e tentar "aguentar firme".

Bai Fei se uniu às companheiras feministas para protestar contra a condenação de Li Yan à morte e contra a ausência de leis de combate à violência doméstica. Elas enrolaram os corpos em ataduras brancas e se deitaram em frente a um tribunal exibindo um cartaz que dizia: "Eu não quero ser a próxima Li Yan", num manifesto que foi replicado por feministas em várias outras cidades. Bai ajudou a circular um abaixo-assinado que coletou centenas de assinaturas pedindo absolvição para Li Yan e viajou até Pequim para entregá-lo à Suprema Corte Popular. Em abril de 2015, numa vitória para as ativistas do feminismo e os advogados que haviam trabalhado duro para chamar a atenção da opinião pública sobre o caso, um tribunal de Sichuan concluiu que de fato Li Yan havia sido vítima de violência doméstica e anulou sua pena de morte. Para Bai Fei, a participação na campanha de apoio a Li Yan e em outras ações feministas foi uma parte crucial para curar suas feridas pessoais.

"Dentro da comunidade feminista, eu comecei a compreender que os maus-tratos que havia sofrido em minha vida toda não eram culpa minha", ela diz. "Eu finalmente descobri meu próprio valor e me dei conta de que tenho motivos para sentir orgulho de mim mesma."

Quando eu estive com Bai Fei em Xangai, cinco meses depois da libertação do Quinteto Feminista, ela havia acabado de posar para o "Palavras Doídas" ("Painful Words"), um ensaio fotográfico sobre abusos homofóbicos feito por Liang Yingfei para a revista *Caixin*. Bai Fei aparece seminua em um impactante retrato em preto e branco, sentada numa cadeira abraçando as próprias pernas, com todos os xingamentos lançados sobre ela pelos colegas de escola e pelo pai – pervertida, anormal, "a culpa é toda sua" – escritos por todo o corpo.

Dias depois da prisão das integrantes do Quinteto Feminista, um policial telefonou para Bai Fei na empresa em que ela tinha um emprego como secretária. O chefe ficou ao seu lado e ouviu o interrogatório que foi feito.

"Você tinha planos de participar das atividades?", o policial inquiriu.

"Que atividades? Eu não estou sabendo de nada", foi a resposta dela.

Na verdade, Bai havia trocado mensagens via WeChat com outras feministas sobre a ideia de ir a Hangzhou para o evento do Dia Internacional da Mulher. Ela apenas escolheu negar tudo para o policial que telefonou, e ele não insistiu nas perguntas – nem precisaria fazer isso, pois agora o chefe já estava sabendo que Bai Fei era uma "agitadora". Assim que ela desligou o telefone, ele mesmo a questionou um pouco mais sobre suas atividades feministas e a demitiu na mesma hora.

"O meu chefe concluiu que eu devia ser uma pessoa perigosa, por achar que o movimento feminista era algo perigoso", relata ela.

Bai Fei havia se envolvido em problemas com a polícia uma vez antes disso, em setembro de 2014, quando se manifestou em um post no Weibo apoiando o Movimento Umbrella, que lutava pela democracia e pelo sufrágio universal em Hong Kong (depois que a ex-colônia britânica foi devolvida ao domínio chinês, em 1997, houve diversos retrocessos no campo das liberdades dos cidadãos). A polícia de Xangai esteve no apartamento da ativista, deletou todo o conteúdo que havia no seu computador e no celular e advertiu-a para que não expressasse mais apoio aos manifestantes de Hong Kong, fazendo-a assinar um termo de compromisso de que seria uma cidadã chinesa leal e patriota.

Bai continuava desempregada e em busca de um novo cargo como secretária ou auxiliar administrativa quando nos conhecemos, em novembro de 2015, mas ela me disse que o seu visual mais neutro do ponto de vista dos estereótipos de gênero – com o cabelo cortado bem curto, nenhuma maquiagem e o hábito de vestir calças compridas e coletes – dificultava a busca. "A maior parte dos empregadores para esse tipo de cargo quer mulheres de visual bem feminino, que saibam se maquiar, tenham o cabelo comprido e usem vestido", ela me disse. "A discriminação de gênero é muito forte, e eu ainda não recebi nenhuma proposta."

Uma boa notícia era que a mãe de Bai Fei enfim havia aceitado a sua orientação sexual, sete anos depois de a filha haver se assumido como lésbica. Ela chegara até mesmo a convidar Bai e a namorada para irem morar em sua casa em Xangai. A mãe ficaria com o quarto principal e o casal partilharia o menor.

"Quando minha namorada está trabalhando, nós três fazemos as refeições juntas e o clima é muito agradável", conta ela. "A minha namorada sabe dizer coisas que deixam minha mãe feliz."

Apesar de ter passado tantos anos suportando um *bullying* violento e homofóbico no colégio, Bai Fei se considera "afortunada". "O *bullying* é muito comum nas escolas chinesas. Eu fui só uma entre muitas, entre as tantas que sofrem esse mesmo tipo de abuso, mas a maior parte das pessoas não consegue encontrar uma saída", diz ela. "Eu acho que tive uma sorte incrível por ter conhecido Wu Rongrong e outras companheiras feministas, que me deram suporte para seguir o caminho que me trouxe ao ponto em que estou hoje."

Eu fiquei impressionada com a capacidade que Bai Fei demonstrou de sentir gratidão em meio a um período tão sombrio. Enquanto fazia a transcrição das minhas entrevistas, ouvindo repetidas vezes as vozes gravadas das mulheres com quem conversei, algo nos relatos traumáticos delas desenterrou memórias há muito sepultadas do violento ataque sexual que eu mesma sofri quando tinha 15 anos. Boa parte da minha pesquisa até então com mulheres dos grandes centros urbanos da China buscava provar como "o pessoal é político" – em especial no que diz respeito às escolhas e limitações relacionadas ao casamento. Ainda assim, no que depois me pareceu uma imensa ironia, eu mesma não conseguia perceber os efeitos danosos do trauma sofrido na minha própria infância. Embora não tivesse esquecido o episódio do abuso, eu o trancafiara em um porão oculto, envergonhada demais para contar a alguém o que havia sofrido – exceto meu marido, a única pessoa com quem conversei muitos anos depois de ter sido abusada. Mas as minhas entrevistas com as feministas chinesas começaram a mexer com as lembranças guardadas. Sessões de terapia me ajudaram a perceber como a experiência que vivi no início da adolescência havia destruído minha autoestima.

Enfrentando o dragão

Eu sou filha de uma imigrante chinesa que foi criada no Vietnã e que teve a família dilacerada em razão da guerra do país com os Estados Unidos – uma parte dos parentes foi para os Estados Unidos como refugiados, outra fugiu para Hong Kong; alguns morreram no mar, e outros, como minha mãe, emigraram para terras americanas antes de a guerra explodir. O meu pai, branco, nasceu nos Estados Unidos. Os dois eram estudiosos das questões chinesas. Eles se mudaram dos Estados Unidos para a Austrália quando eu tinha 6 anos e me levavam nas viagens frequentes que faziam à China, as quais começaram a acontecer no início da década de 1970.

O episódio do abuso aconteceu na cidade onde eu morava na Austrália, Canberra, numa noite em que eu fui a última menina a ficar em uma festa. Eu estava com 15 anos e cansada de ser a filha chinesa comportada e aluna nota 10. Nessa noite, me esgueirei para fora de casa pela janela do quarto depois que meus pais já tinham ido dormir. Um homem que eu conhecia da vizinhança estava esperando do lado de fora para me levar de carro à tal festa, depois de ter me dito que o cara de 17 anos de quem eu gostava estaria lá. À uma hora da manhã, todos os meus amigos já tinham ido embora e eu ficara para trás, bebericando uma dose de algo alcoólico e bem forte. A bebida não era nada saborosa – tinha gosto de petróleo –, mas o que importava para mim era a rebeldia do ato. Num dado momento, eu me levantei para dizer que queria ir embora, mas o tal garoto de 17 anos voltou a encher meu copo e insistiu para que eu bebesse mais. E foi o que eu fiz – torcendo para que isso o fizesse gostar de mim. Então, minha cabeça começou a girar e eu perdi completamente o controle sobre meus movimentos.

A lembrança que tenho do que ocorreu em seguida é de estar no banheiro com dois caras mais velhos e o sujeito que havia me levado de carro olhando a cena. Um deles foi tirando a minha roupa enquanto eu tentava me desvencilhar, mas o segundo homem – o rapaz de quem eu gostava – também já estava se despindo. Os dois agarraram meus seios e forçaram os corpos contra o meu enquanto um deles enfiava os dedos nos meus genitais. Eu chorei e gritei para que parassem, mas o homem que me levara de carona assistiu a tudo sem intervir. Apavorada, bêbada e nauseada, eu acabei vomitando, e o nojo fez os agressores recuarem. Eu desabei no chão, nua, em cima do meu próprio vômito. O homem me entregou uma toalha para que eu me limpasse, me ajudou a vestir a roupa e me levou de carro até em casa. "Nós somos malvados, mas não tão malvados assim", ele disse, ao parar para que eu descesse. Eu interpretei isso como sendo um recado de que eu deveria me considerar uma garota de sorte, porque o desfecho poderia ter sido bem pior. Eu não sabia de muita coisa a respeito desse homem, fora o fato de que ele fazia serviços gerais nas casas da vizinhança e tinha entre 20 e 30 anos, mas, numa espécie de Síndrome de Estocolmo, acabei me sentindo grata a ele por ter me "resgatado" dos atacantes. Hoje consigo ver que aos olhos dele eu era só um corpo, uma coisa que ele quis levar para que os amigos se divertissem.

Eu não me atrevi a contar aos meus pais o que acontecera – tinha medo de que eles deixassem de me considerar uma "boa menina". Cheguei a me abrir com uma ou duas amigas mais próximas, mas nós éramos muito meninas e não fazíamos ideia dos direitos que tínhamos. Minha preocupação era que as outras pessoas fossem me culpar pelo que havia acontecido. Como tantas outras garotas, eu era assediada frequentemente nas ruas por homens que não se acanhavam em gritar obscenidades sobre partes do meu corpo. Acabei concluindo que o assédio sexual era algo normal na vida de uma menina e que não me restava escolha a não ser aceitar essa situação. Quando cruzava com algum dos homens que haviam me agredido pelas ruas do bairro, eu me sentia tão envergonhada que fingia que estava tudo normal. E nunca mais criei coragem de contar para alguém o que acontecera. Foi preciso que se passassem mais de três décadas – e dezenas de entrevistas com as feministas chinesas sobre as experiências vividas por elas – para que meu silêncio se rompesse.

Eu me lembro de uma conversa que tive com Li Maizi em 2016, quando falamos sobre como existem tantas mulheres que sofrem abuso sexual na China e tão poucas que chegam a falar publicamente sobre o que passaram. "Na China, a cultura do estupro é tão forte que quase ninguém se atreve a admitir que foi vítima de abuso sexual, por puro medo de que as pessoas acabem lhe atribuindo a culpa pelo acontecido", ela me disse.

O exemplo mais famoso disso talvez seja o da atriz Bai Ling, que fez parte de um grupo de teatro militar no Tibete entre os 14 e os 17 anos de idade. Em 2011, a atriz relatou à agência de notícias Associated Press que ela e outras garotas integrantes da trupe recebiam bebida alcoólica e eram abusadas sexualmente de forma rotineira por generais do Exército Popular de Libertação. Em decorrência de um dos estupros ela chegou a engravidar e se submeteu a um aborto. Bai Ling já havia se mudado para os Estados Unidos e estava com 44 anos quando falou publicamente pela primeira vez dos abusos que havia sofrido. "Por causa da cultura chinesa da obediência, você não questiona as coisas", explicou ela. "Simplesmente segue em frente e obedece."

Por causa da campanha do #MeToo, em 2017, algumas mulheres conhecidas de Hong Kong começaram a falar das suas experiências de abuso. Em novembro desse ano, a ex-Miss Hong Kong Louisa Mak revelou ter sido abusada na adolescência, quando fez parte de uma delegação que viajou pela China. A campeã de corrida com barreiras Vera Lui Lai-yiu declarou ter sido abusada sexualmente pelo treinador quando tinha somente 13 anos. A jornalista Sophia Huang Xueqin, de Guangzhou, revelou o episódio de abuso da parte de um colega mais velho em um quarto de hotel quando os dois fizeram uma viagem a trabalho. Huang iniciou um levantamento próprio sobre abusos cometidos contra jornalistas mulheres na China em novembro de 2017, e os resultados mais tarde foram incorporados aos dados compilados pelo Centro de Educação sobre Gênero e Sexualidade de Guangzhou. A vasta maioria das mulheres entrevistadas afirmou não ter informado aos superiores as situações de assédio por medo de que isso prejudicasse suas carreiras.

Em janeiro de 2018, Luo Xixi, formada pela Universidade Beihang, postou na internet um relato detalhado de como foi atacada sexualmente por Chen Xiaowu, seu professor. Mais de uma década antes, segundo Luo, o professor a havia atraído para um local fora do campus e tentado fazer sexo com ela. Chen negou veementemente as acusações, mas a direção da universidade declarou que ele havia "violado seriamente" o código de conduta da instituição e o demitiu depois que vieram a público diversas outras denúncias de alunas envolvendo episódios semelhantes. Embora

Luo Xixi estivesse morando nos Estados Unidos quando publicou seu relato, o texto viralizou e inspirou milhares de outras universitárias e ex-alunas das universidades chinesas a aderirem a abaixo-assinados na linha do #MeToo, numa demonstração rara no país de mobilização coletiva contra os crimes sexuais. Mas a maior parte dessas petições não incluía mulheres que haviam se identificado publicamente como sobreviventes de assédio sexual.

Como em praticamente todos os outros países do mundo, na China também existe uma imagem socialmente estereotipada da "vítima de estupro perfeita". A mulher que sofre violência sexual é acusada de "ter pedido por isso", caso estivesse vestida de uma maneira considerada errada, se tivesse dito coisas erradas ou falado num tom de voz errado, se tivesse olhado para alguém de um jeito errado, frequentado lugares errados, bebido demais ou se tivesse saído sem companhia. "Você precisa ter uma força emocional extrema, além do apoio de uma ONG, para denunciar publicamente a violência sexual, porque sem isso vai acabar soterrada até a morte em ataques e humilhações", Li Maizi diz. E ela acrescenta que provavelmente ainda se passarão muitos anos até que as mulheres chinesas possam promover um debate público e aberto sobre o trauma profundo deixado pelo assédio e o abuso sexual.

Li costuma repetir que "nossos corpos são nossos campos de batalha" (inspirada pela arte de 1989 de Barbara Kruger, o *silkscreen* usando a foto em preto e branco de um rosto feminino intitulado *Your Body is a Battleground*, "Seu corpo é um campo de batalha") nas campanhas que lidera contra a violência de gênero. Os abusos constantes que Li sofreu na infância e na juventude mostram que esse *slogan* tem um sentido bastante literal no seu caso – e também no de muitas outras mulheres, na China e no mundo todo. Ela e as outras integrantes do Quinteto Feminista acabaram presas por estarem organizando um evento que chamaria a atenção para o grave problema da violência sexual na China, promovendo a distribuição de adesivos sobre assédio sexual para as pessoas colarem no corpo.

Enquanto trabalhava neste livro, eu pesquisei a legislação australiana no que diz respeito a crimes sexuais contra "crianças e jovens", e fiquei chocada ao descobrir que na minha jurisdição, o Território da Capital Australiana, a pena para abuso sexual contra menores entre 14 e 16 anos de idade era de dez anos de prisão. Do ponto de vista de um observador neutro, pareceria uma sentença apropriada. Mas me surpreendeu constatar que eu havia sido vítima de um crime grave e qualificado como tal e passado a maior parte da vida com medo de falar sobre o episódio. Se tivessem me ensinado sobre consentimento nas aulas de educação sexual, talvez eu tivesse sido capaz de reconhecer meu direito de denunciar o episódio que vivi como um crime. Em vez disso, lembro-me de uma sessão de educação sexual em que o nosso instrutor (em uma turma só para meninas, é claro) nos falou da importância de manter o parceiro satisfeito, mesmo nas vezes em que você não estivesse com vontade de fazer sexo.

Se eu tivesse laços de confiança com algum adulto fortes o suficiente para relatar o acontecido, talvez pudesse ter evitado que os meus agressores abusassem de outras garotas, o que muito provavelmente foi o que aconteceu. Silenciada pela humilhação e sem conseguir imaginar que fosse merecedora de algum apoio, eu inadvertidamente permiti que o ciclo da violência sexual continuasse acontecendo. Hoje, me sinto tão distante em termos temporais e geográficos do local onde o crime aconteceu que não tenho mais nenhum desejo de fazer uma denúncia criminal. Mas ainda me lembro dos nomes completos de dois dos meus agressores e tenho os traços dos três rostos impressos perfeitamente na memória.

Em todo o mundo, segundo estatísticas da ONU, até 7 a cada 10 mulheres sofrem episódios de violência física e/ou sexual ao longo de suas vidas. Nos Estados Unidos, 90% das vítimas adultas de estupro são do sexo feminino; e garotas entre 16 e 19 anos têm quatro vezes mais chances do que a população geral de virem a sofrer estupros, tentativas de estupro ou violência sexual. A estimativa é de que apenas 23% do total dos casos de estupro e violência sexual tenham sido comunicados à polícia em 2016, segundo dados do Departamento de Justiça dos Estados Unidos. Um levantamento feito em 2017 pela ABC News e o jornal *Washington Post* constatou que cerca de 33 milhões de mulheres americanas (quase 1/5 da população feminina do país) haviam passado por alguma experiência de assédio sexual no trabalho, embora menos da metade delas houvesse denunciado o assediador aos seus superiores. E a Comissão por Oportunidades Iguais dos Estados Unidos apurou que 75% das vítimas de assédio sexual sofrem algum tipo de retaliação quando denunciam o problema.

Se a retaliação é tão frequente contra mulheres que denunciam o assédio sexual nos Estados Unidos, que têm um judiciário independente e um sistema legal plenamente funcional, imagine como devem ser maiores as barreiras para as mulheres que tentam denunciar a violência sexual em um Estado sem nenhuma transparência e autoritário como a China, onde efetivamente o princípio da legalidade inexiste. A mulher que se atreva a denunciar o abuso sexual pode se deparar facilmente com uma retaliação envolvendo ainda mais violência, principalmente porque é muito raro que os abusadores sejam indiciados. (Algumas formas aterradoras de retaliação sofrida por mulheres que denunciaram casos de violência doméstica estão descritas no meu livro *Leftover Women*[4].)

O governo chinês não divulga estatísticas confiáveis sobre assédio ou violência sexual, mas um estudo multinacional conduzido pela ONU em 2013 a respeito de homens e violência constatou que metade dos chineses pesquisados já havia feito uso de violência física ou sexual contra suas parceiras. A ativista Xiao Meili ficou tão chocada ao tomar conhecimento desse número que em 2013 mesmo começou a planejar uma marcha feminista de longa distância para chamar atenção para a questão epidêmica do abuso sexual na China.

Cinco anos antes, ao ingressar na Universidade de Comunicação da China em Pequim, em 2008, Xiao era uma mulher bem diferente, influenciada fortemente pelos padrões machistas e heteronormativos da sociedade chinesa. "No colégio, nós nunca tínhamos permissão para usar maquiagem. Depois disso, ao ingressar na faculdade, apresentar-se como uma 'mulher bonita' de uma hora para a outra virava uma responsabilidade muito importante", conta ela. "Eu me esforçava o quanto podia, mas para mim era impossível corresponder a esse padrão ridículo imposto às mulheres." Xiao teve dois namorados enquanto estava na universidade

---

[4] "As mulheres que sobraram", sem edição em português. (N. da T.)

e se sentia desconfortável com a desigualdade que enfrentava nesses relacionamentos amorosos: as necessidades do homem na relação sempre eram vistas como mais importantes do que as suas próprias.

"Para ser franca, eu até fui uma adepta do 'complexo da virgindade' (*chunü qingjie*) durante muitos anos, assim como esses meus namorados", Xiao revela. O "complexo da virgindade" é uma retomada do "culto à castidade" confucionista (ver Capítulo 7) da era imperial chinesa, que sustentava que as mulheres eram definidas basicamente de acordo com a sua pureza sexual. Conforme essa versão modernizada do culto à castidade – que de maneira nenhuma se restringe à China –, uma mulher intocada sexualmente é um presente inestimável a ser oferecido ao seu marido, e, quando uma mulher solteira faz sexo com um homem pela primeira vez, ela efetivamente se torna propriedade dele, tendo como desfecho esperado o casamento com esse homem. Nos últimos anos, na esteira das reformas econômicas implementadas nas décadas de 1980 e 1990, o sexo antes do casamento vem se tornando bem mais frequente e socialmente aceito no país. Um levantamento feito pela agência central de planejamento familiar da China, em 2016, constatou que mais de 70% dos estudantes universitários "concordam com a ideia do sexo antes do casamento". Mesmo assim, quase um quarto de todos os estudantes entrevistados afirmou também que "não deve existir relação sexual antes do casamento, em circunstância nenhuma", e somente 15% das estudantes do sexo feminino entrevistadas admitiram ter vida sexual ativa, contra 28% dos estudantes homens.

Os jovens dos grandes centros urbanos chineses muitas vezes são retratados pela mídia como ousados e sexualmente ativos, mas na maior parte do país ainda prevalece um conservadorismo arraigado em tudo que diz respeito ao sexo. É chocante a falta de um programa de educação sexual baseado nos direitos individuais, e como consequência disso há uma forte vigilância do comportamento sexual das mulheres, vasta ignorância a respeito da fisiologia sexual e uma maioria de pais que evita conversar com os filhos sobre esse tema (muitas vezes porque eles mesmos não têm informações suficientes), além de alta incidência de contaminação por HIV por falta de uso da camisinha e uma taxa elevada de abortos.

Muitos dos materiais didáticos para a educação sexual propagam padrões dúbios machistas e misóginos, apesar da oposição crescente vista nas redes sociais. Uma brochura destinada a alunos das escolas preparatórias da província de Jiangxi tachava garotas de "degeneradas" caso elas fizessem sexo antes do casamento. Esse mesmo *Educação Sexual Científica para Alunos do Último Ciclo Preparatório*, publicado originalmente em 2004, continha trechos como "o sexo pré-matrimonial causa grandes danos ao corpo e à mente das meninas, e aquelas que sacrificam seus corpos por amor não vão conseguir que um menino as ame mais", e "o menino que for capaz de 'conquistá-la' a verá como 'degenerada', e o seu amor por ela minguará", de acordo com a reportagem feita por Fan Yiying, do portal de notícias *Sixth Tone*. Em 2016, um post com trechos do material publicado por uma professora no Weibo gerou tanta indignação que a editora divulgou um pedido de desculpas e prometeu tirar a brochura de circulação.

Xiao Meili não recebeu nenhum tipo de educação sexual ao longo da sua vida escolar, e foi inundada com tantas mensagens sexistas que cresceu se sentindo mal a respeito de si mesma. Mesmo tendo o primeiro contato com o termo *feminismo* na universidade, a palavra não lhe dizia muita coisa, até que, no terceiro ano de curso, ela foi a Taiwan participar de um intercâmbio na Universidade Shih Hsin. Lá, ela ficou amiga de muitas professoras feministas e alunos *queer*. Diferentemente da República Popular da China, Taiwan tem uma das mentalidades mais progressistas da Ásia Oriental no que diz respeito a gênero, e oferece uma rede de apoio aos direitos das mulheres e das pessoas LGBTQ+ bem robusta se comparada à dos demais países da região. E, numa decisão judicial histórica, em maio de 2017, a corte mais elevada do país abriu caminho para que Taiwan fosse o primeiro país da Ásia a legalizar o casamento entre pessoas do mesmo sexo.

"Como uma pessoa míope que ganha óculos, eu comecei a enxergar mais claramente as coisas", Xiao escreveu. Ela começou a identificar a si mesma como bissexual e, ao voltar para terras chinesas, abraçou o ativismo feminista. Quando ocupou o cargo de estagiária na sede de Pequim do *Vozes Feministas*, em 2011, Xiao Meili conheceu outra jovem adepta fervorosa do feminismo – Li Maizi, integrante do Quinteto Feminista – e as duas se tornaram amantes. No Dia dos Namorados de 2012, as duas marcharam com Wi Tingting na performance "Noivas Sangrentas" para protestar contra a violência doméstica. Xiao também estava ao lado de Li Maizi quando elas tentaram organizar uma campanha Ocupa Banheiro Masculino em Pequim, em 2012, depois de um protesto desse tipo ter acontecido com sucesso em Guangzhou, mas que foi interceptado pela polícia da capital e levou Li Maizi a ser submetida a extensos interrogatórios por figurar na lista das organizadoras. Quando as duas se formaram, em 2012, Li assumiu um cargo de tempo integral em uma ONG voltada para os direitos das mulheres, enquanto Xiao atuava como voluntária em diversas campanhas feministas.

Em 2013, Xiao se deu conta de que muitos homens haviam feito travessias longas a pé pelo país, mas que quase não havia mulheres nessa lista. Ela começou então a pensar em fazer uma marcha feminista, e, quando falou de sua ideia para as pessoas, houve quem respondesse: "Mas você não tem medo de ser estuprada?". Xiao também pensava que uma mulher caminhando sozinha pelo país poderia ficar vulnerável a ser estuprada ou capturada por uma rede de tráfico de pessoas. Ela procurou sua mentora, Lü Pin, do *Vozes Feministas*, para discutir suas preocupações. Lü Pin achou que vincular a caminhada feminista de longa distância ao tema do abuso sexual seria uma ferramenta potente para criar campanha em prol da retomada dos espaços públicos pelas mulheres, contra a cultura de jogar a culpa na vítima e pela punição dos agressores.

"No início, eu achei que não daria conta, mas Lü Pin me deu todo o apoio. Ela disse: 'Vá em frente! Vá em frente que eu vou caminhar ao seu lado!'. Ao ouvir isso, eu entendi que era algo realmente possível", conta Xiao Meili. Em setembro de 2013, Xiao, que na ocasião estava com 24 anos, partiu para trilhar a pé os mais de 2 mil quilômetros entre Pequim e Guangzhou. Ela batizou o projeto de "Bela Marcha Feminista: Contra o Abuso Sexual, as Mulheres Clamam por Liberdade". O título fazia uma brincadeira com o codinome que havia criado para si mesma, Meili – pseudônimo que quer dizer "bela". Lü Pin caminhou ao seu lado durante as primeiras semanas e voltou a unir-se à marcha em 2014, quando Xiao estava perto de chegar a Guangzhou. A ativista pernoitava em albergues baratos e às vezes na casa das pessoas, e ganhou a companhia de apoiadores que caminhavam ao seu lado por um ou mais dias. No percurso, ela recolheu assinaturas em um manifesto contra o abuso sexual de crianças nas escolas chinesas, redigiu cartas pedindo que autoridades locais investigassem casos de abuso e fez postagens de fotografias, desenhos, vídeos e vinhetas no Weibo.

Ao todo, Xiao teve a companhia de sessenta apoiadores em trechos diferentes dos seus seis meses de caminhada, incluindo a intelectual feminista e cineasta Ai Xiaoming; Lijia Zhang, autora de *Lotus*, romance sobre as trabalhadoras do sexo na China; e a ativista do feminismo e pelos direitos das trabalhadoras do sexo Ye Haiyan. Ye, conhecida pela alcunha de "Pardal Arruaceiro", havia liderado uma ruidosa campanha nas redes sociais em 2013 contra um diretor de escola na província de Hainan que havia estuprado seis meninas menores de idade. As fotos que ela fez de si mesma na porta da escola segurando cartazes que diziam: "Diretor, venha para a cama comigo – deixe as crianças da escola em paz" viralizaram nas mídias sociais. Até mesmo o artista-celebridade Ai Weiwei aderiu aos protestos, postando no Weibo uma foto de si mesmo com a frase "Diretor, venha para a cama comigo" escrita na sua grande barriga descoberta.

Quando eu entrevistei Xiao Meili pela primeira vez, em maio de 2016, ela ainda não havia começado a ser importunada pela polícia por causa do seu ativismo no movimento feminista, e especulava que isso talvez se devesse ao fato de não ter cargo formal em nenhuma ONG. Em vez disso, sua ocupação era gerir uma página no Taobao (a versão chinesa do portal de vendas eBay, criada pelo bilionário Jack Ma), onde vendia produtos com suas estampas feministas. Muitos deles fizeram sucesso entre as jovens ativistas do movimento, como uma camiseta com os dizeres: "Feminismo: remédio milagroso contra o câncer do homem hétero e a misoginia!".

Durante o tempo em que conversamos, o telefone de Xiao tocou algumas vezes e ela parou para receber pedidos de diversos produtos.

Ela se desculpou pela interrupção, dizendo: "Eu preciso cuidar dessa loja no Taobao, porque é minha principal fonte de renda". Como muitas feministas chinesas, Xiao Meili não ganhava nenhum dinheiro por seu ativismo, mas ela considerava úteis os produtos que criava, porque eles atraíam mais pessoas para a causa.

Nos últimos tempos, ela havia recrutado até a própria mãe para ajudar no negócio, uma vez que a matriarca não havia mais encontrado emprego depois de ter sido demitida de uma empresa de exploração de lençóis freáticos. "Ma ficava sem nada para fazer o dia todo, e por isso vivia me perturbando para que eu me casasse. Eu já cansei de repetir para ela que não vou me casar, e agora, em vez disso, ela fica dizendo que eu deveria ter um bebê", Xiao diz.

Depois da prisão do Quinteto Feminista, Xiao Meili saiu de cena por um tempo e se mudou para Guangzhou, onde o clima político lhe parecia menos repressor do que em Pequim. Ela e outras feministas iniciaram uma campanha de financiamento coletivo no início de 2016 para afixar um anúncio contra o assédio sexual numa estação de metrô de Guangzhou, o que esperavam conseguir fazer alguns meses mais tarde.

Mais de 1.200 pessoas em todo o país doaram quantias pequenas para o projeto, que arrecadou mais de 40 mil yuanes (algo como 6 mil dólares, em valores de 2016). Embora pareça pouco dinheiro para os padrões americanos, as ativistas dizem que o propósito principal desse financiamento coletivo era construir uma base forte de apoiadores dispostos a se identificarem publicamente em seu comprometimento com a implementação de um movimento feminista chinês – uma posição bastante arriscada a ser assumida sob o clima político vigente.

Em tese, comprar espaço para um anúncio em uma estação de metrô deveria ser um procedimento bem simples, mas as autoridades de Guangzhou responsáveis pela publicidade no metrô rejeitaram o anúncio, reclamando que o seu layout "provocaria pânico nos cidadãos". O cartaz original mostrava uma mão pequena com unhas pintadas de vermelho agarrando pelo pulso uma mão cinzenta muito maior, com balões de diálogo dizendo "Pare! Pare! Pare!" e o *slogan*: "Tentação não é desculpa.

Abaixo a bolinação". Uma vez que ele foi rejeitado, as feministas tentaram diversas outras versões, mas as respostas negativas continuaram. Um ano mais tarde, o anúncio continuava sendo considerado "inaceitável" para exibição em local público. Mas, mesmo com a perseguição e as obstruções frequentes das autoridades às feministas mais loquazes, existem casos em que os governos locais acabam cedendo às suas demandas, autorizando, por exemplo, a afixação de novos cartazes contra o assédio em cidades como Shenzen e Pequim.

"Nós precisamos modificar constantemente nossas estratégias para lidar com as autoridades. Antes da prisão do Quinteto Feminista, nós estávamos sempre 'jogando pingue-pongue na borda da mesa' (*da ca bian qiu*)", diz Xiao, referindo-se à tática de passar o mais perto possível dos temas mais sensíveis politicamente, mas sem abordá-los diretamente. "Nós organizávamos muitas campanhas nas ruas, mas agora não podemos mais fazer isso – então, agora estamos bem mais ativas nas redes sociais."

Pouco depois da minha primeira entrevista com Xiao, em 2016, a polícia de Guangzhou pressionou o senhorio do imóvel que ela alugava a despejá-la junto com sua namorada na época, a também ativista feminista Zhang Leilei – que tentara entrar com um processo contra o Weibo por ter banido os perfis feministas –, e a terceira ocupante do imóvel, Gao Xiao, responsável por processar por discriminação de gênero um restaurante de Guangzhou depois de ter ouvido que eles só contratavam cozinheiros homens.

Numa tática usada frequentemente para perseguir agitadores sociais conhecidos, os policiais pressionaram o senhorio para que as três jovens recebessem a ordem de despejo com um prazo de apenas três dias para a mudança. Depois desse episódio, Xiao e Zhang estavam instaladas havia apenas cinco meses em seu novo apartamento quando receberam uma mensagem de texto do proprietário alertando que havia recebido um telefonema da polícia lhe dizendo que elas eram "lésbicas mal-intencionadas". Ansioso com a abordagem policial, o homem começou a fazer a Xiao perguntas invasivas a respeito do seu relacionamento com a namorada. Na manhã seguinte, às nove horas, policiais apareceram no apartamento.

Enfrentando o dragão

Sem ser notada, Xiao tirou fotos dos dois policiais uniformizados que bateram à sua porta sob o pretexto de fazer uma "vistoria anti-incêndio". Eles exigiram que ela lhes mostrasse o seu documento de identidade e fornecesse as digitais. Então, afirmaram que as duas primeiras amostras não haviam ficado claras o suficiente, pedindo que fossem tiradas pela terceira vez. (Mais tarde, ela se arrependeria de ter permitido que lhe tirassem as impressões digitais.) Os policiais disseram ainda que o apartamento seria vistoriado uma vez por mês dali em diante. Em uma conta do WeChat (que foi apagada logo em seguida), Xiao escreveu e postou para os amigos um relato da interação com os policiais depois que haviam coletado as suas impressões digitais:

> Ele [o policial] falou de repente: "Você ainda não escreveu o seu endereço do trabalho".
> Eu escrevi o endereço, e ele pediu que a minha companheira de apartamento fizesse o mesmo.
> Eu disse: "Ela está dormindo agora, e como há uns instantes você havia se esquecido até de pedir o meu, vamos deixar assim mesmo".
> O sujeito se enfureceu subitamente e gritou comigo: "Escute aqui, eu vou te levar para a delegacia!".

Xiao ilustrou o post com uma foto do jovem policial com a expressão ameaçadora, os olhos esbugalhados e as narinas infladas (que ela havia tirado com a câmera escondida). Ao ver que ele estava descontrolado, Xiao tentou fechar a porta lhe dizendo que voltasse outra hora, mas o homem a impediu de fazer isso. Ela sentiu então que teria de ceder e foi acordar a companheira para que escrevesse o endereço comercial. O seu relato on-line continuou:

> "Pronto, está vendo? Tudo dá certo se vocês colaboram", o policial disse.
> "Foi você que reagiu agressivamente primeiro", eu respondi.
> "Eu agi certo ao ser agressivo. Se não fosse agressivo, você não iria cooperar!", falou ele.
> "Eu só tentei fechar a porta porque você ficou agressivo", disse eu.

Ele se enfureceu outra vez e gritou: "E você ainda ousa fechar a porta? Acredite, eu vou levá-la para a delegacia!".

Depois de mais discussão, os policiais enfim foram embora, sem prender Xiao. Ela entrou com uma reclamação contra os dois e foi deixada em paz por diversos meses.

A ativista não se deu conta disso na ocasião, mas a coleta das digitais fazia parte de uma nova iniciativa do governo chinês para construir uma grande base de dados com DNA e informações biométricas de indivíduos considerados passíveis de vigilância. A organização Human Rights Watch alerta que as plataformas *big data* de controle social usadas pelas autoridades na China são bem mais sofisticadas e invasivas do que se imaginava. Em 2017, o Ministério da Segurança Pública do país já havia coletado amostras de DNA e outros dados biométricos de mais de 40 milhões de pessoas, incluindo ativistas, trabalhadores migrantes e muçulmanos da etnia uigur. "É assustador pensar que as autoridades chinesas estão coletando e centralizando cada vez mais informações sobre centenas de milhões de pessoas comuns, identificando quem se desvia do que eles consideram 'pensamento normal' para poder vigiar esses indivíduos."

Além da coleta dos dados biométricos de Xiao Meili, sem dúvida a visita dos policiais aconteceu tanto para assustar os senhorios por meio da difamação homofóbica das inquilinas quanto para tentar intimidá-las e mantê-las em silêncio.

Mas, em maio de 2017, a namorada de Xiao, Zhang Leilei, na época com 24 anos, iniciou uma nova campanha contra o assédio sexual no Weibo usando as hashtags #WalkAgainstSexualHarassment ("caminhada contra o assédio sexual") e #IAmABillboard ("eu sou um cartaz"). Ela tingiu os cabelos de rosa-choque para chamar a atenção dos jovens e passou a postar fotos diárias de si mesma como um "anúncio vivo contra o assédio", caminhando pelas ruas de Guangzhou com uma pintura corporal do último layout de anúncio vetado pelo departamento de transportes da cidade: um desenho em estilo de *cartoon* e aparência bastante inócua, mostrando um

Enfrentando o dragão

gatinho erguendo a pata para deter o braço cor-de-rosa de um porco num vagão do metrô e a palavra "Pare!" num balão de diálogo. O slogan era o mesmo das versões anteriores: "Tentação não é desculpa. Abaixo a bolinação".

Zhang se dispôs a enviar os cartazes pelo correio para as primeiras cem pessoas que reagissem aos seus posts. "Ação! Vamos fazer a nossa cidade ser a primeira a ter cartazes contra o assédio sexual!", ela escreveu no Weibo. Dessa vez, a campanha se espalhou depressa por toda a China. Em dois dias, mulheres (e também alguns homens) se empolgaram em 23 cidades do país – incluindo Pequim, Xangai, Shenyang e Xi'an – e se ofereceram para carregar em público o cartaz. Os apoiadores postavam no Weibo as suas fotos carregando os cartazes no metrô, posando ao lado de marcos turísticos das suas cidades, elaborando questionários sobre o assédio para serem distribuídos às pessoas nas ruas e pedindo aos passantes que assinassem petições para pressionar as autoridades dos departamentos de transportes a permitir os anúncios contra o assédio.

Essa avalanche de reações formada em apenas dois dias mostra o apelo incomum que o feminismo exerce sobre as mulheres mais jovens na China, que estão fartas de serem assediadas sempre que usam os transportes públicos. Apesar da forte repressão governamental, o grupo coeso de ativistas da causa feminista foi capaz de influenciar a opinião pública e mobilizar mulheres em diversas partes do país – um feito verdadeiramente extraordinário em um Estado de segurança como é a China. "Não importa quanto eles tentem reduzir o nosso espaço, nada vai ser capaz de impedir que as feministas brotem por toda parte. A qualquer momento, nós somos fortes o suficiente para irromper em toda a nossa magnificência", Zhang escreveu em um texto que postou no WeChat, o qual foi deletado rapidamente pelos censores do governo.

Duas semanas depois da ação com os cartazes, a polícia foi outra vez até o apartamento onde Zhang Leilei e Xiao Meili viviam. Eles deram ordens para que Zhang suspendesse imediatamente a campanha ou deixasse Guangzhou, e pela terceira vez pressionaram o senhorio para que as ativistas fossem despejadas. "Essa atividade de vocês está tendo um impacto muito grande e tem de ser interrompida", os policiais alertaram. "Nós vamos sediar o Fórum Global da Fortune aqui em dezembro, por isso vocês terão de se mudar para Foshan [uma cidade vizinha] pelos próximos meses (...) Será que não percebem que foi exatamente pelo mesmo tipo de coisa que estão fazendo que o Quinteto Feminista acabou na cadeia?"

É digno de nota que a polícia de Guangzhou tenha tentado obrigar Zhang a deixar a cidade sete meses antes do início do tal fórum global. É inusitado, mesmo para os padrões de segurança das autoridades chinesas, que ativistas políticos sejam pressionados a deixar suas casas por mais de sete meses sob o pretexto de garantir a segurança para um evento internacional vindouro. Em geral, o que as autoridades fazem é enviar indivíduos considerados politicamente sensíveis para "férias" compulsórias de alguns dias ou, no máximo, semanas, na época de datas possivelmente problemáticas, como o aniversário do massacre na Praça da Paz Celestial, em 4 de junho.

Zhang concordou em parar de carregar o seu cartaz por toda parte, mas recusou-se a sair de Guangzhou. E também disse para a polícia que não podia impedir que as pessoas continuassem com suas próprias campanhas em outras cidades. "Eu não sou a única que sofreu assédio sexual, e não sou a única que está chamando atenção para esse problema", ela postou no Weibo. "Espero que outras jovens que tenham passado por coisas como as que eu passei possam encontrar apoio em vez de serem ridicularizadas (...) Eu espero poder dizer que o que aconteceu com vocês não foi culpa sua. O assédio sexual é um problema social que tem de ser resolvido", dizia o seu texto (que foi deletado). "Espero que mais de vocês possam contar as suas histórias, em vez de terem que enterrar as feridas que trazem no fundo de seus corações."

Xiao Meili e Zhang Leilei não vão recuar. Nos relatos que fez dos seus confrontos com policiais, Xiao escreveu sobre algumas lições que aprendeu – e elas são verdades que se aplicam a outros países, além da China: "Seja em casos de violência da parte das autoridades do Estado ou violência doméstica, o padrão é o mesmo. Quanto mais você se acomodar, mais será importunada. Se não oferecer resistência, o ciclo da violência só vai piorar. Por isso, lute pelos seus direitos e nunca baixe a cabeça".

~

Nos idos de 2013, Li Maizi havia me dito que não esperava ver nenhum avanço significativo na questão dos direitos das mulheres na China pelos próximos trinta anos. Essa declaração me chocou. Por que ela e outras ativistas do feminismo não se dedicavam a ações mais ousadas? Era certo que havia violações de direitos mais graves em curso do que o número reduzido de banheiros públicos femininos, eu pensava. Mentalmente, me pegava comparando os esforços das feministas chinesas para evitar confronto com o governo com a atitude deliberadamente combativa do Pussy Riot, grupo feminista de punk rock na Rússia que acabou na cadeia por apresentar canções blasfemas contra o presidente Vladimir Putin:

> Virgem Maria, Mãe de Deus, tire o Putin!
> Fora, Putin! Fora, Putin!
> O chefe da KGB, seu santo maioral
> Joga os manifestantes na prisão

Foi somente depois da prisão do Quinteto Feminista que eu me dei conta de que vinha subestimando terrivelmente Li e outras jovens ativistas do feminismo na China. A linguagem utilizada por elas talvez não fosse tão abertamente difamadora, mas a sua simples existência como mulheres independentes e ativistas dos direitos das mulheres era tão subversivo quanto isso. Além do mais, a sua luta estava começando a incitar uma imensa onda de insatisfação entre centenas de milhares de jovens instruídas e moradoras de centros urbanos que haviam começado a abrir os olhos para o machismo acachapante da sociedade chinesa.

"Nós queremos desafiar e desconstruir as estruturas de poder, a fim de construir uma sociedade igualitária (…) Todas as nossas ações são lançadas por indivíduos [relativamente anônimos] a fim de evitar que sejam tachadas como 'politicamente sensíveis'", explicou Li antes de ser presa, em 2015.

Hoje, Li Maizi é um dos rostos mais conhecidos do movimento feminista chinês. A revista *Foreign Policy* a incluiu na lista dos seus "Principais Pensadores Globais" de 2015 e entre as "US-China 50" (a lista das pessoas que fortalecem os laços entre Estados Unidos e China) de 2017. A BBC a nomeou uma das suas "100 Mulheres de 2015", e o Quinteto Feminista foi citado em uma lista elaborada pela revista *Ms.* com as "10 Feministas Mais Inspiradoras de 2015". Outra de suas integrantes, Zheng Churan, apareceu na lista da BBC das "100 Mulheres de 2016". De qualquer maneira, o objetivo delas sempre foi continuar atraindo novas adeptas e construir uma base ampla e sustentável para fazer crescer o movimento feminista na China, sem uma liderança única identificável.

5

Jingwei enche o mar

Quando eu visitei Hangzhou, em novembro de 2015 – mais ou menos meio ano depois que as integrantes do Quinteto Feminista haviam sido libertadas –, duas jovens ativistas do movimento me convidaram para visitar um dos cenários mais conhecidos da cidade, o Lago do Oeste, num dia em que estava chovendo muito. Nós pagamos para um senhor idoso remar conosco até o meio do lago dentro de um barquinho coberto por um toldo que nos mantinha mais ou menos secas. Debaixo da chuva forte, Gina (um pseudônimo) – que havia trabalhado com Wu Rongrong – e Zhu Xixi, estudante feminista que concluía o seu PhD na Universidade Zhejiang, me contaram como haviam sido detidas para interrogatório por agentes da segurança estatal diversas vezes desde a prisão do Quinteto Feminista. Gina acabara de receber uma ameaça de despejo porque seu senhorio vinha sendo pressionado pela polícia, e Zhu Xixi fora alertada de que poderia ser expulsa da universidade.

Depois de um tempo conversando e remando, Gina e Zhu apontaram para uma das pontes de pedras cinzentas meio escondidas pela neblina que se arqueavam sobre o lago e disseram que o túmulo da mais famosa revolucionária feminista da China, Qiu Jin, ficava perto dali. Nascida na província de Zhejiang, Qiu Jin foi decapitada no ano de 1907 na cidade de Shaoxing, a cerca de sessenta quilômetros de Hangzhou, por conspirar pela derrubada da dinastia Qing.

Zhu me explicou que ela e suas companheiras feministas costumavam entoar a canção de protesto composta por Qiu intitulada "Exija os Direitos das Mulheres". "Mas as palavras eram muito arcaicas e difíceis de decorar", Zhu explicou. Quando o filme *Os Miseráveis* foi lançado, um grupo de feministas fez uma adaptação da canção-tema "Do You Hear The People Sing?" e criou "Uma canção para todas as mulheres", com versos mais fáceis de serem memorizados. "Você vem comigo / Se juntar à longa luta pelos nossos direitos?" diz a nova canção. Ela se transformou no hino de solidariedade do movimento feminista chinês.

"Ei, vamos tirar fotos!", sugeriu Zhu, e eu saquei o celular para fazer alguns registros do nosso barco e de Gina e Zhu sorridentes fazendo com os dedos o sinal de um "V" de vitória. Esse momento passado com as duas jovens ativistas debaixo da chuva forte no Lago do Oeste, em Hangzhou, me pareceu impregnado de significado histórico.

Cento e dez anos antes, na tumultuosa virada para o século XX, Qiu Jin, *crossdresser* e ícone feminista, escrevia canções, poemas líricos e ensaios em prol da emancipação das mulheres chinesas, convidando-as a se unirem à Revolução Nacionalista (Guomindang). Em 1905, a própria Qiu Jin se alistou na liga revolucionária do então futuro presidente da República da China, Sun Yat-sen (Sun Zhongshan). Esse também foi o ano em que ela começou a escrever uma de suas obras mais importantes – ainda que tenha permanecido inacabada –, *As Pedras do Pássaro Jingwei*, uma mistura de canção com a tradicional narrativa oral do país em uma forma literária conhecida como *tanci*, que alterna trechos em prosa com poesia no estilo *sung*.

Qiu Jin deixou marido e dois filhos na China para estudar e pregar discursos políticos para estudantes chineses em Tóquio, onde escreveu a maior parte de *As Pedras do Pássaro Jingwei*. Uma das versões da lenda chinesa do Jingwei conta que a filha mais nova do impetuoso imperador Yandi foi batizada como Nüwa, ou "Menininha". Nüwa queria muito ver o sol nascer nas águas do oceano, então remou num barco de madrugada no Mar do Leste. Enquanto a princesa remava, o cruel Mar do Leste armou uma forte tempestade que virou o barco e a afogou.

No instante de sua morte, Nüwa se transformou em um pássaro magnífico, que com seu bico branco e grandes garras vermelhas gritava *"jingwei, jingwei!"*, tomado pela dor e pela ira. O pássaro Jingwei, espírito de Nüwa que recebeu esse nome por causa do som dos seus gritos angustiados, decidiu se vingar pegando com as garras pedras da montanha onde a princesa morava e voando de volta para despejá-las no mar, dia após dia, até enchê-lo. O Mar do Leste zombou do pássaro e lhe disse que deixasse de lado aquele esforço inútil. "Pássaro tolo, como pode sonhar que um dia vai conseguir me encher inteiro com essas pedras idiotas?" Mas o pássaro jurou que não desistiria. Jingwei seguiu carregando persistentemente as pedras por milhares de anos – sem se importar com o tempo que levaria –, até conseguir encher todo o Mar do Leste.

Qiu Jin usou esse mito de Jingwei como uma metáfora da luta das mulheres chinesas por sua liberdade e pelo seu país. "Com todo o meu coração, eu suplico e rogo aos meus [duzentos] milhões de mulheres compatriotas que assumam a sua responsabilidade como cidadãs. Erguei-vos! Erguei-vos! Mulheres chinesas, erguei-vos!", ela escreveu. "As chinesas vão atirar longe os grilhões e se levantar pela causa; todas elas se tornarão heroínas. Elas subirão ao palco de um novo mundo, onde serão incumbidas pelos céus da missão de reconsolidar uma nação."

A trajetória pessoal de Qiu Jin se encerrou com a decapitação, aos 31 anos de idade, antes que ela pudesse terminar de escrever *As Pedras do Pássaro Jingwei*. É possível encontrar em sua vida e em seu trabalho paralelos interessantes com a resistência das jovens feministas da China atual, que tantas vezes são menosprezadas e tachadas de "menininhas" inconsequentes. A lenda do pássaro Jingwei deu origem ao aforismo chinês *jingwei tian hai*, "Jingwei enche o mar", que se refere àqueles que perseveram em concluir uma tarefa monumental lutando contra circunstâncias aparentemente invencíveis.

Em março de 2018, a repórter Amy Qin, do *New York Times*, escreveu um obituário tardio para Qiu Jin, 111 anos depois de sua morte, como parte de uma iniciativa do jornal para dar reconhecimento às mulheres importantes do mundo todo que não tiveram obituários publicados em suas páginas por ocasião de seu falecimento. "Mais de um século depois que ela se foi, muitos chineses continuam visitando seu túmulo à beira do Lago do Oeste, em Hangzhou, para prestar homenagem à mulher que hoje tem seu nome gravado na memória nacional como uma corajosa heroína da causa feminista", Qin escreveu.

Qiu Jin e outros intelectuais progressistas, como Sun Yat-sen, Liang Qichao e He-Yin Zhen (também conhecida como He Zhen), fizeram parte de um movimento revolucionário na virada do século XX, boa parte do qual organizado a partir do exílio em terras japonesas, em Hong Kong e nos Estados Unidos: "No final de 1911, esse movimento revolucionário conseguiu derrubar a dinastia Qing e substituir o velho sistema chinês das dinastias por um governo republicano". E o feminismo formou uma parte crucial dessa "efervescência revolucionária", como contam Lydia H. Liu, Rebecca E. Karl e Dorothy Ko em seu livro *The Birth of Chinese Feminism*[5].

Uma parte das trocas intelectuais e da organização dos movimentos sociais chineses hoje acontece fora do país (durante temporadas de estudo no exterior ou programas para acadêmicos visitantes em universidades), da mesma forma que era há mais de um século. E até mesmo alguns dos destinos permanecem os mesmos: Estados Unidos e Hong Kong – embora hoje o clima progressista em Taiwan faça com que o país tenha a preferência das feministas chinesas em relação ao Japão. E, atualmente, é comum que as ativistas do feminismo mais comprometidas com a causa compartilhem suas ideias com ativistas de outras frentes, como os que batalham por direitos civis, direitos trabalhistas e, obviamente, os militantes da luta pelos direitos de pessoas LGBTQ+.

No último capítulo que concluiu do seu *As Pedras do Pássaro Jingwei*, Qiu Jin fala sobre um grupo de mulheres jovens que escaparam de casamentos arranjados infelizes vendendo os próprios dotes (recurso que a própria autora utilizou quando escapou do país). Juntas, as jovens do livro embarcam em um navio rumo ao Japão, de mãos dadas e com os olhos pregados na sua terra natal, que foi ficando cada vez mais distante:

---

5 "O nascimento do feminismo chinês", não editado no Brasil. (N. da T.)

> Que monumentais devem ter sido as ambições dessas moças, para serem capazes de romper tamanhas barreiras! Elas já haviam viajado mil *li* [um *li* equivale a cerca de meio quilômetro] para longe de casa, e agora haviam partido numa viagem de dez mil *li,* velozes como o vento. Todos a bordo olhavam para elas e pensavam: "Os novos ensinamentos certamente hão de vicejar. Um dia, essas moças serão os sinos da liberdade, e elas hão de salvar sua pátria".

A emancipação das mulheres era um objetivo central não só para os reformistas e revolucionários da virada do século que derrubaram o império Qing, em 1911, mas também para a Revolução Comunista Chinesa, que culminou com a instauração da República Popular da China, em 1949. A profunda ironia da perseguição promovida hoje em dia pelas autoridades chinesas contra as ativistas pelos direitos das mulheres reside no fato de que, em suas origens, no início do século XX, o próprio Partido Comunista Chinês apoiou-se no sonho revolucionário da liberação feminina e no princípio – celebrado publicamente – da igualdade entre homens e mulheres. O feminismo teve um papel crucial, embora tão frequentemente esquecido, na história da China revolucionária.

O país atravessou turbulentas provações políticas, militares e econômicas durante os séculos XIX e XX, incluindo as Guerras do Ópio de 1839 a 1842 e de 1856 a 1860, quando o Império Britânico forçou a China a se abrir para o comércio por meio de tratados calcados na desigualdade; a Rebelião de Taiping, de 1850 a 1864, liderada por um homem que acreditava ser filho de Deus e irmão de Jesus Cristo; a Primeira Guerra Sino-Japonesa, de 1894-1895, em que as forças nipônicas arrasaram a Marinha chinesa; e a Revolta dos Boxers, de 1900, quando tropas estrangeiras, inclusive dos Estados Unidos, atacaram e saquearam Pequim em reação aos ataques de rebeldes antimissionários contra as legiões estrangeiras.

As invasões euro-americana e japonesa criaram pressões para a economia chinesa que foram particularmente prejudiciais para as mulheres, uma vez que a mão de obra feminina, especialmente nas funções de fiandeira e tecelã, tinha um papel crucial para a renda das famílias.

Quando as taxas impostas pelos britânicos para favorecer a indústria urbana golpearam a economia rural da China, as mulheres se viram forçadas a trabalhar mais duramente em troca de retribuições menores.

O "projeto feminista chinês se viu atrelado a um esquema nacionalista que se mostrou problemático desde o princípio", defendem as historiadoras Dorothy Ko e Wang Zheng. E, depois da derrota humilhante imposta pelo vizinho supostamente mais fraco, o Japão, os reformistas chineses passaram a ver a nação nipônica ao mesmo tempo como inimiga e como um modelo para a China. "Embora a noção de 'direitos das mulheres' estivesse supostamente ancorada na ideia de que homens e mulheres gozavam de 'direitos naturais', o objetivo da causa aos olhos dos seus defensores chineses do sexo masculino era aumentar o poderio da nação."

A historiadora Mizuyo Sudo escreve que o conceito de "direitos das mulheres" – *niiquan* em chinês e *joken* em japonês – surgiu depois que os reformistas chineses adotaram as expressões euro-americanas "direitos das pessoas" ou "direitos civis" (*minquan*) (muitas vezes traduzidas de textos japoneses) como meio para modernizar as instituições da dinastia Qing.

Reformistas homens na China da virada do século, como Jin Tianhe, Liang Qichao e muitos outros, clamavam por mais acesso das mulheres à educação formal e para que elas fossem libertadas dos papéis tradicionais "fracos", que tinham como objetivo assegurar a sobrevivência da nação chinesa e aumentar sua capacidade de resistir a forças estrangeiras, mais do que haver uma preocupação genuína com as vidas das mulheres de seu país. Escrito por Jin Tianhe, um homem, em 1903, o ensaio *Nüjie zhong* ("O Sino das Mulheres") foi considerado inicialmente o primeiro manifesto feminista chinês. "Há duzentos milhões de irmãs compatriotas, entretanto, que são mantidas ainda tão ignorantes quanto no passado, acorrentadas, obcecadas por seus sonhos no inverno e mergulhadas em melancolia na primavera, sem nada saberem a respeito das ideias de igualdade entre homens e mulheres ou da participação feminina na política que acontece entre as pessoas livres das nações civilizadas", escreveu ele.

Enfrentando o dragão

A crítica literária Lydia H. Liu chama atenção para a inusitada abertura racial do texto, no qual o reformista faz comparações entre a sua "patética existência" e a vida de um homem branco na Europa ou na América:

> Eu sonho com um jovem branco, europeu. Num dia como hoje, a esta mesma hora, com um cigarro na boca, um bastão de caminhada numa das mãos e mulher e filhos ao seu lado, ele passeia de cabeça erguida e os braços balançando dos lados do corpo pelas alamedas de Londres, Paris e Washington. Tão contente e tranquilo!

"Esse desejo de ser como um europeu branco de classe alta em plena felicidade conjugal reflete a situação dolorosa dos *homens* chineses e os seus dilemas internos com relação aos homens brancos da Europa. Mas o que isso tem a ver com as mulheres da China e, o que é mais importante, com o feminismo?", questiona Liu.

A escritora feminista e anarquista He-Yin Zhen foi uma das primeiras mulheres a ler o ensaio de Jin Tianhe, segundo relata Liu. Num ato de rebeldia contra as regras patriarcais adotadas para a escolha de nomes no país, ela acrescentou o sobrenome da mãe, Yin, ao He paterno, ostentando uma das raras ocorrências de nome próprio hifenizado no país: He-Yin. Depois que se mudou para Tóquio, em 1907, He-Yin Zhen lançou com o marido, Liu Shipei, o jornal radical *Tianyi* ("Justiça Natural"), que publicava artigos seus brilhantemente premonitórios sobre a questão da opressão de gênero. Historiadores chegaram a atribuir erroneamente a autoria de muitos dos textos de He-Yin Zhen ao seu marido durante o breve período em que o jornal circulou. Entre 1907 e 1908, ela escreveu um artigo mordaz a título de resposta aos reformistas chineses do sexo masculino, intitulado "Sobre a Questão da Liberação Feminina":

> Os homens chineses veneram o poder e a autoridade. No entender deles, europeus, americanos e japoneses tocam nações civilizadas do mundo moderno que garantem todas, em alguma medida, liberdade às suas mulheres. Transplantando esse sistema para as vidas de suas esposas e filhas, ao proibir as práticas de

enfaixar seus pés e matriculá-las em escolas para que recebam a educação básica, esses chineses acreditam que terão os aplausos do resto do mundo e serão vistos como fazendo parte da lista de nações civilizadas (...) Pois eu tendo a pensar que o que os levou a agir foi simplesmente o desejo egoísta de tomar as mulheres como sua propriedade privada.

He-Yin Zhen escreveu uma série de artigos radicalmente anarquistas que defendiam o fim da propriedade privada e o estabelecimento de um sistema comunal de posse como meio para alcançar a igualdade econômica entre mulheres e homens. Ela pregava também a eliminação das categorias de distinção de gênero, que, no seu entender, constituíam a base do poder patriarcal no confucionismo: "Se filhos e filhas forem tratados da mesma maneira, criados e educados nos mesmos moldes, certamente as responsabilidades assumidas por homens e mulheres chegarão a uma equivalência. E quando isso acontecer, as nomenclaturas 'homem' e 'mulher' deixarão de ser necessárias". Pouco antes da derrubada do governo da dinastia Qing, em 1911, He-Yin Zhen e Liu Shipei se desentenderam com outros revolucionários nacionalistas; não existem informações confiáveis a respeito de como terminou a vida de He-Yin Zhen.

~

No dia 4 de maio de 1919, milhares de estudantes de ambos os sexos se reuniram na Praça da Paz Celestial, em Pequim, para protestar contra a falta de imposição do governo chinês diante das forças estrangeiras. Eles estavam revoltados com os termos do Tratado de Versalhes, assinado ao final da Primeira Guerra Mundial, que transferia os direitos sobre a província de Shandong das mãos da Alemanha para o Japão em vez de devolvê-la à China, e foram à praça pedir um boicote aos produtos japoneses. Os protestos anti-imperialistas se alastraram por outras cidades chinesas e acabaram se integrando às forças mais amplas do Movimento da Nova Cultura (1915-1924), que atacava a cultura tradicional chinesa, clamava por democracia e ciência e pleiteava direitos iguais para as mulheres.

Muitos dos novos jornais femininos e organizações pelos direitos das mulheres surgiram desse movimento, e a crítica literária Rey Chow afirma que o constructo "mulher" passou a ser idealizado como uma metáfora para a fraca nação chinesa: "Se o autossacrifício feminino era o sustentáculo principal da cultura tradicional chinesa, não é de admirar que, num período de imensas transformações sociais, o colapso da tradição tenha encontrado as suas representações mais *tocantes* na figura daquelas que tradicionalmente eram as mais oprimidas, aquelas que acabam funcionando como 'dublês' para a traumatizada *autoconsciência* chinesa".

Da mesma forma que as jovens ativistas do feminismo chinês hoje são, em sua maioria, mulheres com formação universitária, as "novas mulheres" dos tempos do Quatro de Maio também seguiam o mesmo padrão, de acordo com o que se vê publicado nos jornais femininos. "As 'novas mulheres' feministas tinham de ser imaginadas como pertencendo à classe média urbana emergente para que funcionassem melhor como símbolos da modernidade", escreveram Ko e Wang, ressaltando que praticamente todas as intelectuais do Movimento Quatro de Maio eram urbanas e de classe média.

Em 1918, a peça *Casa de Bonecas,* de Henrik Ibsen, que conta a história de Nora, uma mulher que decide deixar para trás a vida infeliz que leva com o marido e dois filhos, foi traduzida para o chinês e se tornou extremamente popular como representação da "nova mulher" trazida pelos ventos do Quatro de Maio. Nora se tornou não apenas um modelo para mulheres chinesas que tentavam se desvencilhar do casamento, mas também uma ferramenta para os rapazes discutirem o futuro da sua república e "uma metáfora da própria liberação, com a imagem da porta batendo atrás de Nora", escreve a historiadora Susan Glosser.

O aclamado escritor Lu Xun proferiu em 1923 uma palestra na Faculdade Normal para Mulheres, em Pequim, intitulada "O Que Acontece Depois Que Nora Sai de Casa?". Ele dizia que as únicas possibilidades que a personagem teria depois de deixar a família seriam se tornar prostituta ou voltar para o marido, ilustrando a necessidade de transformar radicalmente as tradições moribundas da sociedade chinesa. "Vejam que o ponto crucial para Nora é o dinheiro, ou – para nomear de forma mais elegante – os recursos econômicos. Obviamente, o dinheiro não pode comprar a liberdade, mas a liberdade pode ser vendida por dinheiro", afirmava Lu Xun. "Em primeiro lugar, é preciso que ele seja dividido de maneira justa entre homem e mulher dentro das famílias; e, em segundo, homens e mulheres devem gozar de direitos iguais na sociedade."

Em novembro de 1919, o jovem Mao Tsé-Tung começou a escrever textos a respeito do suicídio da jovem Zhao Wuzhen, ou "Miss Zhao", que havia cortado a própria garganta enquanto estava sendo levada para a casa do futuro marido para um casamento arranjado. A morte da jovem havia sido "resultado de um sistema matrimonial corrupto, um mecanismo social sinistro em que não pode haver independência da vontade pessoal nem liberdade para o amor", escreveu Mao para o jornal *Dagong Bao*. Ele afirmava que as normas sociais precisariam ser totalmente revistas para que se encontrasse uma solução duradoura para os problemas do casamento e da liberdade de escolha das mulheres. "Apresentando o relacionamento diário das mulheres com a sociedade como intrinsecamente violento – uma relação de estupro diário, segundo Mao –, ele concluía que mulheres como Miss Zhao (e, por extensão, a maior parte das mulheres chinesas), não tendo meios para desenvolver sua individualidade em vida, só podiam manifestar sua liberdade de escolha na morte, por meio do suicídio", escreve a historiadora Rebecca Karl.

Enquanto o jovem Mao escrevia, a Internacional Comunista (Comintern), com apoio da União Soviética, começou ativamente a articular a formação de um novo Partido Comunista na China. A combinação entre os interesses domésticos chineses e o envolvimento soviético levou ao surgimento de pequenos grupos comunistas por todo o país, segundo Karl. Em julho de 1921, essas células independentes se uniram para formar uma organização nacional durante uma reunião secreta em Xangai. Mao – o futuro fundador da República Popular da China – estava entre os presentes.

A primeira mulher a emergir como líder nessa rede comunista chinesa foi Wang Huiwu, de 23 anos, uma das ativistas feministas do Movimento do Quatro de Maio que ajudaram na escolha do local para as reuniões secretas de 1921. Wang Huiwu mobilizou sua rede de ativistas mulheres em Xangai para conseguir um local seguro em uma escola para meninas na Concessão Francesa da cidade onde os comunistas pudessem se reunir. Depois que a polícia interrompeu essa primeira reunião, ela conseguiu uma casa-barco no Lago Sul da província de Zhejiang, perto de Hangzhou, onde os participantes poderiam se passar por turistas comuns para escapar da vigilância policial, segundo conta a historiadora Christina Gilmartin.

Wang Huiwu havia escrito artigos que condenavam o sistema de casamentos arranjados da China como uma forma de prisão perpétua para as mulheres chinesas. O seu texto mais conhecido, "A Questão da Mulher Chinesa: Libertando-se da Armadilha", foi publicado em 1919 no periódico *Shaonian Zhongguo* (Jovem China), cujo conselho editorial incluía Mao e outros nomes que viriam a ser importantes para o futuro sistema comunista do país:

> Os homens temiam que as mulheres pudessem trabalhar duro e alcançar o sucesso, acumulando reservas financeiras que romperiam as restrições econômicas e poriam em xeque a armadilha [dos casamentos arranjados]. Por isso, tarefas domésticas como "costurar" e "cozinhar" foram impostas a elas, tirando-lhes as oportunidades de sucesso (...) Por causa de sua natureza ciumenta, os homens construíram "defesas internas e externas" para dilapidar os laços sociais femininos, defesas essas que se mantêm até o tempo presente. E as mulheres se viram inevitavelmente capturadas nessa armadilha, sem ter meios para se libertar dela.

Wang Huiwu e outras mulheres da primeira geração do comunismo chinês desejavam se ver livres das amarras patriarcais, como o casamento arranjado, e "se sentiram atraídas pelo Partido por verem ali um ambiente acolhedor em uma sociedade fortemente hostil", escreve Gilmartin.

"Efetivamente, para essas mulheres preocupadas com as relações de gênero tradicionais e com a criação de modelos de comportamento alternativos, o Partido se parecia mais com um enclave subcultural do que com uma instituição política."

Depois da formação do Partido Comunista Chinês, em 1921, a primeira decisão tomada pelo recém-nomeado Comitê Central foi apontar Wang Huiwu e outra ativista radical, Gao Junman, como responsáveis por lançar um programa comunista para mulheres por meio da reorganização do grupo independente Federação dos Círculos Femininos de Xangai. Wang Huiwu teve permissão do Partido para tocar dois projetos importantes: a publicação de um novo periódico, o *Funü Sheng* ("Vozes Femininas"), e uma escola, a Escola para Meninas Pingmin, de Xangai.

O *Vozes Femininas* lançou sua primeira edição em dezembro de 1921, sob o comando de duas editoras, Wang Huiwu e Wang Jianhong. Os textos eram majoritariamente de autoria feminina, e a publicação era voltada para as leitoras que após a época do Quatro de Maio haviam se tornado mais politicamente "conscientes", segundo Gilmartin: "Os textos apresentavam as mulheres como as 'primeiras trabalhadoras' da história da humanidade, que ocupavam o posto de escravas familiares até os tempos correntes. Como a maior parte delas não dispunha de propriedades particulares, as mulheres podiam, sob muitos aspectos, ser consideradas membros da 'classe desprovida' (*wuchan jieji*), expressão que na China fazia as vezes do termo 'proletariado'". A Escola para Meninas Pingmin abriu as portas no início de 1922, com o comunista do alto escalão Li Da (marido de Wang Huiwu) ocupando o posto de diretor, embora a própria Wang Huiwu fosse responsável por todo o trabalho de escolha do currículo, contratação dos professores e administração operacional no dia a dia, além de fazer a seleção das alunas que seriam recrutadas para compor a futura ala feminina do Partido Comunista.

Ainda assim, até mesmo nos primeiros anos do período revolucionário, quando os fundadores homens do Partido, como Li Da e Chen Duxiu, haviam adotado a retórica feminista, Wang Huiwu jamais chegou a ser admitida formalmente como filiada. E depois que Li Da perdeu o prestígio junto a outros comunistas e não conseguiu ser reeleito para o Comitê Central, em 1922, as demais lideranças masculinas do Partido não puderam aceitar a ideia de ter uma mulher ocupando uma posição mais importante que a de seu marido. As edições do *Vozes Femininas* saíram abruptamente de circulação, e a Escola para Meninas Pingmin fechou as portas permanentemente no final de 1922.

Apesar disso tudo, o esforço do Partido Comunista para mobilizar as mulheres para a causa revolucionária ganhou um empurrão no dia 30 de maio de 1925, quando a polícia britânica atirou contra uma multidão de manifestantes que protestavam em Xangai pela morte de um operário chinês em uma fábrica de tecidos japonesa. Cerca de doze estudantes e operários foram mortos, entre eles, uma jovem estudante. A matança despertou a ira e a união de operários, empresários e estudantes, que se ergueram numa onda de fervor revolucionário por todo o país, e foi usada por articuladores comunistas como Xiang Jingyu (a nova líder do programa do Partido para mulheres) para recrutar líderes trabalhistas e ativistas estudantis do sexo feminino para seus quadros. Em setembro de 1925, os comunistas contavam com mil mulheres entre seus revolucionários, dez vezes mais do que havia antes do Incidente do 30 de Maio.

Ano após ano, as celebrações pelo Dia Internacional da Mulher nas grandes cidades do país foram ganhando contornos cada vez mais radicais. Em 1926, apenas em Guangzhou, mais de dez mil manifestantes se reuniram no 8 de Março para exigir o fim dos casamentos arranjados, a liberdade de divórcio, igualdade salarial entre os gêneros e a eliminação das concubinas, das noivas menores de idade e do uso de meninas como servas sexuais. Mas quando explodiu a divergência entre comunistas e nacionalistas com a guerra civil de 1927, os programas feministas perderam o apoio político.

Enquanto isso, o 6º Congresso do Partido Comunista Chinês reunido em Moscou em 1928 aprovou a "Resolução a Respeito do Movimento das Mulheres", que fazia uma oposição explícita ao "feminismo burguês" dos programas para mulheres dos oito anos anteriores, e dizia ter sido "um erro permitir a organização de associações femininas independentes", Gilmartin escreve. "Isso levou a um claro afastamento das bases feministas e à subsequente adoção de um posicionamento comunista mais ortodoxo, privilegiando a causa da opressão econômica de classe sobre a exploração de gênero." Visto que as lideranças do Partido Comunista decidiram passar do modelo marxista habitual de mobilizar o operariado urbano para uma revolução centrada nas áreas rurais e na força de trabalho do campo, elas ficaram menos propensas ainda a apoiar as políticas feministas, por não quererem gerar antagonismo com os valores patriarcais arraigados desses trabalhadores.

~

As consequências da renúncia deliberada ao feminismo promovida pelo Partido reverberaram durante muitas décadas e se fazem sentir até os dias de hoje. Embora o Partido Comunista continue apoiando a igualdade de gêneros, as suas lideranças baniram o uso do termo "feminismo", ou *niiquan zhuyi,* e deslocaram seu foco para a eliminação da propriedade privada e do sistema de classes. "As feministas que se recusaram a seguir a meta do Partido e se mantiveram focadas na igualdade de gêneros foram tachadas de 'feministas burguesas de mente estreita', copiando a estratégia dos socialistas europeus", Ko e Wang escrevem. Em vez de "feminismo", o Partido adotou os termos "igualdade entre homens e mulheres" (*nannü pingdeng*) e "liberação feminina" (*funü jiefang*).

No mesmo ano em que o Partido Comunista Chinês repudiou formalmente o "feminismo burguês", a escritora Ding Ling, que na época tinha como tema principal as vidas de mulheres moradoras de centros urbanos e com alto grau de instrução, como ela própria, alcançou a fama com seu *Shafeinüshi deriji* ("O Diário da Srta. Sophia"), publicado em 1928. O livro chocou a crítica com a sua representação ousada da sexualidade e da subjetividade feminina, retratando a protagonista Sophia como uma mulher de apetite sexual voraz que objetificou um homem ao sabor do seu desejo e depois precisou esconder suas frustrações, em uma sociedade que proibia as mulheres de expressarem sua sexualidade:

> Eu ergui os olhos. Fitei os lábios macios, vermelhos, úmidos e bem-delineados dele e soltei um suspiro suave. Como poderia admitir para qualquer pessoa que cobicei aqueles lábios provocantes como uma criança pequena e faminta diante de um doce? Eu sei muito bem que, nesta sociedade, estou proibida de tomar aquilo de que preciso para aplacar meus desejos e frustrações, mesmo quando isso claramente não vai prejudicar quem quer que seja.

O Diário da Srta. Sophia subvertia radicalmente o ponto de vista tradicional e masculino, como explica a crítica literária Lydia H. Liu: "É o olhar feminino da narradora que transforma o homem em objeto sexual, revertendo o discurso masculino a respeito do desejo. Ela não apenas objetifica os 'lábios' do homem, comparando-os a um doce, como ignora o falo e promove a feminização da sexualidade masculina, ao associá-la aos lábios (*labia*)".

Mais tarde, o livro sofreu críticas por ser "burguês" demais e por ignorar temas políticos mais relevantes. Mao havia estabelecido uma visão "correta" do papel da arte e do amor na ordem social revolucionária em seu texto "Conversas no *Fórum de Yan'an* sobre *Literatura* e Arte", de 1942:

> Quanto ao amor, em uma sociedade de classes só pode existir o amor de classes; esses camaradas, entretanto, buscam um amor que transcenda as classes, um amor calcado na abstração e também liberdade na abstração (...) Isso demonstra quão profundamente eles estão emaranhados nas influências do pensamento burguês. O que devem fazer é se afastar totalmente dessas influências e dedicar-se humildemente ao estudo do marxismo-leninismo.

O discurso de Mao sobre a importância da pureza ideológica e de se ter uma arte a serviço da Revolução Comunista era uma reafirmação do estilo de arte desenvolvido na União Soviética, o Realismo Socialista, e também das vestimentas neutras para as mulheres, que vigoraram entre a década de 1940 e o final dos anos 1970, quando a China começou a sua abertura econômica, após a morte do líder.

Liu ressalta que as imagens de mulheres "liberadas" apresentadas pelo Realismo Socialista, com seus rostos sem pintura e uniformes descorados – escolhidos para reforçar a meta da igualdade – "acabam por negar qualquer diferenciação às mulheres". "A categoria 'mulheres', como a das classes, tem sido longamente explorada pelo discurso hegemônico do Estado chinês", ela escreve. "No discurso emancipatório do Estado, que sempre posiciona a questão da mulher abaixo da agenda nacionalista, liberação feminina significa pouco mais do que igualdade de oportunidades para participar do serviço público."

Ding Ling se uniu ao Partido Comunista em 1932, depois que seu marido e também escritor Hu Yepin foi assassinado pelos nacionalistas. Ela havia sido raptada por forças nacionalistas e mantida em prisão domiciliar por vários anos até conseguir fugir para Yan'an, que se tornou a principal base dos comunistas depois que o Exército Vermelho concluiu sua famosa Grande Marcha para escapar dos soldados nacionalistas. Devido à sua posição importante no Partido, Ding Ling deixou de lado os temas da sexualidade e do amor romântico e aderiu ao Realismo Socialista como estilo literário apropriado às massas revolucionárias.

Ainda assim, por ocasião do Dia Internacional da Mulher de 1942, Ding Ling fez uma crítica dura às políticas de gênero do Partido Comunista em um artigo que repudiava o tratamento reservado às "camaradas mulheres". "Quando deixará de ser necessário dar um peso diferenciado à palavra 'mulher' e elevar a voz especificamente ao pronunciá-la?", dizia ela, abrindo seu texto. Ling abordou a pressão sofrida pelas camaradas mulheres para que se casassem, já que mulheres solteiras se tornavam alvo de "maledicências": "Elas não podem, portanto, ser seletivas. Qualquer um terá de servir, seja alguém que monte cavalos ou use sandálias de juta, um artista ou um supervisor".

Ding Ling criticava a dubiedade do discurso do Partido, que pressionava as mulheres com a expectativa de que tivessem filhos para ao mesmo tempo menosprezá-las por serem "politicamente retrógradas" e não dedicadas o suficiente à causa revolucionária. "Eu mesma sou uma mulher, portanto, entendo melhor do que ninguém as fraquezas femininas. Mas eu tenho também uma compreensão profunda do que elas sofrem", escreveu ela. "As mulheres são incapazes de transcender o tempo em que estão inseridas, de ser perfeitas ou de ser duras como aço." Ling fez um apelo aos homens do Partido Comunista para que levassem em conta o sofrimento e o "contexto social" de suas companheiras de luta: "Seria melhor que houvesse menos teorização vazia e mais debate sobre problemas verdadeiros, de modo que se reduzisse a distância entre teoria e prática e que cada membro do Partido Comunista se tornasse mais responsável por sua própria conduta moral".

As lideranças do partido acusaram Ding Ling de nutrir "ideias feministas estreitas" e de sustentar uma visão "antirrevolucionária da relação entre a liberação feminina e a luta de classes", segundo Rebecca Karl. Em retaliação por suas críticas, Ding Ling foi removida do posto de editora de uma publicação literária e recebeu ordens para rever a sua formação intelectual. Mais tarde ela recuperou seu prestígio político, apenas para ser mandada para cursos de reeducação para as massas durante as campanhas antidireitistas de 1957, por ter se manifestado sobre a "dupla jornada" feminina: "As mulheres são louvadas em sua vida pública como 'mulheres de ferro' por sua contribuição heroica para a produtividade. No entanto, em casa, são obrigadas a encarar silenciosamente todas as tarefas domésticas".

Mesmo impondo padrões sexistas às mulheres filiadas, o Partido Comunista continuava usando a retórica da igualdade de gêneros para angariar o apoio das massas femininas para a causa revolucionária. Em 1949, os comunistas venceram sua luta contra as forças nacionalistas e fundaram a República Popular da China (RPC), com uma constituição que consagrava o princípio da igualdade de gêneros. A historiadora Gail Hershatter oferece uma descrição dessas políticas iniciais do Partido Comunista, que foram projetadas para tirar centenas de milhões de mulheres de suas casas para ingressarem em postos de trabalho pagos na esfera pública: "Naquela primeira década (...) iniciativas ambiciosas do Estado visavam reconfigurar as normas de propriedade de terras, casamento, organização do trabalho e até a compreensão mais fundamental que cada indivíduo tinha a respeito de si mesmo, de sua comunidade e de seu passado".

Um dos pilares da Revolução Comunista, a Lei do Matrimônio, de 1950, abolia os casamentos arranjados, a compra de noivas crianças, a poligamia e a prostituição. Ela também dava mais independência financeira às mulheres e lhes outorgava novas liberdades transformadoras, como o direito de se divorciarem de maridos abusivos e voltarem a se casar (embora mais tarde a liderança do Partido tenha deixado de fazer cumprir à risca os termos da lei nesse aspecto, por causa de uma forte resistência dos chineses mais velhos a essa mudança). "Essa lei foi uma tentativa ambiciosa de alterar práticas sociais do dia a dia e elevar o status das mulheres, sobretudo nas áreas rurais, onde o pensamento 'feudal' continuava mais em voga do que nas cidades chinesas do período pré-1949", Hershatter escreve. Além disso, o novo Estado instaurado pelo Partido passou a oferecer cursos de alfabetização para as mulheres das áreas rurais, a maioria das quais permanecia analfabeta. Afinal, como um dos membros do Partido baseado numa área rural disse a Hershatter: "Por que nós começamos pelos cursos de alfabetização? Naquela época, as famílias só permitiriam que uma mulher saísse de casa se fosse para aprender a ler. E a partir do maior contato que passavam a ter com o mundo exterior por frequentar as aulas de alfabetização, essas mulheres pouco a pouco começariam a arejar a sua maneira de pensar".

O Partido Comunista criou também uma agência estatal oficial, a Federação Nacional da Mulher Chinesa, para "proteger os direitos e interesses das mulheres". Ainda assim, o termo "feminismo" havia se transformado em um tabu tão forte que as integrantes da Federação precisavam disfarçar quaisquer esforços verdadeiros no sentido de assegurar direitos para as mulheres recorrendo ao que Wang Zheng chamou de uma "política da dissimulação". Ao mesmo tempo, no início da década de 1950, a Federação Nacional da Mulher Chinesa havia empregado dezenas de milhares de agentes, responsáveis por estabelecer sedes locais por toda a parte, desde os grandes centros urbanos até os povoados mais isolados. A Federação da Mulher de Xangai conseguiu mobilizar mais de 300 mil mulheres – 250 mil das quais eram donas de casa – para uma manifestação no Dia Internacional da Mulher de 1951, que protestava contra a decisão "imperialista" dos Estados Unidos de promover o rearmamento do Japão, segundo Wang descreve.

Embora oficialmente se tratasse de uma manifestação anti-imperialista, um relato da época faz menção ao "sentimento de empoderamento" das mulheres participantes. Como comenta Wang: "As manifestantes puderam sentir que as mulheres agora tinham poder e status. Até mesmo os homens estavam dizendo que agora elas faziam uma grande diferença". As raízes revolucionárias das celebrações do 8 de Março pelo Dia Internacional da Mulher na história da China ressaltam ainda mais a hipocrisia – e a paranoia do governo atual com relação à estabilidade social – da decisão tomada pelos agentes de segurança do Partido Comunista de, em 2015, prender jovens feministas por estarem planejando um ato de celebração dessa mesma data. Não há dúvida de que o sucesso histórico de terem conseguido mobilizar milhões de mulheres para aderirem à causa revolucionária deve assombrar até hoje os oficiais do Partido.

Em meados da década de 1950, Mao Tsé-Tung lançou seu programa de coletivização rural como uma iniciativa ousada para abolir a indústria e a propriedade privada que anteriormente estavam nas mãos dos mais ricos. Em 1958, ele anunciou o Grande Salto para a Frente, o programa catastrófico criado na intenção de levar a China a se equiparar com Estados Unidos e Grã-Bretanha na produção de aço e de grãos. O projeto incluía a implementação de enormes comunas que levariam milhões de trabalhadores rurais da lavoura para as fábricas, ao mesmo tempo que aumentava exponencialmente a demanda por grãos vindos do campo. Funcionários locais, no afã de agradar aos chefes do Partido, iniciaram uma falsificação massiva de informações e pipocaram os comunicados de "produção recorde". Em última instância, o Grande Salto para a Frente provocou um desabastecimento de alimentos tão severo que levou dezenas de milhões de chineses a morrerem de fome, no pior evento desse tipo registrado no século XX.

O fenômeno das "mulheres de ferro" surgiu durante o Grande Salto para a Frente para aproveitar a força de trabalho feminina – originalmente empregada na agricultura – e usá-la para alavancar a produção industrial em áreas dominadas usualmente pelos homens. "As mulheres competiam entre si e com seus colegas homens para bater as metas de produtividade", Karl escreve. "Essa era a realização do sonho de Mao e do seu compromisso de 'liberar as mulheres por meio do trabalho'". Em 1952, a mão de obra feminina correspondia a menos de 12% da força de trabalho nos empreendimentos geridos pelo Estado chinês, mas o Grande Salto para a Frente as levou a serem designadas em massa para cargos nas empresas estatais, conforme escreve a socióloga Jiang Yongping. Ao final dos anos 1970, a taxa de participação feminina na força de trabalho das empresas estatais nos centros urbanos chineses havia passado dos 90%, levando o país a bater o recorde mundial de participação feminina no mercado de trabalho. "Como elas não precisavam pedir autorização dos pais ou maridos para se inscrever, esse movimento marcou a emancipação das mulheres urbanas do jugo dos chefes de família do sexo masculino. E, além disso, fez com que as pessoas passassem a ver o emprego das mulheres como uma parte normal da economia socializada", diz Jiang.

Ainda assim, as décadas de 1950 e 1960 foram bastante difíceis para as mulheres, conforme a antropóloga Guo Yuhua documentou em seu estudo das memórias femininas do período da coletivização em um vilarejo no norte da China. As mulheres continuavam incumbidas de todas as tarefas domésticas – muitas vezes, deixando bebês e crianças pequenas com fome e sujos dos próprios excrementos o dia todo, sem nenhuma ajuda –, enquanto também tinham de ir para a lavoura trabalhar ao lado dos homens. Yuhua conclui: "Ser liberada [pelo Partido] não correspondia a uma liberação verdadeira".

Se os ganhos que as mulheres tiveram durante as primeiras fases do comunismo chinês foram reais ou meramente retóricos, é uma questão que continua sendo polêmica. Uma das citações mais conhecidas de Mao Tsé-Tung é a sua declaração de que "as mulheres sustentam metade do céu no lugar". As imagens heroicas das mulheres produzidas pela propaganda do Estado comunista pós-1949 mostram chinesas musculosas, de faces coradas, empunhando ferros de solda ou conduzindo tratores para a glória da nova pátria. Da mesma forma que a retórica da emancipação feminina adotada pelos reformistas homens da virada do século XX e do Movimento do Quatro de Maio tinha mais a ver com a modernização e o fortalecimento do país do que com uma melhora efetiva da vida das mulheres, a "liberação" das mulheres na China comunista é, sob muitos aspectos, meramente simbólica. O Partido Comunista anunciava a liberação das mulheres como uma demonstração do sucesso da sua revolução do proletariado, mas não se ouvem vozes femininas na narrativa oficial da história do Partido, diz Guo Yuhua.

Depois de várias décadas de uma garantia de oportunidades de emprego igualitárias para homens e mulheres imposta pelo Partido na economia planejada que vigorou no país, após a morte de Mao Tsé-Tung, em 1976, o novo líder, Deng Xiaoping, implementou reformas econômicas que mudaram radicalmente o cenário. Embora a vida fosse inegavelmente dura e cruel para todos os chineses sob o governo de Mao, as desigualdades de gênero dispararam quando a economia de mercado pós-socialista entrou em vigor.

Em 1978, o Conselho de Estado chinês determinou que mulheres atuando em áreas de trabalho intensivo teriam de se aposentar aos 50 anos de idade, ao passo que trabalhadores do sexo masculino poderiam permanecer em seus postos de trabalho até completar 60 anos – o que representou uma forma nova e chocante de discriminação estrutural contra as mulheres. (Mulheres em cargos administrativos do serviço público têm como norma geral a aposentadoria aos 55 anos, enquanto homens ocupando o mesmo tipo de posto trabalham até os 65 anos de idade.) Embora o governo tenha anunciado recentemente que promoveria um aumento gradual da idade obrigatória para a aposentadoria, a diferença de cinco a dez anos entre homens e mulheres permanece basicamente inalterada nos dias de hoje.

A participação feminina na força de trabalho urbana caiu vertiginosamente do seu ponto culminante, no final da década de 1970, depois que a China começou a acabar com a economia planejada. As grandes empresas estatais que davam aos funcionários a "tigela de arroz de ferro" da garantia do emprego vitalício começaram a demitir dezenas de milhões de pessoas. E, nessa demissão em massa, as mulheres foram as primeiras a ser dispensadas – ou pressionadas a se aposentar aos 45 anos – e as últimas a serem recontratadas mais tarde, segundo relata Liu Jieyu. As estatais também fecharam as creches que mantinham, prejudicando as trabalhadoras mais jovens que seguiram empregadas, já que sempre coube às mulheres – como cabe até hoje – cuidar primariamente das crianças e dos mais velhos.

No final das décadas de 1980 e 1990, o movimento "Mulheres de Volta ao Lar" (*nüren hui jia*) ganhou popularidade conforme o desemprego crescia, junto com chamados para que as mulheres deixassem seus empregos em favor dos homens. À medida que as reformas do livre mercado se consolidaram, a discriminação de gênero nas contratações disparou – e esse quadro permanece até hoje, com muitos anúncios de vagas declarando ostensivamente que buscam apenas candidatos homens. Ou, quando estão abertas a mulheres, é comum haver especificações de que as candidatas devem ser casadas e com filhos, ou de uma certa idade, altura ou peso, ou ter uma determinada aparência. (A discriminação de gênero nas contratações é uma questão abordada frequentemente pelas feministas chinesas.)

Depois que o massacre da Praça da Paz Celestial, em 1989, inibiu uma onda gigantesca de protestos pró-democracia, e a União Soviética se desfez, a aceleração das reformas econômicas em prol do livre mercado tornou-se uma questão politicamente urgente, pois elas sustentariam a legitimidade do governo do Partido Comunista. O "milagre econômico" que resultou delas, com um crescimento de dois dígitos no PIB do país, de fato convenceu boa parte dos cidadãos chineses a deixarem de lado as manifestações clamando por reformas políticas em troca da melhoria no seu padrão de vida.

Em 1995, quando a China sediou a Conferência Mundial das Nações Unidas sobre a Mulher, o governo do país concordou em autorizar a formação de algumas ONGs em prol dos direitos das mulheres em troca do privilégio de ser o país-sede do evento, segundo conta a veterana do ativismo feminista Feng Yuan. "Mas, por trás da retórica de abertura, sempre houve restrições pesadas às nossas atividades", diz Feng, que começou sua carreira como jornalista e mais tarde se uniu a outras mulheres da área para fundar a ONG Media Monitor For Women Network, em 1996.

Até a Conferência de 1995 – que foi marcada pelo discurso de Hillary Rodham Clinton proclamando que "os direitos das mulheres são direitos humanos" –, a maior parte das chinesas não sabia o significado da expressão *violência doméstica*. No ano 2000, Feng foi a cofundadora da organização não governamental Rede Antiviolência Doméstica, que teve um papel importante para garantir a aprovação da primeira lei de combate à violência doméstica da China, em 2016. A Rede hoje está desativada; em 2014, Feng Yuan foi a cofundadora de outra ONG dedicada aos direitos das mulheres, a *Wei Ping* (Igualdade).

Entre meados da década de 1990 e o início dos anos 2000, todas as ONGs ligadas à causa dos direitos das mulheres tinham ligação estreita com a Federação Nacional da Mulher Chinesa, sem nunca funcionar de maneira totalmente independente e desvinculada do governo. Como Feng Yuan costuma dizer, havia uma grande diferença entre o "movimento das mulheres" (*yundong funü*) do Partido Comunista – uma ação de cima para baixo, visando mobilizar mulheres a serviço da nação – e uma ação de "mulheres em movimento" (*funü yundong*), organizando-se de baixo para cima. Ainda assim, foram veteranas do ativismo trabalhando nessas ONGs que prepararam o caminho para o ativismo feminista que se vê hoje. Em 2003, a cineasta e professora de Estudos da Mulher Ai Xiaoming dirigiu uma turma de alunas na primeira encenação em língua chinesa do texto *Os Monólogos da Vagina*, de Eve Ensler. A peça foi apresentada na Universidade Sun Yat-sen em Guangzhou e inspirou uma nova geração de jovens feministas.

Enquanto isso, as desigualdades de gênero continuavam se acentuando, paralelamente à implantação das reformas econômicas no país. As diferenças de renda entre homens e mulheres na China aumentaram significativamente desde os anos 1990. Em 1990, o salário anual médio de uma mulher chinesa moradora dos centros urbanos correspondia a 77,5% do salário anual de um homem urbano, mas, em 2010, esse número havia caído para pouco mais de 67% do salário masculino, segundo dados oficiais do Departamento Nacional de Estatística da China. A situação das mulheres das regiões rurais era ainda pior, com a renda anual feminina correspondendo a apenas 56% da média masculina em 2010.

A participação feminina na força de trabalho também caiu vertiginosamente desde o início da transição para a economia de mercado. Em 1990, 73% das mulheres chinesas com 15 anos de idade ou mais estavam no mercado de trabalho, mas em 2017 o número havia despencado para apenas 61%, segundo dados do Banco Mundial. Do lado masculino, em comparação, a porcentagem era de 76% dos homens com 15 anos de idade ou mais empregados em 2017. Muitas formas diferentes de discriminação de gênero persistente levaram o país a figurar no terço mais díspar da lista de todos os países avaliados de acordo com as disparidades de gênero. O ranking das Diferenças Globais entre Gêneros do Fórum Econômico Mundial posicionou a China no 100º lugar entre os 144 países avaliados em 2017.

Durante as pesquisas para o meu PhD na Universidade Tsinghua, em Pequim, eu constatei que um indicador ainda mais importante do declínio do status econômico das mulheres chinesas em relação aos homens eram as diferenças gritantes de gênero entre os proprietários de bens imobiliários, números apurados depois da privatização desse mercado, no final da década de 1990. Sob a economia planejada dos primórdios da era comunista, o governo distribuía moradias públicas pelas unidades de trabalho com aluguéis a preços irrisórios. Depois que o Conselho de Estado acabou com a distribuição de moradias públicas e lançou um sistema de propriedade privada de imóveis baseado na lógica do mercado, o que se viu foi um *boom* imobiliário tomar conta do país. Os preços dos imóveis urbanos dispararam a partir de meados dos anos 2000, numa tendência que continua firme, apesar dos alertas quanto ao risco de uma possível bolha imobiliária.

Meu livro *Leftover Woman* ("As mulheres que sobraram") explica com mais detalhes que as mulheres chinesas foram em grande parte deixadas de fora do que pode ter sido a maior acumulação de riqueza na forma de bens imobiliários da história, que correspondeu a cerca de 3,3 vezes o valor do PIB chinês, ou US$ 43 trilhões, no final de 2017. A explicação para isso envolve uma dinâmica bastante complexa, mas, em resumo, meu argumento é de que muitas mulheres ficaram de fora da explosão de riqueza imobiliária porque as moradias urbanas que passaram por uma supervalorização estavam registradas majoritariamente em nomes apenas de homens. Os pais chineses se mostravam inclinados a comprar imóveis para seus filhos, e não para suas filhas. E, frequentemente, as mulheres passavam todas as suas economias para as contas de maridos ou namorados para possibilitar a compra de moradias que seriam registradas apenas no nome deles. Para piorar as coisas, em 2011 a Corte Popular Suprema da China divulgou uma nova interpretação da Lei do Matrimônio estabelecendo que, a menos que isso fosse contestado em juízo, a propriedade do casal pertenceria essencialmente ao cônjuge que fosse proprietário legal do imóvel, com o nome mencionado na escritura. Na China, esse cônjuge em geral é o homem (pelo menos até o último levantamento desse tipo de dado, feito em 2012).

Para mim, foi extremamente perturbador constatar, nas longas horas de entrevistas que fiz pessoalmente ou via internet entre o final de 2010 e o início de 2013, o alto número de mulheres inteligentes e com diplomas universitários dispostas a ceder o direito à posse das casas novas e caras que conseguiram comprar aos seus namorados ou maridos, mesmo quando elas investiram as economias de uma vida inteira, para possibilitar a aquisição dos imóveis. Eu descobri que muitas dessas jovens acreditavam verdadeiramente nas mensagens sexistas passadas pela mídia estatizada e no discurso repetido por seus pais de que elas jamais conseguiriam ter um companheiro, a menos que se mostrassem dispostas a fazer grandes sacrifícios financeiros e emocionais. Repetidas vezes, ao longo da minha pesquisa, foi desanimador constatar o baixo nível de conscientização sobre o sexismo entre as mulheres moradoras de centros urbanos entre 20 e 35 anos de idade, um dado que revela como as normas do patriarcado continuam profundamente arraigadas na sociedade chinesa.

Quando *Leftover Woman* foi publicado na China continental, em 2016 (com alguns trechos censurados, que eu postei no meu site pessoal), escrevi um prefácio dirigido especialmente às mulheres chinesas, na esperança de que mais delas reconhecessem a importância de lutar por sua independência econômica. Segue abaixo um trecho desse prefácio, que saiu na versão do livro publicado pela editora Lujiang em 2016, com tradução de Li Xueshun:

> Para as mulheres chinesas solteiras que pensam em se casar, eu tenho dois conselhos a dar:
> 1) Se decidirem mesmo que precisam se casar e comprar uma casa, tratem de garantir que o seu nome estará registrado na escritura. Não abram mão do direito à propriedade do bem mais valioso que vocês terão em suas vidas.
> 2) Não se casem simplesmente por casar. Existem muitos caminhos possíveis para uma vida feliz, e talvez vocês encontrem uma realização pessoal maior se permanecerem solteiras, cercadas por amigos que tenham formas de pensar semelhantes às suas e que as apoiem em suas aspirações.

Em resposta, eu recebi milhares de mensagens privadas e posts marcados com meu nome no Weibo, de mulheres contando sobre a luta que vinham empreendendo contra a pressão extrema para que se casassem, mas poucos recados de mulheres que estavam comprando suas próprias casas. Eu não tenho visto grandes evidências de mudanças nessa diferença entre os números de proprietários de imóveis homens e mulheres chineses desde 2013. Mas, mesmo que todas as mulheres do país criassem hoje, de uma hora para outra, condições financeiras para comprar seus apartamentos, elas já teriam perdido o período de maior acumulação de riqueza imobiliária, ocorrido entre o final dos anos 1990 e a primeira década dos anos 2000.

Leftover Woman também faz uma análise do ressurgimento das normas de gênero tradicionais, com destaque para a campanha crassa de propaganda governamental lançada em 2007, que estigmatizava mulheres com carreira profissional que estavam chegando aos 30 anos ainda solteiras. O meu argumento no livro é de que a expressão usada, "mulheres que sobraram", ou *sheng nü*, foi cunhada deliberadamente para constranger essas mulheres com alto grau de instrução e "alta qualidade" (*gao suzhi*) a se casarem, movimento que em tese promoveria maior estabilidade social (em parte por absorver o excedente de homens decorrente do desequilíbrio demográfico entre homens e mulheres na China). E eu ressalto que a campanha voltada para essas mulheres foi lançada nos veículos da mídia estatal pouco depois de um pronunciamento do governo, também em 2007, sobre a necessidade de lidar com "pressões populacionais sem precedentes".

A "Decisão de Priorização Total dos Programas de Planejamento Populacional e Familiar e Tomada de Medidas sobre as Questões Populacionais" anunciada pelo Conselho de Estado declarava que "a baixa qualidade da população como um todo" tornava mais difícil para a China "preencher os critérios altamente competitivos para garantia do poderio nacional". O documento também estabelecia que "elevar a qualidade populacional [*suzhi*]" era uma meta primordial. No meu entender, a campanha de propaganda pró-casamento do governo chinês serve ao seu propósito eugênico de "elevar a qualidade populacional", porque mulheres instruídas de "alta qualidade" produziriam filhos de "alta qualidade" para o benefício da nação.

Foi nesse cenário alarmante do ressurgimento das desigualdades de gênero impulsionado pelo desenvolvimento econômico desenfreado que nasceu o novo feminismo chinês. Hoje, pela primeira vez depois da época anterior à revolução de 1949, jovens ativistas pelos direitos das mulheres independentes do Partido Comunista vêm adotando avidamente o termo *nüquan zhuyi* (feminismo). Essas ativistas têm como meta transformar as vidas cotidianas de mulheres verdadeiras, de carne e osso, em toda a sua complexidade, de modo que elas tenham recursos para se unir e pressionar o governo a modificar suas políticas injustas e sexistas.

Quando eu me encontrei pela primeira vez com as feministas de Hangzhou, perto do túmulo da revolucionária Qiu Jin, em 2015, a integrante do Quinteto Feminista Wu Rongrong ainda estava se recuperando do transtorno do estresse pós-traumático causado pelos maus-tratos que sofreu na prisão. Gina, a sua jovem substituta, havia passado quase dois meses percorrendo dois mil quilômetros país afora de ônibus, escapando de agentes de segurança mobilizados em um esforço que transpôs as fronteiras entre as províncias para a repressão ao ativismo feminista. Ao longo das nossas horas de conversa naquela tarde chuvosa, ela relatou os percalços sofridos como fugitiva.

No dia 6 de março de 2015, Gina estava almoçando com seis outras colegas e voluntárias no Centro Feminino Weizhiming quando recebeu uma ligação do Departamento de Segurança Pública de Hangzhou dizendo que queriam uma reunião com ela.

"Eu não acredito nessa história. Como vou saber que essa ligação é verdadeira? Nós costumamos receber muitos trotes", foi a resposta de Gina.

"Nós conhecemos a sua chefe, Wu Rongrong."

"Então façam contato diretamente com ela. Por favor, não telefonem para este escritório", Gina lhes disse.

Ela havia começado a trabalhar no Centro Feminino menos de um ano antes, depois de se formar na universidade na província de Henan, em 2014. Com apenas 24 anos de idade, Gina nunca havia sido abordada antes pela polícia e ficou sem saber como agir. Pensando em tomar um ar fresco e tentar organizar as ideias, ela foi para o andar de baixo do prédio.

Ao passar pelo saguão, Gina viu o vigia conversando com um grupo de homens que mencionaram o número da sua sala e concluiu que eles deviam ser agentes da segurança estatal. Ela então telefonou para o escritório e disse para todas as pessoas que estavam lá saírem imediatamente. Depois, retornou a ligação para o Departamento de Segurança Pública e se dispôs a ter a reunião com eles em um centro comercial público perto da delegacia.

Dois homens e uma mulher da segurança estatal de Hangzhou esperaram por ela no local combinado e disseram que era preciso ter uma "conversa mais adequada" na delegacia. Gina sugeriu que fossem a uma lanchonete, um local público, mas eles disseram que o lugar não era apropriado. "A delegacia existe para garantir a segurança das pessoas", um dos agentes disse.

Isso deixou a moça preocupada e a fez ficar mais determinada ainda a não ir até a delegacia. Ela continuou caminhando com os agentes e sugerindo locais públicos diferentes onde poderiam conversar, até que eles cederam e fizeram uma reserva em uma cabine privativa em um restaurante. Quando Gina e os agentes chegaram lá, já havia outros seis ou sete agentes – com apenas uma mulher entre eles – sentados ao redor da mesa. Esses novos agentes não se identificaram, mas pelo sotaque Gina deduziu que deviam ter vindo de Pequim.

"Quem foi que organizou esse ato contra o assédio sexual? O momento é péssimo! Vocês não sabem que está acontecendo uma reunião do Congresso Nacional do Povo [o parlamento chinês]?"

Gina respondeu que não sabia quem estava organizando o ato e que só tinha lido a respeito dele na internet. Ela apresentou amostras dos adesivos que iriam ser distribuídos e tentou explicar sobre o problema da desigualdade de gênero na China, mas nenhum dos agentes quis ouvi-la. "Cancele esse ato agora mesmo."

Depois de várias horas de interrogatório, ela foi liberada pelos agentes. A essa altura, já era tarde da noite, e Gina ficou sabendo que algumas de suas companheiras feministas, como Li Maizi e Zheng Churan, haviam sido presas em cidades diferentes, por isso ela começou a empacotar os adesivos que estavam no Centro Feminino. Depois, subiu no beliche que ficava no quarto adjacente ao escritório (e que também lhe servia de moradia) e passou uma noite de sono agitado.

Bem cedo, na manhã seguinte, dia 7 de março, Gina levou sua caixa de adesivos até o quarto de Zhu Xixi, no alojamento da Universidade de Zhejiang. Wu Rongrong chegou ao aeroporto de Hangzhou por volta das duas da tarde e enviou uma mensagem de texto avisando que estava de volta. Gina ligou diversas vezes para Wu, mas ela não atendia as ligações. A jovem deduziu que sua chefe havia sido detida pelos agentes de segurança.

Gina telefonou para o agente de segurança de Hangzhou que normalmente monitorava Wu Rongrong (ela havia guardado o seu número de telefone), e ele confirmou que agentes da segurança estatal de Pequim estavam na cidade para prender Wu. Gina esperou no quarto de Zhu Xixi, no alojamento, e estava numa discussão aflita com algumas companheiras feministas sobre o que elas deveriam fazer quando o agente ligou: "Temos que encontrar você imediatamente". Gina telefonou para o Centro Feminino e disse para todos os colegas irem embora e desligarem os celulares. Em seguida, Zhu Xixi também recebeu uma ligação de um agente de segurança de Hangzhou exigindo uma reunião com ela no campus.

"Você vai precisar se esconder também", Gina disse para Zhu. Todas saíram do prédio do alojamento, jantaram juntas uma última vez e depois se separaram.

Gina e uma amiga escaparam juntas. Elas decidiram que sair da cidade de trem não seria uma boa opção, porque teriam de mostrar a identidade para comprar as passagens, e isso facilitaria o trabalho dos agentes para localizá-las. Em vez disso, passaram essa noite na casa de uma desconhecida que fora indicada pela sua "tropa de resgate" feminista. Bem cedo, na manhã seguinte, as duas pegaram um ônibus urbano público com destino a um subúrbio distante.

Elas não podiam se hospedar em hotéis, porque todos lhes pediriam documentos de identificação, então, ao chegarem à cidade vizinha, tarde da noite, as duas pernoitaram em um McDonald's vinte e quatro horas antes de tomar outro ônibus, na manhã seguinte. Se conseguissem atravessar diversas províncias, as moças imaginaram que isso dificultaria bastante a perseguição dos agentes de segurança.

Primeiro, rumaram para oeste pela província de Jiangxi até chegarem à cidade de Wuhan, na província de Hubei, região central do país, a cerca de 700 quilômetros de Hangzhou. Elas se hospedaram em casa de amigos na cidade por mais ou menos uma semana, depois viajaram mais 870 quilômetros para o norte, também de ônibus (pernoitando em lojas do McDonald's ou KFC), até Jinan, capital da província de Shandong, onde um curso de "instrução para instrutoras" havia sido programado muito tempo antes.

Gina combinou de se encontrar com outra feminista que estaria participando do curso, imaginando que estaria segura tão distante de Hangzhou. Mas, quando ela e a amiga se encaminhavam para o local do encontro, Gina ficou chocada ao avistar policiais e agentes à paisana filmando e patrulhando ostensivamente a área. Mais do que depressa, as duas trataram de dar meia-volta, antes que sua presença fosse notada. Assim que saíram do alcance dos guardas, Gina mandou uma mensagem de texto para a terceira mulher, alertando-a sobre a vigilância. "Não volte para o hotel! Há policiais lá. Vamos nos encontrar em algum outro lugar", escreveu ela.

Uma simpatizante do movimento encontrou um quarto para as duas em uma hospedaria obscura em Jinan, onde ninguém exigiria que apresentassem documentos. Nessa noite, as três mulheres ficaram juntas. Pela manhã, a terceira ativista seguiu sua fuga sozinha, e Gina e a companheira de viagem embarcaram no primeiro ônibus que saía da cidade. Dessa vez, elas estavam viajando para o extremo sul, rumo à província de Jiangxi, a quase 1.300 quilômetros de distância, onde uma colega feminista arrumara uma casa segura onde poderiam ficar por algumas semanas.

Gina havia se desligado das redes sociais e começou a se sentir muito ansiosa por não saber o que estava acontecendo nem o que o futuro lhe reservava. Depois de um tempo, ela usou um serviço de telefonia pela internet para fazer contato com os pais, nas montanhas da região rural de Henan. Gina nunca havia conversado muito com eles a respeito de sua atividade feminista e estava com medo de ter que responder às perguntas deles. Gina se lembrava de que, quando era pequena, os pais deixavam seu irmão mais novo andar livremente pelas montanhas sozinho, por ser um menino, mas não lhe davam permissão para fazer o mesmo e obrigavam-na a ficar em casa cuidando das tarefas domésticas.

"Você é menina, não pode fazer o que os garotos fazem", era a resposta da mãe de Gina às suas queixas. O pai da moça também tinha o costume de bater na esposa quando estava irritado, e a mulher aceitava a violência sem dizer nada. Desde a infância, Gina não conseguia suportar essas tradições sufocantes, e ela me disse achar que já era uma verdadeira feminista antes até de ter ouvido pela primeira vez essa palavra. Gina sempre se esforçou nos estudos, e no fim das contas foi ela que conseguiu concluir uma formação universitária, ao passo que o irmão não terminou nem o ensino médio.

Para alívio de Gina, foi sua mãe que atendeu o telefone. "Ma, houve um problema no lugar que eu trabalho, o Weizhiming", ela lhe disse.

A mãe ficou preocupada e quis saber se podia ajudar em algo. "Não há nada que você possa fazer, Ma, só tente não ficar muito preocupada", Gina falou. Ela disse ainda para a mãe não contar nada aos agentes de segurança, caso eles aparecessem, e para informar uma amiga – uma ativista designada como intermediária – se os agentes fizessem alguma coisa contra ela e seu pai.

Na vez seguinte em que ligou para saber dos pais enquanto estava fugindo, foi o pai de Gina que atendeu o telefone. "Volte para casa agora mesmo!", ele gritou. "Eu não posso", ela respondeu, mas, como o pai não parava de gritar, ela acabou desligando o telefone.

Gina voltou para Hangzhou depois que o Quinteto Feminista foi libertado da prisão. Com Wu Rongrong ainda em recuperação, ela se sentiu responsável por assumir a articulação do grupo feminista da cidade. Wu e suas sócias haviam decidido anunciar o fechamento do Centro Feminino Weizhiming por causa da nova lei, que restringia o financiamento estrangeiro para ONGs e que as forçaria a buscar apoio governamental e a registrar sua organização no departamento policial. Informalmente, entretanto, o grupo vinha sendo procurado por mais jovens do que nunca, todas muito interessadas na causa. "A prisão do Quinteto Feminista foi uma coisa terrível, mas, por outro lado, muito mais pessoas começaram a prestar atenção à nossa causa e a se oferecer para trabalhar por ela", Gina disse.

Praticamente todas as estudantes que se ofereceram como voluntárias para atividades feministas no passado haviam sido universitárias, mas, pela primeira vez, Gina começou a receber mensagens de estudantes do ensino médio querendo ajudar a organizar as campanhas. Em resposta a essa onda de novas interessadas, a moça – um pouco precipitadamente – organizou um debate público sobre desigualdade de gênero e o anunciou no WeChat. A polícia, que monitorava de perto as suas comunicações, prontamente deu ordens para que Gina cancelasse o evento.

"Eu pensava que o clima político melhoraria, mas ultimamente tenho me sentido desanimada como nunca", Gina me disse, mostrando-se cada vez mais agitada na conversa que tivemos no táxi que cruzou as ruas chuvosas de Hangzhou na volta de nossa visita ao Lago do Oeste:

> Nos últimos tempos, eu não consigo ver um caminho possível para o movimento feminista. Por mais que a gente se esforce, nada consegue atrair atenção da mídia, portanto, as pessoas acabam não sabendo. Então eu começo a me perguntar se vale a pena fazer coisas tão arriscadas para ninguém jamais noticiar nada. Quer dizer, desde que Wu Rongrong foi solta, eu precisei assumir muitas responsabilidades. Sou eu que treino recrutas recém-formadas na universidade, mas eu mesma sou uma recém-formada. Às vezes sinto que não estou dando conta de tudo.

A chuva ficou mais forte lá fora, e as gotas batiam ruidosamente no teto do carro em que estávamos. O motorista aumentou a velocidade do limpador de para-brisa, que passava ritmadamente de um lado para o outro empurrando montes de água. Gina parou para olhar a chuva e começou a chorar. Aquela jovem tão obstinada havia claramente saído traumatizada de seus embates com os agentes de segurança, embora continuasse profundamente empenhada na construção de um movimento feminista capaz de se manter ativo.

Eu perguntei a ela o que podia ser feito por quem estava fora da China para ajudar.

Ela me disse que não sabia. "Quando estava me escondendo, eu chorava até pegar no sono quase todas as noites. Eu ouvi a história de uma mulher que foi levada para um centro de detenção por causa de um motivo bobo e foi mantida lá sem poder receber visitas, até que um dia morreu repentinamente lá dentro. Às vezes você fica se perguntando como alguém vai ser capaz de se comportar como ser humano num ambiente desses – quando nem a própria pessoa sequer é tratada como um ser humano."

Quando nosso táxi se aproximou do destino – o local de mais um encontro com outras ativistas feministas –, Gina enxugou rapidamente as lágrimas.

"Nós precisamos seguir treinando novas recrutas, porque assim, se formos detidas, sempre haverá alguém por trás capaz de assumir o nosso lugar", ela disse.

6

Feministas, advogados e trabalhadores

À medida que os chineses mais jovens aderem cada vez mais ao ideal muito básico da igualdade entre os gêneros, o feminismo tem começado a influenciar outros movimentos sociais no país onde tradicionalmente imperava uma dominância masculina. Alguns ativistas homens que lutam pelos direitos trabalhistas já começaram a reconhecer que não pode existir justiça econômica sem a justiça de gênero. Nos últimos anos, a violência sexual e a discriminação de gênero ocuparam posições centrais em processos judiciais importantes na China. A capacidade das feministas chinesas de conectar as queixas de diferentes grupos marginalizados socialmente – integrando-os potencialmente para criar uma imensa força interseccional de oposição – é outra das razões que fazem o feminismo ser visto como ameaça pelo Partido Comunista.

Wang Yu, que foi a advogada de defesa de Li Maizi, do Quinteto Feminista, tem também uma trajetória pessoal de atuação no feminismo. Ela assume casos judiciais de alta sensibilidade política, aqueles aos quais nenhum outro advogado quer ver seu nome associado – ela foi a representante de membros do grupo espiritual Falun Gong, banido pelo governo; do professor Ilham Tohti, um acadêmico uigur moderado que se viu condenado à prisão perpétua sob acusação de separatismo; de ativistas do feminismo e dos pais de meninas de uma escola primária que foram abusadas sexualmente por seu diretor. A imprensa já publicou inúmeros artigos sobre Wang Yu apresentando-a como advogada da causa dos direitos humanos, mas a maior parte dos jornalistas faz uma separação entre o ativismo de Yu em prol dos direitos humanos e em prol dos direitos das *mulheres,* que tem uma importância crucial. Os serviços legais prestados por ela em defesa de direitos de mulheres e meninas são um exemplo poderoso de até onde se pode chegar quando o campo da legislação dos direitos humanos adota uma perspectiva de gênero que deixa clara a conexão indissociável entre a justiça de gênero e outras formas de justiça social.

Por volta das quatro da madrugada do dia 9 de julho de 2015, um grupo de agentes de segurança desparafusou a fechadura da porta do apartamento de Wang Yu, empurrou-a para a cama, pôs algemas em seus pulsos e um capuz preto em sua cabeça. Então, arrastaram-na para uma van que estava aguardando em frente ao prédio e a levaram para um local desconhecido. Seu destino final era um centro de detenção onde havia dez camas e só ela como detenta, sob a vigilância de guardas muito jovens (Wang Yu estima que eram moças por volta dos vinte anos de idade). Uma delas disse a Wang que seria feita uma "inspeção de rotina", com câmeras de vigilância ligadas em todas as paredes:

> Mandaram que eu tirasse todas as minhas roupas e que ficasse no centro do cômodo para a inspeção e, depois, que eu virasse o corpo três vezes. Eu fiz objeções, por considerar a ordem ofensiva, mas as jovens guardas não se abalaram com isso. Elas partiram para cima de mim, me jogaram no chão e arrancaram minhas roupas. Eu comecei a chorar e a suplicar a elas ao mesmo tempo. Por que estavam me insultando daquele jeito? Por que não demonstravam nenhuma compaixão? Por que estavam agindo de maneira tão violenta com uma mulher pequena como eu?

Wang Yu foi a primeira advogada chinesa da área de direitos a ser levada pelo que se tornou uma onda de detenções, desaparecimentos e interrogatórios que atingiu por volta de trezentos advogados e assistentes jurídicos e que ficou conhecida como a "represália 709", numa referência à data em que tudo começou, dia 9 de julho.

As autoridades submeteram Wang Yu a esse tipo de tratamento violento e a interrogatórios por vários meses antes de anunciarem formalmente sua prisão, em janeiro de 2016, como suspeita por "subversão do poder estatal", uma acusação que pode ser punida com a prisão perpétua. O marido dela, Bao Longjun, que trabalhava com Wang Yu num posto de *trainee*, recebeu uma acusação um pouco menos grave: de "incitar a subversão do poder estatal". Agentes de segurança também atravessaram a fronteira da China com Mianmar em outubro de 2015 a fim de raptar e repatriar o filho de Wang, Bao Zhuoxuan, de 16 anos, que estava tentando escapar para os Estados Unidos. Eles o puseram em prisão domiciliar e o mandaram para viver com a avó na Mongólia Interior, sob vigilância policial. Ao agirem além das fronteiras do país e raptarem uma criança menor de dezoito anos para puni-la por crimes cometidos por sua mãe, as autoridades chinesas violaram o Artigo 2 da Convenção da ONU sobre os Direitos da Criança, que proíbe qualquer tipo de punição imposta a menores em decorrência de atos cometidos por seus pais.

As autoridades libertaram Wang da cadeia em agosto de 2016, depois que ela apareceu em veículos da imprensa estatal em uma "confissão" gravada em vídeo. Na gravação, ela renuncia à sua carreira como advogada e culpa "forças estrangeiras" por terem-na usado como instrumento para prejudicar o governo chinês. A American Bar Association, instituição correspondente à Ordem dos Advogados nos Estados Unidos, havia decidido dar a Wang Yu o seu primeiro Prêmio Internacional dos Direitos Humanos, em julho de 2016, mas em sua "confissão" a advogada se compromete a rejeitar quaisquer honrarias oferecidas por organizações estrangeiras, dizendo: "Eu sou chinesa e só aceito a liderança do governo chinês".

Somente um ano mais tarde a verdade sobre o caso começou a ser revelada. Em julho de 2017, Wang Yu deu uma declaração a Yaxue Cao, do portal de notícias *China Change*, agradecendo a todos que a apoiaram. "O que venho enfrentando nestes últimos dois anos me fez ter um apreço profundo por nossos cidadãos, pelos advogados de defesa dos direitos humanos e meus amigos em terras estrangeiras (…) Foram vocês que nos fizeram ver que não estamos sozinhos", ela disse. "O caminho que temos diante de nós, obviamente, ainda é longo, e trilhá-lo deverá ser um teste para nossa coragem e autoconfiança. Mas eu prosseguirei, meus amigos, como fiz no passado – por favor, tenham fé!"

Wang Yu foi parte de uma nova leva de advogadas em prol dos direitos das mulheres que foram impulsionadas por ideais feministas quando se ofereceram voluntariamente para assumir casos envolvendo abuso sexual, violência doméstica e discriminação de gênero – temas que, embora não confrontem diretamente a legitimidade do Partido Comunista, passaram a ser tratados como politicamente sensíveis. O governo chinês teve sucesso no seu empenho para silenciar Wang – pelo menos até o momento –, mas, antes de sua prisão, ela ajudou a impulsionar um recente viés feminista na prática advocatícia ligada à legislação de direitos na China.

Liu Wei, advogada feminista e ex-diretora executiva da sede do Yirenping em Zhengzhou, relata como Wang Yu e outras advogadas acabaram se decidindo por esse caminho. Em abril de 2013, Liu e Wang participaram de uma conferência para advogados da área de direitos em Wuhan. As advogadas presentes no evento propuseram que fosse formada uma rede de contatos entre profissionais de todo o país, criando ligações fortes que servissem de apoio a todos. Liu conta que os colegas homens se mostraram contrários à ideia, dizendo que era "arriscada" demais, e ela acabou não sendo implementada. "Pessoalmente, eu acho que muitos dos advogados chineses têm personalidade forte, são muito falantes, então eles não viram necessidade para esse tipo de mobilização", ela explica.

Após o jantar, no primeiro dia da conferência, os participantes se dividiram em grupos menores. De uma maneira que era pouco usual, Wang Yu e Liu Wei acabaram formando um grupo que tinha mais mulheres do que homens. Ao final da noite, a conversa que se deu entre elas levou Liu a uma epifania.

"Pela primeira vez, eu me dei conta de que é a minha missão de vida lutar pelos direitos de mulheres e meninas", ela diz. Wang, Liu e algumas outras colegas tomaram ali a decisão de fundarem juntas uma rede própria, que incluísse apenas advogadas trabalhando com direitos das mulheres e meninas. Elas a batizaram de Rede Colaborativa de Advogadas Chinesas em Prol do Interesse Público.

Nas semanas seguintes, elas elaboraram uma declaração com a missão da organização e a postaram na internet para recrutar outras advogadas de todo o país interessadas em dar apoio jurídico gratuito a vítimas de abuso sexual, violência doméstica e outras. Elas também tomaram como objetivo apoiar advogadas ligadas à causa dos direitos das mulheres e possibilitar o contato mais fácil delas com colegas de diversas partes do país, na esperança de que isso reduzisse os riscos pessoais enfrentados por elas ao assumir casos considerados politicamente sensíveis. No fim de maio, a Rede Colaborativa já contava com várias dezenas de afiliadas e começou a organizar encontros e cursos em diversas cidades e regiões do país, incluindo a capital Pequim, Guangdong, Henan e Sichuan.

Logo depois que a Rede foi iniciada, em maio de 2013, surgiu a notícia de que um diretor de escola e um funcionário do governo haviam estuprado seis meninas de 11 a 14 anos depois de terem-nas levado para um quarto de hotel na cidade de Wanning, na província de Hainan. Wang Yu foi até lá na companhia da famosa ativista pelos direitos das mulheres Ye Haiyan (Pardal Arruaceiro) para oferecer apoio legal às famílias das vítimas e chamar a atenção da mídia para a epidemia de abusos sexuais contra meninas nas escolas. Ao mesmo tempo, outras voluntárias participantes da Rede começaram a atuar colaborativamente na defesa de vítimas de diversos outros casos de abuso.

Liu assumiu, junto com uma equipe de advogadas, o caso ocorrido em uma escola de povoado para crianças até a terceira série no Condado de Tongbai, província de Henan, onde um professor, durante vários anos, havia agredido sexualmente cerca de vinte meninas, a maioria entre 7 e 9 anos de idade. A equipe da qual Liu participava ofereceu assistência legal às famílias das vítimas. "Depois que nós aceitamos o caso, conquistamos a confiança da população local", ela conta. "E não demorou para que outras famílias de meninas dos povoados próximos que haviam sido abusadas pelo mesmo professor nos procurassem para relatar seus casos."

O professor havia abusado durante anos de tantas meninas que a Rede de Liu precisou mobilizar quinze advogadas, que trabalharam juntas para convencer as famílias a darem depoimentos. A vítima mais velha dos abusos já estava casada e era mãe de uma criança. Embora tivessem recebido a oferta de apoio legal gratuito, inicialmente quase nenhuma das famílias se dispôs a testemunhar – por causa das muitas barreiras legais, mas também temendo a sensação de humilhação. "A maior parte das pessoas considera o estupro uma vergonha familiar que tem de ser ocultada", Liu diz. Em 2013, o Código Penal chinês ainda classificava o estupro de crianças como "prática do ato sexual com prostitutas menores de idade", numa linguagem impregnada de culpabilização das vítimas que desencorajava muitas famílias a fazerem denúncias.

As vítimas que se dispuseram a falar deram relatos chocantes. Embora o tribunal só tenha levado em conta casos de meninas abusadas nos últimos dois anos, o professor foi considerado culpado por ter estuprado duas meninas, de apenas 7 e 8 anos, dentro da sua própria casa. Ele também foi considerado culpado por ter atacado sexualmente dezesseis meninas em sala de aula, diante dos colegas, muitas vezes apalpando os genitais delas. O professor ameaçava machucar as meninas ainda mais caso elas contassem aos seus pais o que havia acontecido.

A lei chinesa em geral costuma reconhecer apenas os sinais de danos físicos como evidências válidas e passíveis de compensação, segundo Liu. É extraordinariamente difícil conseguir indenizações legais pela dor e sofrimento emocionais causados pela violência sexual. "Algumas meninas chegavam a ter o hímen rompido, e a reação dos pais era comprar alguma pomada barata na farmácia para passar nas feridas", conta Liu. "Mas todas elas ficaram profundamente traumatizadas e precisavam desesperadamente de atendimento psicoterápico." A equipe de advogadas explicou ao juiz que o maior dano sofrido pelas meninas havia sido emocional e que elas precisavam de uma indenização que lhes garantisse tratamento psicológico. A resposta do juiz para Liu foi:

"Esse dispositivo não existe na lei chinesa, mas se me trouxerem alguma evidência dos danos, eu a levarei em conta."

Para Liu, o juiz não imaginava que as advogadas pudessem ser capazes de reunir as tais evidências, mas elas encontraram um centro de aconselhamento psicológico em Zhengzhou que se dispôs a ajudar as vítimas e enviou psicólogos para fazer uma avaliação das meninas abusadas. Ao final do processo, eles emitiram atestados de que cada uma das meninas havia sofrido traumas duradouros e que precisariam pagar por anos de atendimento psicoterápico.

Como não havia ferimentos visíveis, físicos, decorrentes do abuso, Liu e sua equipe conseguiram por meio de um acordo extrajudicial uma indenização de 1,3 milhão de yuanes (cerca de US$ 206 mil), a serem divididos entre as famílias que haviam participado do processo. Essa foi a indenização mais alta por danos já recebida na China em um caso envolvendo violência sexual contra crianças. Mas nem mesmo essa importante vitória nos tribunais foi suficiente para mitigar a vergonha profunda sentida por alguns dos familiares das meninas. Em 2016, Liu soube por meio de uma colega que o pai de duas meninas pequenas que haviam sido estupradas pelo professor se suicidara pulando de uma ponte.

A mobilização crescente da mídia e da opinião pública em torno de casos graves de abuso sexual de crianças impulsionou a luta ativista de outras advogadas ligadas aos direitos das mulheres, como Guo Jianmei, fundadora do Centro de Aconselhamento Legal para Mulheres Zhongze (que foi forçado a fechar as portas em 2016). Em 2015, o Congresso Nacional do Povo extinguiu a lei que classificava as crianças vítimas de estupro como "prostitutas", passou a categorizar todo ato sexual envolvendo crianças como estupro, a permitir que homens e meninos fossem incluídos como vítimas de abusos sexuais e determinou o aumento das penas máximas para os réus culpados por estupro de crianças. Ainda assim, a legislação do país sobre abuso sexual e estupro continua com graves deficiências. E, como não existe um sistema judiciário independente na China, mesmo em casos que parecem ter uma cobertura mais completa da lei, os advogados dos direitos das mulheres afirmam que é dificílimo fazer com que a legislação seja cumprida. Os estupros julgados em Henan e Hainan foram apenas duas entre incontáveis ocorrências, sendo que o governo do país não divulga estatísticas claras sobre abuso sexual.

O centro de prevenção da violência sexual, Fundação de Proteção às Meninas, informou que entre 2013 e 2015 a mídia noticiou pelo menos 968 incidentes de ataques sexuais contra crianças menores de 14 anos, envolvendo mais de 1.700 vítimas, a vasta maioria delas do sexo feminino. Em 2016, houve pelo menos 433 casos de ataques sexuais contra crianças noticiados pela mídia, com mais de 700 vítimas, 92% das quais do sexo feminino, segundo dados da mesma fundação. É desnecessário dizer que esses números são absurdamente baixos em um país com 1,4 bilhão de habitantes, e que eles representam uma mera fração da incidência verdadeira de ataques sexuais, de acordo com os advogados dos direitos das mulheres.

A título de comparação, a agência americana Associated Press apurou em maio de 2017 que houve um total de 17 mil denúncias oficiais de ataques sexuais a estudantes de colégios de ensino médio, fundamental e mesmo de escolas primárias entre o segundo semestre de 2011 e o primeiro semestre de 2015 nos Estados Unidos. E mesmo esse levantamento, o mais completo relatório sobre violência sexual em escolas americanas já feito, afirma não retratar completamente a extensão do problema, porque "esse tipo de ataque é amplamente subnotificado, há estados do país que não compilam estatísticas sobre eles e, entre os que fazem compilações, há enormes variações na maneira de classificar e catalogar a violência sexual".

Em novembro de 2017, as autoridades chinesas anunciaram uma investigação sobre as condições de atendimento em centros de cuidado infantil de todo o país. Isso ocorreu depois da onda de indignação gerada na opinião pública pelas acusações de abuso sexual em um jardim de infância de prestígio de Pequim administrado pela RYB Education, que tem ações negociadas na Bolsa de Nova York (RYB é uma sigla para "red, yellow, blue" ou "vermelho, amarelo, azul"). A agência de notícias Xinhua publicou que havia relatos de que crianças eram "molestadas sexualmente, espetadas com agulhas e recebiam comprimidos não identificados". Enfurecidas, as famílias de classe média das crianças se aglomeraram à porta do jardim de infância, localizado a vários quilômetros das instalações que abrigam as lideranças do Partido Comunista, enquanto dezenas de milhares de pessoas postavam no Weibo protestos exigindo algum posicionamento do governo a respeito – mas todo o debate público acabou sendo rapidamente abafado. A RYB Education tratou de demitir o diretor da escola e a polícia providenciou a prisão de um dos professores, enquanto autoridades enviavam diretrizes de censura a todas as agências de notícias da China alertando: "Não publiquem nenhuma matéria ou comentário mencionando o Jardim de Infância Novo Mundo, gerido pela Red Yellow Blue [RYB] Education no distrito de Chaoyang, em Pequim", de acordo com o *China Digital Times*.

Em contrapartida, quando a equipe de advogados de Liu Wei chegou a uma solução para o caso de Henan, em outubro de 2013, muitos jornalistas do país escreveram a respeito e entrevistaram Liu Wei sobre a epidemia de ataques sexuais nas escolas chinesas. Essa não havia sido a primeira vez que a advogada assumira um caso envolvendo abuso sexual de meninas, e até esse momento o governo por vezes vira o seu trabalho como uma ajuda para desmascarar a corrupção nas administrações locais. Mas o caso de 2013 chamou tanta atenção da imprensa que um agente governamental de Zhengzhou procurou Liu para alertá-la, ordenando que não aceitasse mais casos grandes envolvendo abuso sexual. "Nós podemos tolerar o que você vem fazendo até aqui, mas se for adiante com isso vai passar a ser vista como uma opositora do Partido Comunista e uma opositora da sociedade", disse-lhe o agente. Ele falou para Liu Wei não dar mais nenhuma entrevista e para se afastar especialmente dos jornalistas estrangeiros, que, nas palavras que usou, estavam apenas querendo "usá-la como ferramenta deles".

Liu sempre havia tomado o cuidado de não falar demais sobre seu trabalho e raramente dava entrevistas, mas a ameaça explícita feita pelo agente do governo enfureceu a advogada e ela se comprometeu a ficar firme na resistência. Ela não apenas decidiu que continuaria falando sobre o assunto, mas também sentiu que era sua *missão* fazer isso. "O governo não liga se o seu trabalho não estiver chamando muita atenção", ela diz. "Mas no instante em que você começa a dar entrevistas e assume um caso importante, que mobilize a opinião pública – se você consegue que grupos sociais diferentes se unam para denunciar um problema –, eles passam a vê-lo como uma ameaça."

Liu passou a se dedicar com mais afinco ainda à rede de advogadas que ajudara a criar e deixou seu posto na Yirenping. Ela e as outras participantes da Rede recrutaram mais advogadas e formaram subgrupos especializados em abuso sexual, justiça reprodutiva, discriminação no mercado de trabalho, violência doméstica e reformas legais. Elas decidiram não formalizar a existência da organização como medida para proteger as advogadas participantes, mas, com um ano de funcionamento, a Rede já contava com a adesão de cerca de 150 profissionais de todo o país.

Por volta dessa época, a consultora jurídica feminista Huang Yizhi entrou com um processo por discriminação de gênero em Pequim em nome de uma mulher de 23 anos que usou o pseudônimo Cao Ju. A moça havia sido rejeitada para o cargo de assistente administrativa em uma empresa privada de reforço escolar, a Academia Juren, porque os recrutadores lhe disseram que estavam interessados em contratar apenas homens. Em dezembro de 2013, Cao foi indenizada com 30 mil yuanes (algo em torno de US$ 4.500) por meio de uma decisão jurídica inédita, que concluiu o processo tido como o primeiro dessa natureza na história da China.

Em outras cidades do país, ativistas do feminismo quiseram surfar na onda dessa vitória nos tribunais. Em 2014, a ativista de Hangzhou que se apresenta como "Gina" – que estava com 23 anos na época – candidatou-se a um emprego na Escola de Culinária New Oriental, que havia publicado anúncios buscando explicitamente por um assistente administrativo do sexo masculino. Quando Gina telefonou para questionar os recrutadores sobre esse critério, eles lhe disseram sem nenhum rodeio que o diretor da empresa precisava de um assistente homem que carregasse as suas malas nas viagens de negócios. Era a evidência de que Gina precisava para que sua advogada entrasse com um processo por discriminação de gênero. Em novembro de 2014, a Corte do distrito do Lago do Oeste em

Hangzhou determinou que a escola de culinária havia violado o direito de oportunidades iguais de emprego para os candidatos. Essa foi outra decisão jurídica importante nos tribunais chineses ligada à questão da discriminação no mercado de trabalho, abrindo mais um precedente legal. Ainda assim, a indenização estabelecida para a reclamante foi de pífios 2 mil yuanes (pouco mais de US$ 300), por "sofrimento psíquico".

Veículos da mídia estatal, como o *Global Times*, divulgaram a decisão como tendo sido uma vitória para os direitos das mulheres, mas Gina ficou preocupada com o valor muito baixo da indenização. "Com uma indenização tão pequena, a maior parte das moças com formação universitária vai pensar que não vale a pena entrar com processos por discriminação de gênero", ela diz. Gina decidiu entrar com um recurso pedindo um aumento no valor da indenização e um pedido de desculpas formal da escola de culinária, mas, por ocasião da prisão do Quinteto Feminista, em março de 2015, acabou precisando deixar Hangzhou e permanecer escondida por quase dois meses (ver Capítulo 5). Quando ela retornou à cidade, o curto prazo de prescrição para os recursos na corte de apelações havia se esgotado.

Enquanto isso, depois da repercussão alcançada pelo caso de Henan, a polícia e os agentes da segurança estatal começaram a monitorar a advogada feminista Liu Wei de uma forma bem mais agressiva. Os carros deles circundavam regularmente o endereço da sua casa em Zhengzhou, e Liu ficou com medo de que seu filho de 5 anos ou seu marido sofressem ameaças. Nos fins de semana, ela fazia de tudo para que eles fizessem "passeios" nos subúrbios, achando que estariam mais seguros em um local público e movimentado distante do apartamento.

Em maio de 2014, o advogado Chang Boyang, que fora colega de Liu na Yirenping, foi detido. Chang estava representando clientes que haviam comparecido a um evento organizado em Pequim em memória do vigésimo quinto aniversário do massacre da Praça da Paz Celestial, embora ele próprio não tivesse estado presente. Depois da realização do encontro, houve uma batida policial na sede da Yirenping em Zhengzhou e as contas bancárias da instituição foram bloqueadas. (O escritório de Pequim da Yirenping pôde permanecer aberto porque tinha um registro comercial diferente.) Liu e outras participantes mais proeminentes da Rede Colaborativa de Advogadas decidiram organizar uma reunião em Hong Kong em julho para discutir o curso das suas ações, em vista do clima político cada vez mais desfavorável. Hong Kong era um local onde poderiam debater seu trabalho de maneira mais segura, e julho seria bem no meio das férias escolares. Liu, que andava se sentindo culpada por não passar tempo suficiente com o filho, decidiu levar o menino para o que pensou que seria uma boa viagem de férias depois que a reunião terminasse.

Pouco depois que o seu avião pousou em Hong Kong, Liu Wei recebeu uma mensagem da polícia informando que ela era suspeita de um crime e deveria comparecer para prestar esclarecimentos sobre o caso das "operações irregulares" da organização Yirenping. Ela ficou totalmente sem ação. Liu estava havia meses em estado de ansiedade permanente com a vigilância dos agentes de segurança em Zhengzhou, mas nunca poderia imaginar que seria citada oficialmente como suspeita de um crime. Algumas das colegas que estiveram na reunião de Hong Kong perceberam seu estado emocional abalado e recomendaram que procurasse apoio psicológico antes de decidir como iria agir. Elas aconselharam Liu também a fazer de tudo para permanecer longe da China continental.

O visto da advogada era de apenas sete dias, mas o psicoterapeuta que ela consultou escreveu uma carta ao governo de Hong Kong pedindo que ele fosse estendido por razões de saúde e teve o pedido atendido. Como houvesse entrado com uma candidatura para o posto de acadêmica visitante na Global Network of Public Interest Law (PILnet) em Nova York, Liu Wei fez contato com a instituição perguntando se seria possível iniciar o programa um ano antes do previsto. Eles concordaram rapidamente e apressaram os trâmites da documentação no departamento de imigração, de modo que ela já pudesse estar em terras americanas no mês seguinte e viajasse para lá diretamente de Hong Kong. Ao passar pelos controles de passaportes nos aeroportos de Hong Kong e Nova York, Liu Wei ficou apavorada com a possibilidade de que agentes da polícia chinesa pudessem aparecer subitamente para prendê-la, mas, no dia 8 de agosto (o oito é considerado um número muito auspicioso na China), ela e seu filho chegaram em segurança à cidade de Nova York. *É verdade mesmo que estou na América?*, Liu pensou.

Ao longo dos primeiros meses que se seguiram ao desembarque, Liu Wei acordava desorientada todos os dias. Ela levava o filho consigo para as aulas de Direito à tarde e à noite e passava a madrugada trocando mensagens frenéticas com companheiras da Rede Colaborativa de Advogadas na China. Eu me encontrei com Liu Wei pela primeira vez em um café na cidade de Nova York, em abril de 2016, num período em que eu atuava como professora visitante na Universidade Columbia, e ela era acadêmica visitante no Instituto de Direito Ásia-EUA da Universidade de Nova York. Ela levou o filho, na época com 8 anos, e o menino não parava de puxar a sua blusa dizendo: "Mãe, olha o que eu desenhei!". A cada interrupção, Liu parava nossa conversa para dar um sorriso para o filho e responder: "Puxa vida, olha só!", e só então continuar falando apaixonadamente sobre a questão dos direitos das mulheres e a repressão aos advogados de direitos na China.

Quando me relatou a sequência de acontecimentos que transformou sua vida em julho de 2014, Liu Wei ficou com os olhos cheios de lágrimas de gratidão pelo fato de o filho estar junto dela em Hong Kong quando chegou a intimação policial. "Eu não sei como estaria emocionalmente se não estivesse com ele aqui ao meu lado agora", ela disse. Mais tarde, quando assistiu à gravação em vídeo da "confissão" de Wang Yu em que ela prometia renunciar à prática do Direito, em agosto de 2016, Liu Wei diz que compreendeu totalmente a colega. Ela afirma que qualquer outra pessoa que tivesse um filho ou filha teria agido do mesmo jeito: obviamente, Wang decidiu fazer a "confissão" pelo bem do seu filho adolescente.

Depois que concluiu seu mestrado em Direito Internacional e Justiça (LLM) na Universidade Fordham, em 2017, Liu Wei se viu mais convicta do que nunca de que a conscientização feminista deve ser um componente fundamental da prática legal ligada aos direitos humanos na China. E também que somente uma rede de advogados liderada por mulheres com uma perspectiva feminista teria condição de pressionar o sistema de maneira eficaz a fim de conseguir as reformas necessárias para proteger os direitos legais das mulheres. Algumas participantes da Rede Colaborativa defendiam a aceitação de advogados homens apoiadores da causa dos direitos das mulheres, mas Liu discorda dessa ideia em razão da baixa conscientização entre os homens de forma geral a respeito das questões do sexismo e da misoginia. "Eu acho melhor não incluir homens", afirma ela.

Dezenas de advogadas se desligaram da Rede depois da prisão de Wang Yu e outros advogados da área de direitos em 2015, enquanto as participantes que permaneceram continuavam promovendo encontros e pensando em estratégias. Ativistas dos movimentos feministas participaram colaborativamente de alguns dos treinamentos organizados por elas, usando formas de comunicação cifradas e jamais falando a respeito de seus planos em ligações telefônicas ou mensagens do WeChat, que eram estritamente monitorados. (Um outro grupo de advogados se formou nessa mesma época, aberto a participações masculinas.)

"O governo foi atrás de Wang Yu primeiro porque ela era a mais corajosa e articulada entre todos os advogados chineses da área de direitos", Liu diz. Para ela, a represália governamental sobre esses profissionais talvez fosse capaz de desacelerar, mas jamais de deter totalmente, uma tendência subjacente e inexorável: a articulação cada vez maior entre os diferentes movimentos em prol da justiça social.

Em 2016 e 2017, as esposas dos advogados de direitos humanos detidos fundaram um movimento próprio, pequeno, mas poderoso. Elas montaram performances-manifesto inspiradas nos atos das ativistas do feminismo, envergando figurinos chamativos com slogans pintados em vermelho-vivo neles, portando baldes vermelhos na entrada de presídios e tribunais e exigindo direito de visita aos maridos encarcerados, segundo relataram matérias no *New York Times*.

"Nós temos visto uma nítida tendência entre os advogados de direitos de se vincularem a organizações não governamentais para a defesa de casos importantes, mobilizando cidadãos comuns para nos darem apoio por vias indiretas", diz Liu. "E esse é o maior medo do Partido Comunista

– de que todas essas forças sociais diferentes consigam se unir e que essa união as transforme numa potência imbatível."

Sem ligação com o movimento dos advogados dos direitos das mulheres, existe uma outra força social com potencial para se tornar imbatível: as greves e os protestos de trabalhadores atingiram o número recorde de mais de 2.700 ocorrências em 2015 e somaram por volta de 2.650 em 2016 – quase o dobro dos registros de 2014 (quando houve 1.379 greves registradas publicamente), de acordo com dados da ONG China Labour Bulletin. A organização alerta que essas greves registradas publicamente são somente "a ponta do iceberg". Os sindicatos trabalhistas independentes são proibidos no país, e a única instituição do tipo que tem permissão para funcionar, a Federação Nacional dos Sindicatos, existe basicamente para controlar os trabalhadores. (Da mesma forma que a função primária da Federação Nacional da Mulher Chinesa é controlar as mulheres, embora a missão declarada em seu estatuto seja "representar e promover os direitos e interesses das mulheres".)

A intensidade crescente da atuação coletiva dos trabalhadores do país está retratada vividamente no documentário *Nós, os Trabalhadores*, de 2017, de Huang Wenhai e Zeng Jinyan. A insatisfação dessa classe aumentou exponencialmente em razão de múltiplos fatores, tais como o crescimento das expectativas da geração mais jovem a ingressar no mercado de trabalho, o fortalecimento da conexão e comunicação entre os trabalhadores proporcionado pelas redes sociais e o aumento da automação da produção e a realocação de fábricas para outros países com mão de obra mais barata.

"Os trabalhadores de hoje em dia conhecem seus direitos e não têm medo das autoridades", disse Han Dongfang, articulador veterano do movimento trabalhista e fundador da China Labour Bulletin. A geração atual é bem mais rebelde que a dos trabalhadores da década de 1990 e princípio dos anos 2000, que suportavam calados violações de seus direitos, meses sem receber salários e turnos de trabalho desumanos em troca de seu emprego nas fábricas.

Na época dos protestos pró-democracia na Praça da Paz Celestial, em 1989, Han era um ferroviário de Pequim de 26 anos que com sua personalidade carismática conquistou rapidamente a liderança de uma união trabalhista independente. Depois do massacre dos manifestantes, no dia 4 de junho, o governo chinês incluiu Han em sua lista de líderes trabalhistas procurados e ele acabou preso sem julgamento e permaneceu na cadeia por quase dois anos. Por ter desenvolvido uma forma de tuberculose resistente ao tratamento com remédios, Han recebeu permissão para ser tratado nos Estados Unidos e teve a maior parte do pulmão removida. Em 1994, ele se mudou para Hong Kong e fundou a ONG China Labour Bulletin. Eu o encontrei pela primeira vez em 1997, quando trabalhava como jornalista para a Radio Free Asia, que tinha acabado de lançar um programa falado em mandarim com transmissão de Hong Kong (e que mais tarde lançou parte da programação também em cantonês). Pouco depois disso, Han estreou na rádio um programa aberto à participação dos ouvintes, o "Laogong Tongxun" (o mesmo que Boletim Trabalhista, ou Labour Bulletin), que conversava com os trabalhadores chineses sobre as suas lutas do dia a dia e questões trabalhistas maiores. Han mantém o programa no ar até hoje, e a sua China Labour Bulletin estabeleceu parcerias com muitos ativistas pelos direitos trabalhistas e advogados.

De todos os ativistas por direitos chineses da geração da Praça da Paz Celestial que hoje vivem no exílio e que eu tive a chance de conhecer, Han é um dos poucos que mantiveram laços mais próximos com a população comum do país, talvez pelo fato de que o foco da sua luta são as questões que ele descreve como "pragmáticas, da vida real", mais do que a meta abstrata de converter um regime ditatorial em uma democracia. O ativista se disse impressionado com a solidariedade demonstrada pelas jovens feministas aos trabalhadores em greve na província de Guangdong e com sua disposição para enfrentar o problema onipresente e arraigado da discriminação de gênero por parte dos empregadores. As mulheres têm mais chance do que os homens de serem contratadas para cargos de baixos salários nas fábricas e nas indústrias de serviços chinesas, e, por causa disso, elas formam a linha de frente da onda crescente de insatisfação trabalhista no país.

"Como as empresas de investimento estrangeiro, em especial, contratam mais trabalhadoras do sexo feminino, obviamente há muitas mulheres participando dos protestos por melhores condições de trabalho", Han me disse durante a nossa conversa de setembro de 2016 em Hong Kong. "Mas, até agora, as negociações coletivas com os patrões ainda são conduzidas, em sua maioria, por homens." Han queria incluir as perspectivas de gênero nas negociações sobre questões trabalhistas a fim de conseguir uma melhoria das condições de trabalho para todas as pessoas, não só para os homens. Há vários anos, a China Labour Bulletin procura recrutar mulheres para os seus cursos de capacitação em Guangdong, para ajudá-las a alcançar cargos de liderança e fazer com que estejam mais presentes nas negociações coletivas com os patrões.

"Se conseguirmos fazer com que três mulheres conduzam as negociações, isso a meu ver será mais importante do que ter trezentas delas participando de uma greve, mas sem se sentarem à mesa de negociações", Han diz. "Obviamente, a manifestação dessas trezentas operárias será importante, mas, se conseguirmos capacitar mais mulheres para que possam liderar as negociações com seus patrões, isso servirá de inspiração para que mais delas se posicionem e busquem representação para suas necessidades."

Quando a maior parte das negociações trabalhistas envolvendo questões financeiras fica nas mãos de homens, quase sempre os direitos das mulheres são deixados de lado para que o foco recaia apenas sobre o valor dos salários ou das aposentadorias. No entanto, as trabalhadoras são extremamente vulneráveis à discriminação baseada em gênero no ambiente de trabalho, podendo, por exemplo, sofrer com ausência de auxílio médico para questões reprodutivas e de licença-maternidade, com assédio e abuso sexual por parte de colegas ou superiores e com demissões injustas por motivo de gravidez.

Num caso bastante típico, de junho de 2017, uma mulher grávida na cidade de Xi'an, no oeste da China, levou a julgamento a sua ex-empregadora, a sede local da companhia Giant Biogene, por tê-la demitido injustamente depois que ela avisou ao supervisor que estava grávida. O supervisor em questão teve várias reuniões com ela para tentar convencê-la a trocar seu cargo administrativo por uma vaga na linha de produção, mais extenuante fisicamente e com um salário menor, e, diante das suas recusas, ameaçou-a com a demissão, segundo registros da China Labour Bulletin. Mais tarde, em dezembro de 2017, três mulheres demitidas após engravidarem entraram com um processo conjunto por discriminação contra o China Railway Logistics Group de Pequim, no que deve ter sido a primeira ação legal conjunta do tipo no país. Um tribunal da cidade determinou que uma das mulheres recebesse 10 mil yuanes (o valor de um mês de salário), e os casos das outras duas continuavam em julgamento quando este livro foi para a gráfica.

Embora as mulheres venham se conscientizando a respeito da importância de reivindicarem seus direitos como trabalhadoras, "ainda há uma lacuna grande entre a conscientização mais geral a respeito dos direitos e o domínio das habilidades necessárias para tomar a frente das negociações com patrões", Han diz. Para ele, uma das funções importantes do China Labour Bulletin é ajudar trabalhadores lesados a transformarem grandes litígios trabalhistas em rodadas de negociação coletiva, encorajando mulheres a assumirem o protagonismo e conduzirem as tratativas, seja oferecendo a elas capacitação em técnicas de negociação ou educando os articuladores trabalhistas homens a aceitarem colegas mulheres como suas iguais.

"Nós dizemos a todos eles: 'bem, 80% do operariado das fábricas é formado por mulheres, mas 90% das lideranças à frente das negociações são homens. Vocês não acham que seria mais fácil mobilizar a força de trabalho se houvesse mais lideranças femininas?'", Han relata. "E eles concordam, dizendo que 'sim, ter mais representatividade feminina poderia ajudar nas nossas negociações'". O grupo dele então disse para os líderes trabalhistas buscarem e recrutarem mais trabalhadoras mulheres que fossem ativistas e estivessem interessadas em representar os trabalhadores em mesas de negociações. "Assim, pouco a pouco, as mulheres começam a tomar a liderança nas negociações coletivas", ele diz.

A ONG China Labour Bulletin costumava oferecer cursos de negociação coletiva ministrados por Han, pessoalmente, para 50 a 80 representantes trabalhistas em cada turma entre 2012 e 2014 em Hong Kong. A organização também oferecia suporte a um grupo de direitos trabalhistas na província de Guangdong, o Centro de Trabalhadores

Panyu. Uma das trabalhadoras que frequentavam o Panyu era uma mulher muito carismática, Zhu Xiaomei, que havia sido demitida do seu posto na fábrica Metais Hitachi, em Guangzhou, por ter mobilizado os colegas a fazerem campanhas para que se formasse um sindicato. Após a demissão, ela processou a Hitachi e venceu, conseguindo via acordo extrajudicial a significativa indenização de 230 mil yuanes (cerca de US$ 36.500).

Zhu trabalhou para o Panyu como organizadora em litígios trabalhistas que envolviam milhares de trabalhadores, incluindo uma greve de centenas de funcionários da limpeza no Hotel University Town de Guangzhou, em agosto de 2014. A firma empregadora, a Guangdian Gerenciamento de Propriedades, havia dito aos trabalhadores que eles teriam que sair de sua cidade para acompanhar a transferência da sede da empresa ou perderiam seus empregos. Os funcionários organizaram a greve para exigir o pagamento justo de indenizações pelas demissões e que a nova firma a ser contratada pelo University Town se comprometesse a absorver todos eles.

Em um dos vídeos de registro da ação coletiva, vemos Zhu falando diante de um grupo de grevistas – em sua maioria mulheres – que se abanam enquanto ouvem, por causa do calor. "No começo vocês podem ficar com um pouco de medo, achando que é melhor deixar outro representante ir lá falar. Mas quem tomar a decisão e for até lá, como algumas pessoas aqui já fizeram hoje, vai descobrir que na verdade os patrões não podem fazer nada de mau contra vocês, não é mesmo? Vocês estão com medo?", Zhu lhes perguntava.

"Não!", o grupo gritava.

"Estou gostando de ver!", ela reagiu entusiasmada. "Não fiquem achando que ir até lá falar [com a gerência] é algo tão assustador assim! Nós vivemos nos assustando, mas na verdade não existe nada a temer. Nós dizemos sempre a vocês: 'Não se preocupem, vão lá e falem', mas vocês respondem: 'Não, não, não. Eu não tenho capacidade para isso'. Aqueles aqui que presenciaram a negociação de hoje já têm uma ideia de como funciona, e eu espero que possam contar aos outros a respeito. Nesses litígios trabalhistas coletivos, todos nós somos vítimas, mas também podemos nos beneficiar no final, não é mesmo?"

Depois de semanas de greves e negociações, a Guangdian Gerenciamento concordou em pagar aos funcionários 3 mil yuanes (cerca de US$ 450) por ano de serviço, mais seguro social e auxílio-moradia; e eles também foram recontratados pela empresa que assumiu a prestação de serviços de limpeza, segundo dados do China Labour Bulletin. Mas, em dezembro de 2015, a polícia prendeu pelo menos dezoito articuladores trabalhistas na província de Guangdong. Em setembro de 2016, um tribunal de Guangdong determinou a suspensão da pena de três dos ativistas presos sob a acusação de "reunir a população para perturbar a ordem pública". A lista de articuladores incluía Zhu Xiaomei, que estava amamentando um filho na ocasião de sua prisão. Dois homens receberam suspensão das penas: Zeng Feiyang, diretor do Centro de Trabalhadores Panyu, e Tang Jian. Outro homem, Meng Han, foi libertado em abril de 2017, depois de passar 21 meses na prisão.

Han Dongfang diz que o governo teme que os trabalhadores chineses se tornem tão organizados quanto o sindicato independente polonês Solidariedade (Solidarność). O Solidariedade se formou em 1980 e foi reprimido pelo governo comunista do país, mas depois acabou vencendo o Partido Comunista Polonês nas eleições parcialmente livres que o país teve em 1989 – triunfo que foi um marco histórico no colapso do comunismo na Europa Oriental e na União Soviética.

Em um artigo do China Labour Bulletin para o Dia Internacional do Trabalho de 2017, Han faz um apelo às marcas internacionais para que se responsabilizem pelas condições de trabalho nas fábricas chinesas que são suas fornecedoras:

> Desde 1989, o governo chinês condenou repetidamente líderes do movimento trabalhista que lutavam pela liberdade de associação; essas decisões judiciais serviam como instrumento de intimidação política. Mas, na decisão de 2016 que condenou quatro colaboradores do Centro de Trabalhadores Panyu, o governo chinês pela primeira vez emitiu uma decisão retaliadora em favor de uma empresa e contra pessoas que estavam dando apoio aos seus funcionários para que conduzissem uma negociação coletiva bem-sucedida com a gerência (...)

Falando sem rodeios, essas empresas multinacionais têm ficado com a maior parte dos lucros, deixando o que em troca para a China? Para os trabalhadores chineses, não resta nada além de pobreza; para as relações trabalhistas na China, nada além de litígios intermináveis; para a sociedade chinesa em geral, nada além de repressão policial contra trabalhadores e ONGs trabalhistas. Está na hora de as marcas internacionais reconhecerem o seu papel nessas violações tão graves.

Em maio de 2017, as autoridades chinesas detiveram mais três ativistas trabalhistas que investigavam as condições de trabalho em fábricas de sapatos nas regiões Sul e Leste da China, de propriedade da Huajian International, responsável por fabricar sapatos para a marca de Ivanka Trump, filha (e conselheira) do presidente americano Donald Trump. Os três ativistas ficaram em um centro de detenção em Ganzhou, na província de Jiangxi, até o final de junho, e depois foram liberados sob fiança para aguardar julgamento em liberdade. Na fábrica em Ganzhou, diversos operários relataram cumprir turnos de trabalho estendidos até depois da meia-noite, receber salários muito baixos e sofrer abusos verbais. Um deles contou que um gerente, irritado, havia lhe batido na cabeça com a ponta afiada do salto de um dos sapatos, a ponto de fazê-lo sangrar, segundo publicou a Associated Press. Ivanka Trump e sua empresa se recusaram a fazer declarações a respeito.

Apesar do ambiente extremamente repressivo, os protestos trabalhistas e as greves continuaram, contando cada vez mais com mulheres operárias na linha de frente. Em março de 2018, cerca de mil operários da linha de montagem – 70% dos quais do sexo feminino – entraram em greve na manufatura de bolsas de luxo Simone em Guangzhou, exigindo restituição de suas contribuições para o seguro social. A Simone Acessórios, uma empresa sul-coreana, é uma das maiores fornecedoras para grifes de luxo internacionais, incluindo Michael Kors, Marc Jacobs e Coach, e funciona em países como China, Camboja e Vietnã. Em 2017, a empresa havia começado a realocar as operações da fábrica de Guangzhou para localidades mais baratas, e os funcionários ficaram com medo de ser demitidos sem receber os benefícios de seguro social e auxílio-moradia, que estavam pendentes havia tempos. A força de trabalho, majoritariamente feminina, se decidiu então por uma greve, e após nove dias de negociações coletivas chegou a um acordo com a gerência para ter suas demandas atendidas.

Zheng Churan, do Quinteto Feminista, ligou seu ativismo no feminismo a uma preocupação profunda com os direitos trabalhistas e com as mulheres das classes trabalhadoras desde que era estudante na prestigiosa Universidade Sun Yat-sen, em Guangzhou. Em agosto de 2014, Zheng saía quase diariamente para tirar fotos e distribuir adesivos com frases de protesto aos funcionários da limpeza em greve no Hotel University Town. Os protestos deles atraíram grande atenção da mídia, mas a feminista conta que os repórteres só tiravam fotos dos grevistas homens, mesmo diante do fato de que 80% dos funcionários da limpeza do hotel eram mulheres. "Por que a imprensa não mostrava as mulheres? Decidi tirar eu mesma fotografias delas, e nós passamos a distribuir adesivos para elas expressarem suas demandas, colando-os no rosto e nas roupas. O processo foi todo bastante visual." O ensaio fotográfico que Zheng Churan publicou on-line se chamava "Essas São Mulheres Fortes e Empoderadas".

Uma das fotos mostra uma operária sorrindo para a câmera, com um adesivo colado na testa que dizia: "Guangdiang Gerenciamento, Pare de Fazer o Mal!". Em outra, vemos mais uma mulher, essa com o punho erguido e um adesivo no rosto com os dizeres: "Paguem por Meu Trabalho". Há outra, ainda, de seis operárias uniformizadas sorrindo, com as mãos erguidas para um cumprimento coletivo e vários adesivos no rosto com dizeres como: "Ela Deu Nove Anos de Sangue e Suor / Vocês a Usaram e Jogaram Fora". Um colega homem aparece ao lado das mulheres, torcendo por elas.

"É muito comum que falte consciência de gênero nos nossos veículos de imprensa, então eles acabam negligenciando e apagando a presença feminina nos movimentos sociais", Zheng diz. "E nós não podemos deixar isso acontecer." Os funcionários da limpeza em greve também conquistaram o apoio de muitos estudantes: mais de 900 alunos da Universidade Sun Yat-sen aderiram a um abaixo-assinado em solidariedade aos trabalhadores.

Quando aconteceu a prisão do Quinteto Feminista, uma parte dos trabalhadores que demonstraram solidariedade às ativistas nas redes sociais eram pessoas que haviam recebido ajuda de Zheng pessoalmente. Uma das fotos mais marcantes postadas no Weibo mostrava um operário com o torso nu e uma inscrição em tinta vermelha nas costas: "Coelho Gigante, que orgulho! O proletariado está com você!" (Coelho Gigante é o apelido de Zheng Churan).

Desde que foi libertada da cadeia, Zheng não parou mais de pensar em estratégias para construir laços de solidariedade entre a massa de feministas de classe média que vem crescendo tão rapidamente e as mulheres operárias. "A onda de apoio que recebemos foi incrível. Mas, num clima político como o que temos, a forma mais aceitável de feminismo gira em torno do consumismo e das mulheres da elite", explica ela. "Isso é mais seguro politicamente e não vai levar ninguém para a prisão, mas nós temos que conseguir um jeito de aproveitar essa tendência de crescimento para ajudar as mulheres com menos instrução, da classe operária, que têm problemas bem diferentes."

Se existem algumas líderes trabalhistas mulheres, como Zhu Xiaomei, o número dessas líderes que vincula sua luta coletiva a uma causa explicitamente feminista ainda é muito menor. Qualquer iniciativa em grande escala e que atravesse as fronteiras de classe para criar uma colaboração entre mulheres de classe média e operárias provavelmente seria vista como mais uma ameaça ao Partido Comunista. A Revolução Comunista de 1949 foi bem-sucedida porque os intelectuais da elite comunista uniram forças a dezenas de milhões de camponeses e operários. Nada foi capaz de mobilizar as mulheres trabalhadoras da cidade e do campo com mais potência do que o Partido Comunista nas décadas de 1930 e 1940, mas esse tipo de mobilização de base das massas é praticamente impossível com a repressão que vigora na China hoje.

Zheng observa que é bem mais fácil ver resultados rápidos quando o ativismo feminista está voltado para mulheres com instrução universitária, citando a proliferação dos grupos "Lean In" entre profissionais urbanas da China como apenas um exemplo do crescente feminismo "neoliberal" para as elites. "Mas se alguém tivesse os recursos para investir de verdade no aumento da conscientização entre as mulheres do operariado, os resultados seriam incríveis", ela diz.

Mesmo assim, Zheng se sente encorajada quando vê as centenas de milhares de jovens chinesas que já estão rechaçando o machismo e a misoginia e que já vêm começando a mudar o panorama geral da sociedade no país. Uma preocupação específica dessas jovens chinesas é a discriminação de gênero que impera no mercado de trabalho, porque ela tem efeitos diretos sobre as suas vidas. "Nós podemos ver um processo de despertar dessas mulheres por meio das suas manifestações nas redes sociais. Qualquer postagem ligada à discriminação de gênero no trabalho atrai um número imenso de comentários raivosos. Inicialmente, as mulheres não percebem o sexismo como um problema, ou talvez saibam que é um problema, mas pensam que não há nada que possam fazer para mudar as coisas", diz Zheng. "Então, elas veem ativistas como nós fazendo alguma ação interessante para chamar atenção para o problema e percebem que também podem expressar suas opiniões em público e denunciar atos sexistas quando os veem."

Apesar da onda recente de interesse pelo feminismo e pela questão da desigualdade de gênero entre mulheres urbanas, Zheng e outras ativistas são nomes vetados para receber linhas de financiamento dentro da China e não podem participar de muitos eventos porque, oficialmente, continuam classificadas como "suspeitas criminais". Vários professores já disseram abertamente a Zheng que adorariam convidá-la para seus campi, mas que as universidades jamais dariam permissão para que ela palestrasse. Grande parte dos departamentos universitários de Estudos da Mulher não tem autonomia para convidar ativistas feministas que não sejam aprovadas pela agência oficial Federação Nacional da Mulher Chinesa, em razão da vigilância cada vez maior contra "influências estrangeiras hostis" nos campi chineses. Até mesmo algumas organizações internacionais operando no país praticam a autocensura e deixam de convidar ativistas feministas independentes para falar em seus eventos por medo de contrariar o governo.

Zheng continua recebendo alertas dos agentes de segurança, embora tenha tido permissão para visitar os Estados Unidos em dezembro de

2017. Uma semana depois de ter sido incluída pela BBC na lista de 100 "mulheres inspiradoras e influentes de 2016", Zheng recebeu o telefonema de um agente querendo saber por que o seu nome estava na tal lista. "Os nossos líderes souberam dessa lista e estão muito descontentes", o agente lhe disse. "Como foi que escolheram os nomes? Eles lhe deram algum dinheiro? Querem que você viaje até lá?" Zheng respondeu que não estava sabendo de nada a respeito das decisões da BBC, mas que provavelmente havia sido incluída na lista por causa do seu recente plano de negócios para "ajudar as mulheres a avançarem em sua carreira". Essa resposta pareceu satisfazer o agente, e ele não insistiu para que Zheng fosse encontrá-lo. "Quando movimentos como o 'Lean In' passarem a ser vistos como sensíveis politicamente, aí é que a revolução vai *mesmo* acontecer na China", brinca ela.

Zheng acrescenta que os agentes de segurança de Guangzhou que passaram a vigiá-la depois que foi solta não eram os mesmos que a haviam detido e interrogado em 2015. "Eu não sei o que aconteceu com aqueles caras – eles simplesmente desapareceram. Vai ver que estão todos mortos!" Esse pensamento a faz soltar uma gargalhada. "Como eu sou má!", ela diz ainda rindo, claramente usando sua fantasia de vingança para amenizar um pouco o estresse. "Todo mundo está sob uma pressão tremenda agora, ninguém se sente seguro, mas nós procuramos nos encontrar bastante para comer, beber e rir um pouco", ela diz. "É importante continuarmos juntas e nos divertindo, porque, por mais escuros que fiquem os tempos, nós, feministas, vamos resistir. Não podemos nos deixar esmagar."

O autoritarismo patriarcal chinês

Lu Jun, cofundador da ONG Yirenping, apareceu no nosso primeiro encontro em um café em Manhattan, em 2016, usando uma camiseta preta com os dizeres "É assim que uma pessoa feminista se parece", em caracteres chineses. A camiseta – uma criação da ativista Xiao Meili inspirada na frase de um ícone da luta por direitos das mulheres, a americana Gloria Steinem, que disse: "É assim que alguém de 40 anos se parece" – praticamente se transformou em um uniforme das feministas chinesas. Lu vive num exílio autoimposto nos Estados Unidos há vários anos e já foi chamado de "um dos ativistas sociais mais procurados da China".

Em 2006, Lu Jun fundou a Yirenping em Pequim e, em seguida, em 2009, abriu mais uma sede da organização com os colegas Chang Boyang e Yang Zhanqing em Zhengzhou, na província de Henan. Num primeiro momento, eles voltaram seu foco para a discriminação contra pessoas portadoras de hepatite B (incluindo o próprio Lu Jun), que eram banidas de uma lista imensa de postos de trabalho. Eles também assumiam questões ligadas aos direitos dos consumidores e de uma epidemia de contágios com HIV que estava sendo espalhada por um mercado ilegal de transfusão de sangue e acobertada pelo governo local. Como praticamente não havia instituições chinesas que ousassem doar dinheiro para ONGs de lutas pelos direitos dos cidadãos, boa parte do financiamento da Yirenping vinha da americana National Endowment for Democracy (NED), que recebe apoio anual do Congresso dos Estados Unidos.

A Yirenping de Pequim expandiu sua atuação para incluir os direitos das mulheres depois que a feminista Wu Rongrong entrou para a organização, assim que se formou na faculdade, em 2007. Em maio de 2009, Wu Rongrong encabeçou a sua primeira grande campanha pelos direitos das mulheres, ao chamar atenção da opinião pública para o caso de Deng Yujiao, uma mulher de 21 anos que matara um funcionário do governo em legítima defesa quando estava sendo atacada sexualmente por ele (ver Capítulo 1). Então, no final de julho, dois funcionários foram com um policial fazer uma busca por documentos "ilegais" não especificados no escritório da Yirenping em Pequim. "Nós não permitimos que fizessem a busca, porque o documento de identificação de um dos funcionários estava vencido, então lhes dissemos que aquilo era ilegal", Lu Jun me disse. Nessa mesma época, ele ouvira dizer que o advogado da área de direitos Xu Zhiyong (que havia trabalhado com Lu em um caso de 2008 envolvendo uma fórmula infantil adulterada que fizera dezenas de milhares de bebês adoecerem) havia sido preso.

Lu Jun e seus colegas não se deixaram intimidar. "Nós ficamos lá sentados, discutindo com eles o tempo todo, e eu cheguei até mesmo a ligar para a polícia para denunciar a busca ilegal", conta ele. Às 6 da tarde, os funcionários foram embora sem ter feito a busca, embora tenham levado algumas dezenas de boletins antidiscriminação dizendo que iriam "estudá-los". Mais tarde, o policial voltou ao escritório e exigiu que Lu Jun se desculpasse com os funcionários do governo, mas ele se recusou a fazer isso.

De início, o governo negou um visto de saída ao advogado para que participasse de uma conferência sobre direitos humanos na União Europeia, mas, em dezembro de 2009, ele teve permissão para viajar por alguns meses para visitar a Universidade de Hong Kong e a Escola de Direito de Yale. Quando Lu Jun retornou à China para dar início com a Yirenping a um programa de defesa dos direitos de portadores de necessidades especiais, em 2010, a polícia não o perturbou muito. Eles só queriam "bater um papo" em alguma casa de chá ou restaurante a cada período de alguns meses. A Yirenping foi praticamente deixada em paz para tocar seus programas até maio de 2014, quando Chang Boyang foi preso por representar clientes que haviam organizado uma vigília em memória dos 25 anos do massacre na Praça da Paz Celestial. Embora as autoridades locais tenham fechado a sede da Yirenping em Zhengzhou, o escritório de Pequim teve permissão para permanecer aberto.

Agora, o governo central se deu conta de repente de que havia uma influente organização de lutas por direitos que eles até então não consideravam "perigosa" – mas a essa altura Lu Jun já estava em terras americanas, iniciando um programa de acadêmico visitante no Instituto de Direito EUA-Ásia da Faculdade de Direito da NYU. "O governo central começou a ficar muito atento a todas as ONGs chinesas que recebiam financiamento estrangeiro, e a Yirenping, obviamente, por causa do suporte que recebemos de fora, se transformou em um alvo importante da represália às ONGs", explica Lu Jun. "Eles começaram a vasculhar todos os nossos programas, mas era difícil encontrar algum problema político neles." A causa dos direitos das mulheres se destacou como tendo o maior potencial de gerar problemas para o governo. Ela mobilizava atos provocativos de ativismo nas ruas e tinha tido sucesso no propósito de organizar as mulheres – e também homens simpáticos às suas lutas – em diversas cidades por todo o país. Foi por isso que as autoridades "decidiram usar os direitos das mulheres como porta de entrada", Lu Jun diz.

Depois que as autoridades prenderam o Quinteto Feminista, em março de 2015, agentes de segurança fizeram uma batida no escritório de Pequim da Yirenping, levaram todos os documentos e computadores e prenderam uma de suas funcionárias. Em uma coletiva com o Ministério do Exterior da China no dia 25 de março, correspondentes estrangeiros fizeram perguntas a respeito das feministas detidas. "Ninguém tem o direito de pedir à China que liberte indivíduos relevantes, portanto, nós esperamos que pessoas relevantes parem de interferir na soberania judicial do país dessa maneira", foi a resposta do porta-voz do governo.

Lu Jun ressalta que as autoridades só passaram a prestar atenção às ativistas do feminismo de 2012 em diante, por causa da massa de apoiadores que elas haviam conseguido mobilizar. "O movimento feminista conseguiu saltos gigantescos num período de poucos anos. Hoje ele se parece com um movimento social de verdade (...) Para mim, o povo da China é como um monte de areia espalhada, mas quem conseguir organizar esses grãos de areia verá que eles têm mais força do que quando estavam espalhados", afirma ele. "Hoje, as vozes feministas se fazem ouvir porque estão bem organizadas. Mas, se não puderem se organizar, essas vozes se desvanecerão."

Para Lu Jun, não resta dúvida de que Xi Jinping, o líder supremo da China desde novembro de 2012, é um opositor do feminismo e dos direitos das mulheres de maneira geral: "As feministas chinesas hoje têm um novo inimigo: Xi Jinping", afirma ele. "E esse inimigo é muito poderoso."

A legislação chinesa aboliu formalmente as limitações de tempo para os mandatos presidenciais em março de 2018, garantindo assim novos e imensos poderes ao presidente Xi e abrindo caminho para que ele seja o ditador vitalício da China. O Partido Comunista Chinês está no poder há quase setenta anos – quase o mesmo tempo que os comunistas estiveram à frente da União Soviética. Depois do massacre da Praça da Paz Celestial, em 1989, houve muitos jornalistas e acadêmicos que previram a queda do Partido, mas ele contrariou essas previsões e reforçou ainda mais os pilares do seu poder.

A maior parte das análises sobre o autoritarismo chinês relega as questões de gênero a uma posição marginal, mas eu acredito que a subordinação das mulheres é um elemento fundamental para a ditadura do Partido Comunista e para o seu sistema de "manutenção da estabilidade" (*weiwen*). A meu ver, Xi Jinping, assim como outros ditadores, considera o autoritarismo *patriarcal* como sendo um elemento crítico para a sobrevivência do Partido Comunista. Mesmo antes da subida de Xi ao poder, o sexismo e a misoginia há muito formavam as bases de sustentação para o controle autoritário exercido pela China sobre sua população. (Outras razões por trás da longevidade do Partido incluem a sua capacidade de se adaptar a mudanças sociais e de produzir um rápido crescimento econômico, ao mesmo tempo que reprime implacavelmente qualquer dissidência política.)

Atualmente, pela primeira vez desde a fundação da República Popular, em 1949, o ativismo de feministas organizadas e independentes do Partido Comunista conseguiu falar a um amplo descontentamento que há entre as mulheres chinesas, alcançando com isso um grau de influência sobre a opinião pública que é visto muito raramente em qualquer movimento social na China. Números cada vez maiores de mulheres – em especial aquelas com diplomas universitários e morando em centros urbanos – têm se esquivado dos esforços incansáveis do governo para coagi-las na direção do casamento heterossexual e da criação de filhos. Não é de espantar, portanto, que as lideranças masculinas do país se sintam ameaçadas por jovens ativistas, essas feministas que vêm clamando por uma emancipação individualista que não tem nada a ver com a construção da nação.

A retaliação do governo chinês contra o feminismo é um reflexo, no âmbito estatal, de uma masculinidade frágil e apavorada com a perspectiva de ter mulheres emancipadas contestando a legitimidade política do Partido Comunista. A ameaça representada pelas feministas tem sido vista como tão grave que, em maio de 2017, o site do *People's Daily* – a voz oficial do Partido na mídia – publicou uma declaração da vice-presidente da Federação Nacional da Mulher Chinesa alertando que "forças hostis do Ocidente" estavam usando o "feminismo ocidental" e a ideia de "pôr o feminismo acima de todo o resto" para atacar as visões marxistas adotadas pela China sobre as mulheres e as "políticas básicas de igualdade de gêneros" do país. "Há quem esteja levantando as bandeiras da 'defesa dos direitos', 'mitigação da pobreza' e da 'caridade' para interferir diretamente nos assuntos femininos do nosso país, tentando encontrar pontos fracos e se infiltrar no campo das questões ligadas às mulheres", Song Xiuyan advertiu. E foi adiante, acrescentando que todas as células do Partido dedicadas a assuntos ligados às mulheres deveriam seguir as diretrizes sábias de Xi Jinping e se prevenir contra os esforços do Ocidente para intervir na China.

Pouco depois de Xi ter sido nomeado secretário-geral do Partido Comunista Chinês, em novembro de 2012, ele fez um discurso icônico no qual explicava o colapso da União Soviética. "Algumas pessoas tentaram salvar a União Soviética; elas miraram Gorbachev, mas em poucos dias a situação havia mudado novamente, porque essas pessoas não dispunham de instrumentos para exercer o poder. Yeltsin fez um discurso de cima de um tanque, mas as Forças Armadas não tiveram reação, preferindo manter a dita 'neutralidade'. Por fim, Gorbachev anunciou o desmantelamento da União Soviética, numa declaração em tom jovial", ele disse. "E assim, de uma hora para outra, um grande partido desapareceu. Proporcionalmente, o Partido Comunista Soviético tinha mais membros do que nós temos, mas ninguém foi homem suficiente para se levantar e resistir."

A jornalista independente Gao Yu (presa diversas vezes por seu papel nos protestos da Praça da Paz Celestial em 1989 e outras críticas ao governo) foi rápida em sua resposta. "Ninguém foi homem o suficiente!", ela escreveu. "Como esse trecho sintetiza vividamente toda a ansiedade de Xi Jinping quanto à queda do Partido Comunista Soviético e o colapso da União Soviética!"

Esse primeiro discurso de Xi como líder do Partido deu mostras de que – ao contrário de previsões de analistas que diziam que seu foco seria avançar as reformas econômicas e políticas – ele próprio via como sua função primordial esmagar quaisquer forças desestabilizadoras capazes de levar à agitação social em larga escala e abrir caminho para um colapso do Partido. A declaração do presidente Xi implicava que, ao contrário de Gorbachev, ele próprio era "homem o suficiente" para defender o Partido Comunista; que ele possuía os atributos másculos necessários para defender a China daqueles que buscavam minar a liderança comunista.

Em abril de 2013, o Partido fez circular um memorando interno intitulado "Documento nº 9", avisando os funcionários do governo que permanecessem em alerta contra a infiltração de pontos de vista perigosos vindos do Ocidente. O texto enumerava sete conceitos "ocidentais" que chamou de "sete inomináveis" (*qi ge bu jiang*), incluindo valores universais, a democracia constitucional ocidental, sociedade civil, a liberdade de imprensa ocidental e os erros históricos do Partido Comunista. Pouco depois disso, o governo iniciou seu ataque sistemático e implacável contra a sociedade civil.

Durante seus primeiros anos na presidência (até o início de 2016), Xi era chamado de "Xi Dada" – algo como "Big Daddy Xi" ou "Paizão Xi" – pela mídia estatal, que tratou de construir um culto à personalidade ao redor da sua figura como não se via desde os idos da Revolução Cultural, entre 1966 e 1976, quando Mao Tsé-Tung era louvado na música, na dança, nos pôsteres da propaganda governamental e nas notícias veiculadas pela imprensa como o salvador único e absoluto da China. Esse tipo de linguagem celebra Xi Jinping pela sua virilidade e defende a família patriarcal como fundamento básico para um estado forte e estável.

Assim como o Big Brother de Orwell, o "Big Daddy" chinês está sempre vigiando você. As imagens da propaganda retratam Xi como o pai da nação chinesa, em um "estado-família sob a bênção dos céus" (*jiaguo tianxia*). Ele ocupa oficialmente os postos de secretário-geral do Partido Comunista, presidente do país, dirigente da Comissão Militar Central, dirigente da Comissão Central de Segurança Nacional e dirigente da Comissão Central pelo Desenvolvimento Integrado Civil e Militar – para citar apenas alguns dos títulos robustos acumulados por Xi.

Em outubro de 2016, o Partido Comunista conferiu a Xi Jinping o novo título de "líder primordial", termo anteriormente atribuído apenas a Mao Tsé-Tung, Deng Xiaoping e Jiang Zemin. (O antecessor imediato de Xi na presidência, Hu Jintao, jamais foi descrito como "líder primordial".) Mais tarde, em outubro de 2017, o Partido elevou ainda mais o status de Xi – equiparando-o, em teoria, ao fundador da República Popular da China, Mao Tsé-Tung. Ao término do 19º Congresso do Partido, as ideias de Xi foram inscritas na Constituição do Partido sob o palavroso título "Pensamento de Xi Jinping para a Nova Era do Socialismo com Características Especiais Chinesas".

Pelas regras instituídas, que limitavam a dez anos a permanência no poder dos líderes do Partido, Xi já deveria ter nomeado um sucessor e estar se preparando para deixar o cargo em 2022, mas a abolição repentina dos limites de tempo de mandato em 2018 desviou brutalmente o Partido Comunista Chinês do padrão consensual de liderança que vigorou ao longo das últimas décadas.

Quando Xi foi nomeado presidente, surgiram canções pop e de hip-hop que o idolatravam não só como uma figura paterna, mas também como marido ideal, que ostentavam títulos como "Seja Homem Como o Paizão Xi", "Paizão Xi Ama a Mamãe Peng" (a primeira-dama da China, Peng Liyuan), e uma das mais populares de todas: "Se quer se casar, case com alguém como o paizão Xi". O clipe dessa última exibe imagens militarescas e másculas de Xi saudando milhares de soldados do Exército Popular de Libertação que desfilam pela Praça da Paz Celestial ao som de uma batida *disco* pulsante enquanto uma voz soprano entoa: "Se quer se casar, case com alguém como o Paizão Xi, homem cheio de heroísmo e com um espírito que não se dobra".

O culto à personalidade hipermasculinizada de Xi assumiu contornos tão extremos que alguns representantes do Partido chegaram a achar que a coisa estava indo longe demais e enviaram diretrizes aos veículos da mídia estatal no início de 2016 pedindo a suspensão do uso do termo "Paizão Xi". Ainda assim, a imprensa oficial do país continuou retratando a China como uma grande família dominada pelo pulso firme do macho, que precisa da liderança forte e masculina encarnada por Xi, o seu patriarca paternalista.

Mas quanta força tem o braço forte de Xi, na realidade? Por trás dos muitos títulos e vídeos másculos de propaganda, a sustentação de Xi no poder é mais frágil do que parece. A economia chinesa entrou num longo período de desaquecimento, justamente quando o país está começando a enfrentar a severa crise demográfica puxada pelo envelhecimento da população e pela redução da massa de trabalhadores ativos. Segundo a maior parte das análises, as décadas de "milagre econômico" chinês, com taxas de crescimento de dois dígitos, chegaram ao fim. O governo anunciou uma projeção de crescimento do PIB de cerca de 6,5% para 2018, já que o que se espera é um resfriamento geral da economia. O ritmo de crescimento da produtividade da mão de obra chinesa também ficou consideravelmente mais lento, ao passo que o sistema financeiro do país vem sofrendo com a evasão de capital e com a crescente dívida pública decorrente de exageros no investimento estatal. A agência de classificação de risco Moody's rebaixou a nota da dívida soberana da China em maio de 2017 pela primeira vez desde poucos meses após o massacre na Praça da Paz Celestial, em novembro de 1989.

Hoje, enquanto o governo chinês se desdobra para conseguir manter a promessa de aumento constante do padrão de vida da população, a insatisfação vem aumentando em diversos segmentos sociais – e a única reação das autoridades tem sido enrijecer por toda parte os mecanismos de controle ideológico. Como observou o professor de Direito Carl Minzner, a China vem revertendo os progressos que havia feito nas últimas décadas em direção a uma maior abertura ideológica, e "o sistema unipartidário do país está começando a se canibalizar". Já que o Partido Comunista não pode mais contar com o crescimento econômico acelerado para sustentar sua legitimidade, a propaganda oficial do governo Xi Jinping tem recorrido ao resgate de elementos sexistas do confucionismo, em especial para tentar impor a noção de que a família tradicional (baseada no casamento entre um homem e uma mulher virtuosa e obediente) é a base para um governo estável.

A coletânea *Women and Confucian Cultures in Premodern China, Korea and Japan*[6] ilustra de que maneira os governantes pré-modernos se valeram deliberadamente do discurso do confucionismo para prescrever modelos de comportamento feminino que consolidariam a sua permanência no poder. "Nós constatamos que o Estado – representado na figura de funcionários pragmáticos determinados a manter a centralização do poder e de intelectuais idealistas empenhados em civilizar a sociedade – tem um papel incomumente ativo na moldagem dos padrões das interações de gênero. Ao propagar leis, assim como textos canônicos e didáticos, o Estado teve um papel instrumental na designação da categoria 'mulher' e na definição das normas da feminilidade", escrevem as editoras.

---

[6] Em tradução livre: "Mulheres e a cultura confucionista na China, Coreia e Japão pré-modernos", não editado no Brasil. (N. da T.)

Em um dos ensaios que compõem o livro, "Competing Claims on Womanly Virtue in Late Imperial China"[7], Fangqin Du e Susan Mann relatam que durante a dinastia Yuan (que durou aproximadamente de 1279 a 1368), o governo promoveu explicitamente um modelo neoconfuciano de família e da virtude feminina como sua ideologia oficial, visto como essencial para a boa governança. Os governantes Yuan seguiam os preceitos de um antigo texto clássico, *O Grande Aprendizado*, que postulava que "regular a família é o primeiro passo para gerir o Estado". Como parte de sua estratégia política, os governos Yuan promoviam ativamente as normas da castidade feminina e do sacrifício da esposa. "Os soberanos Yuan traçavam um paralelo explícito entre uma esposa que se dedicava ao marido e um súdito absolutamente leal ao seu líder: 'o homem morre por seu país e a mulher morre por seu marido; isso é *yi* [a moralidade]'", escrevem Du e Mann.

Enquanto a devoção filial (*xiao*) era considerada a principal virtude feminina na dinastia Song (que vigorou aproximadamente de 960 a 1279), em meados da dinastia Qing (1644 a 1911), os textos didáticos confucionistas voltavam mais o seu foco para um "culto à castidade", enfatizando a "fidelidade matrimonial e pureza sexual" da mulher dentro da família, segundo relatam Du e Mann. O texto *Biografias de Mulheres Exemplares* (*Lienü zhuan*), da época da dinastia Qing, determinava que um governo estável se forma por meio da aglutinação de famílias "harmoniosas" – ou seja, baseadas no casamento entre homens e mulheres:

> A filha obedece aos pais; a nora serve respeitosamente os seus sogros; a esposa auxilia o marido; a mãe orienta seus filhos e filhas; as irmãs e cunhadas cumprem apropriadamente [suas tarefas]. Quando todos os membros se comportam dessa maneira, a família conquista a harmonia; e quando todas as famílias são harmoniosas, o Estado está bem governado.

---

[7] Algo como "Reivindicações concorrentes sobre a virtude feminina na China do fim do período imperial". (N. da T.)

É impressionante constatar quanto a propaganda mais recente do Partido Comunista, ao pregar "valores familiares", remonta ao discurso confucionista da época imperial a respeito das virtudes femininas.

A agência oficial de notícias chinesa Xinhua News publicou um longo artigo em 29 de março de 2017 intitulado "Desde o Décimo Oitavo Congresso do Partido, Xi Jinping Vem Falando Desta Maneira sobre os Valores Familiares" (O Décimo Oitavo Congresso do Partido, em 2012, foi o que nomeou Xi como líder máximo do país). No texto, a Xinhua segue discorrendo sobre os motivos pelos quais Xi enfatiza tanto os valores familiares tradicionais (*jiafeng*): "Hoje, trazemos um novo artigo para estudarmos juntos os bons valores familiares pregados por Xi Jinping e para compreendermos a relação entre os valores familiares e os valores nacionais (*guofeng*)".

A publicação da agência ressalta que o termo chinês para "família", *jia*, também faz parte da palavra composta que quer dizer "nação", *guojia*: "A família é a menor das nações, a nação são 10 milhões de famílias. A 'família' [*jia*] de que se fala ao mencionar valores familiares é não só a família menor, mas também a família da nossa nação [*guojia*]. Desde o Décimo Oitavo Congresso do Partido, Xi Jinping vem enfatizando frequentemente a importância dos valores familiares. Ele fala na 'família menor', mas o que tem em mente é a 'grande família' [a nação]".

O artigo é ilustrado por uma foto de Xi como um filho devoto, passeando num jardim de mãos dadas com a mãe idosa, e a contrapõe com alertas severos de que os membros da família devem ser mantidos na linha: "Cada membro deve enfatizar fortemente os valores familiares, permanecendo honesto e puro, deve cultivar o caráter pessoal, a boa gestão da família e, além disso, controlar adequadamente a si mesmo, exigindo uma conduta impecável de cônjuges, filhos e colegas mais próximos". A Xinhua resgata ainda um *slogan* frequente do Partido Comunista ao afirmar no texto que a família forma "a célula básica da sociedade" e que "um casamento harmonioso é o alicerce de uma sociedade harmoniosa".

Em março de 2017, justamente no período em que o Weibo havia bloqueado por um mês a página do *Vozes Feministas* na sua plataforma social e artigos feministas vinham sendo regularmente apagados do WeChat, a mesma Xinhua News divulgou um artigo (replicado por veículos de mídia de todo o país) intitulado "Um Apanhado das Saudações Feitas pelo presidente Xi às Mulheres nos Últimos Cinco Anos", ilustrado por fotos de delegadas em postura de encantamento, sorrindo para ele e aplaudindo. "Em muitos de seus discursos mais importantes, o presidente Xi tratou da relação dialética entre o desenvolvimento nacional e a construção da família, demonstrando a grande preocupação do Comitê Central do Partido Comunista com relação às mulheres e ao trabalho familiar", informava o texto. "As mulheres desempenham um papel ativo no fomento dos valores familiares tradicionais (...) As virtudes são tesouros preciosos para a promoção da harmonia familiar, da estabilidade social e do bem-estar das próximas gerações", pontuava a suposta transcrição de uma fala do próprio Xi.

Em momento algum o artigo da Xinhua faz menção à importância crítica das mulheres trabalhadoras para o desenvolvimento econômico chinês em longo prazo. Em vez disso, o texto é inteiramente focado em quanto Xi valoriza as obrigações das mulheres no âmbito familiar – particularmente nos cuidados com as crianças e os idosos. "As mulheres devem se responsabilizar pela educação dos mais jovens, promover as virtudes positivas tradicionais da nação chinesa e contribuir para o *ethos* social", destacava outra suposta declaração de Xi. "Ele afirmou que as tradições chinesas, as virtudes da harmonia familiar e o afeto não devem ser esquecidos, garantindo que os mais jovens cresçam de maneira saudável e que os cidadãos idosos recebam bons cuidados", o texto da agência reforçava. A promoção agressiva por parte do governo das normas de gênero tradicionais já acontecia antes da ascensão de Xi ao poder, mas a agência Xinhua agora está assinando a mensagem de que o presidente Xi Jinping dá o seu imprimátur pessoal para a visão das esposas e mães virtuosas dentro dos critérios tradicionais como sendo peças-chave para a solução dos problemas sociais mais prementes da China.

Em março de 2018, a Federação Nacional da Mulher Chinesa de Zhenjiang, na província de Jiangsu, iniciou uma série de cursos para as

"Mulheres da Nova Era" (da "Nova Era" de Xi Jinping, nesse caso) com o objetivo de "elevar a qualidade" (*tigao suzhi*) das mulheres mais jovens, ensinando a elas como cruzar as pernas, sentar, ajoelhar-se, aplicar maquiagem e decorar suas casas como damas de respeito, segundo a "cultura tradicional". Esses cursos patrocinados pelo governo carregam semelhanças perturbadoras com as "escolas de moralidade" para mulheres, que surgiram extraoficialmente nos últimos anos para ensinar às mulheres como obedecer a seus maridos. "Não revidem quando apanharem. Não retruquem quando forem repreendidas. E, aconteça o que acontecer, não se divorciem", instruía um professor da Escola de Cultura Tradicional Fushun em um vídeo que vazou na internet em novembro de 2017.

Enquanto isso, em quase setenta anos de história do comunismo na China, nunca houve uma só mulher fazendo parte da elite do Partido, o Comitê Permanente do Politburo. E por quê? Eu acredito que os homens que lideram o país decidiram que a subjugação sistemática das mulheres é essencial para a manutenção da sobrevivência do Partido Comunista. A representatividade feminina nas esferas mais elevadas da política, que já era baixa, ficou ainda pior depois da nomeação das novas lideranças em 2017. Hoje, há apenas uma mulher entre os 25 membros do Politburo. E a representatividade feminina no Comitê Central – o mais numeroso dos órgãos políticos superiores do Partido, com 204 membros efetivos – caiu de meros 6,4% no Décimo Sétimo Comitê Central em 2007 para ainda mais ínfimos 4,9% hoje. Não havia nem uma mulher dirigindo qualquer das 31 administrações provinciais da China continental em 2017, segundo dados do Instituto Brookings. A título de comparação, tanto Hong Kong quanto Taiwan – ambos parte da "Grande China" – hoje são governados por mulheres.

O governo chinês quer manter as mulheres como ferramentas reprodutivas do Estado, esposas obedientes e mães confinadas ao ambiente doméstico, para ajudar a manter a estabilidade política, tendo filhos e criando a força de trabalho do futuro. Quando a China começou a abrir sua economia para as reformas em direção ao livre mercado, em 1979, também foi instituída a catastrófica "política do filho único", uma violação grosseira dos direitos reprodutivos de todas as mulheres chinesas. Os abusos escandalosos cometidos contra elas ao longo dos mais de 35 anos em que essa política vigorou – como abortos forçados em larga escala, esterilizações e controle de natalidade compulsório, que incluía a introdução forçada de dispositivos intrauterinos (DIUs) em escala maciça – foram extensivamente documentados por autores como Mei Fong, que publicou o livro *One Child: The Story of China's Most Radical Experiment*[8].

A taxa de fertilidade no país era de 2,8 filhos por mulher, em média, em 1979, quando a política do filho único foi implementada. Em 2015, esse número havia despencado para apenas 1,6 nascimento por mulher – bem abaixo dos 2,1 necessários para a reposição populacional, segundo professa o Banco Mundial. Depois de ter ignorado durante anos os alertas de acadêmicos e ativistas sobre um desastre demográfico iminente, o governo do país anunciou com grande estardalhaço que amainaria a política do filho único praticada havia mais de trinta anos, passando a permitir que casais casados tivessem dois filhos. Mesmo assim, de acordo com a maior parte das análises, o encerramento da "política do filho único" chegou tarde demais para ser capaz de reverter as tendências demográficas de longo prazo. Alguns chegaram a repercutir a decisão do governo como um passo em direção à maior liberdade reprodutiva, mas o que as autoridades fizeram foi apenas embarcar em mais um experimento pretensioso de engenharia populacional, desta vez pressionando as mulheres – embora só as consideradas do tipo certo – para se reproduzirem pela China.

Além do declínio acentuado na taxa de natalidade, a China está tendo que lidar com o envelhecimento drástico da população e a redução na força de trabalho – tudo isso ligado estreitamente à desaceleração do crescimento econômico do país e, numa instância mais fundamental, à legitimidade política do Partido Comunista.

Projeções do plano de desenvolvimento populacional do Departamento Nacional de Estatística estimam que um quarto dos

---

[8] Em tradução livre: "Um filho: a história do experimento mais radical já feito na China", não editado no Brasil. (N. da T.)

chineses terá mais de 60 anos de idade em 2030. Em 2017, um terço dos moradores de Xangai já havia passado dos 60, segundo informações da Xinhua News. O coeficiente de dependência do país, que mostra a relação entre o número de crianças (do nascimento aos 14 anos de idade) e de chineses em idade economicamente ativa (dos 15 aos 64), deve subir dos 36,6% registrados em 2015 para 69,7% em 2050, de acordo com o Projeto China Power do Centro de Estudos Estratégicos e Internacionais – CSIS. A China também apresenta um dos desequilíbrios mais acentuados na proporção entre os sexos, tendo contabilizado em 2015 cerca de 34 milhões de homens a mais do que mulheres, e uma taxa de 113 meninos para cada 100 meninas, de acordo com a Xinhua News. (Eu faço uma análise de como o governo chinês tem visto esse desequilíbrio como uma ameaça à estabilidade social em meu livro *Leftover Women*.)

Inicialmente, a Xinhua alardeou a nova "política dos dois filhos" como um enorme sucesso – "Política dos Dois Filhos Leva ao Maior Número de Nascimentos desde o Ano 2000", anunciava uma manchete em 2017. As autoridades haviam estimado originalmente que a nova política dos dois filhos levaria a cerca de 3 milhões de nascimentos a mais por ano até 2020, o que acrescentaria mais de 30 milhões de pessoas à força de trabalho do país em 2050.

Mas o *baby boom* não aconteceu. Números divulgados em janeiro de 2018 mostram uma queda de 3,5% na taxa de natalidade do país em comparação ao ano anterior. E, em 2016, o aumento dos nascimentos em relação a 2015 havia sido de apenas 1,3 milhão – menos da metade do que havia sido estimado e bem abaixo da expectativa, de acordo com dados do governo (que registraram um total de 17,25 milhões de bebês nascidos). As estatísticas oficiais mostram ainda que, embora o número de crianças nascidas de pais que já tinham um filho tenha aumentado em 2017, o número de nascimento de primeiros filhos diminuiu.

Em resposta às taxas de natalidade aquém do esperado, Wang Peian, vice-ministro da Comissão Nacional de Saúde e Planejamento Familiar, anunciou, em fevereiro de 2017, que o governo estava pensando na possibilidade de oferecer "recompensas por nascimento e subsídios" para estimular casais que já tivessem um filho a engravidar novamente.

Enquanto isso, Huang Xihua, parlamentar participante da reunião anual de 2017 da Assembleia Nacional Popular, entrou com uma proposta para que a idade mínima permitida para o casamento baixasse de 20 anos para as mulheres e 22 para os homens para 18 anos para ambos os sexos, a fim de "encorajar mais nascimentos à medida que a população do país envelhece".

O governo chegou até mesmo a oferecer a remoção dos DIUs inseridos à força em milhões de mulheres entre a década de 1980 e o princípio dos anos 2000 para que elas pudessem engravidar de um segundo filho. A crítica das chinesas ao plano, entretanto, foi feroz. A implantação forçada dos DIUs havia sido um ato de "mutilação involuntária, à força", escreveu Han Haoyue em um post que foi compartilhado milhares de vezes no Weibo, conforme noticiou Sui-Lee Wee, do *New York Times*. "E agora eles dizem que estão oferecendo a remoção gratuita desses dispositivos como um serviço a essas dezenas de milhões de mulheres – anunciando isso sem parar na tevê estatal como se fosse algum tipo de benesse do Estado. É uma falta de vergonha sem tamanho", conclui o texto de Han.

Em maio de 2018, alguns veículos da imprensa chegaram a noticiar que o governo poderia abolir a limitação no número de filhos, mas até a primeira edição deste livro ir para a gráfica não havia nenhum sinal de que seria dado às mulheres o controle sobre seus corpos. Seja qual for o programa demográfico em curso, o Partido Comunista continua vendo as mulheres como agentes reprodutivos a serviço de sua agenda desenvolvimentista. E feministas como Lü Pin afirmam que o mais provável é que qualquer nova política com relação aos nascimentos vá gerar ainda mais pressão sobre as mulheres para que tenham filhos.

Pouco depois de o governo ter anunciado o fim da política do filho único, em 2015, Lü Pin escreveu e postou na internet um artigo que propunha alguns questionamentos cruciais:

> Se o Estado está mesmo devolvendo nossos direitos reprodutivos, quem vai acabar assumindo, na prática, o controle desses direitos? Essa é uma questão crítica para o bem-estar das mulheres. Serão os maridos, as sogras [*gongpo*, ou mãe do marido], os pais ou as próprias mulheres? É plausível imaginar que o controle

das decisões reprodutivas possa passar do Estado patriarcal para a família patriarcal? Que as mulheres passem de obrigadas a não terem filhos a serem obrigadas a ter filhos?

Sem que se criem novas iniciativas governamentais para aumentar a disponibilidade e a qualidade dos serviços voltados para o cuidado das crianças e dos mais velhos, essa política dos dois filhos (ou qualquer outra, no futuro) provavelmente só jogará mais fardos nos ombros das mulheres, tanto em casa quanto no ambiente de trabalho. Embora a discriminação de gênero no mercado de trabalho seja tecnicamente ilegal na China, as empresas têm poucos incentivos para contratar mulheres, e os patrões não querem assumir o custo de pagar pela licença-maternidade de funcionárias. E com a divisão do trabalho doméstico fortemente baseada em gênero, a maior parte das responsáveis por cuidar de outros membros da família sem receber pagamento por isso é de mulheres – assim, o que vemos é que o Estado está transferindo o fardo incômodo e público da assistência à infância e seguridade social para as costas das mulheres, na esfera privada das famílias. "O modelo de desenvolvimento econômico adotado pela China depende da exploração das mulheres", Lü Pin diz.

A "política dos dois filhos" na China foi acompanhada por uma nova campanha de propaganda criada para reverter a queda da taxa de natalidade especialmente entre as mulheres com mais instrução e moradoras dos centros urbanos, consideradas de "alta qualidade" (*gao suzhi*) pela mentalidade eugenista dos responsáveis pelo planejamento populacional. Na época em que eu escrevi sobre a campanha feita pelo governo chinês na mídia sobre as mulheres "que sobravam", iniciada em 2007, a impressão que eu tinha era de que a propaganda não ia durar muito tempo. Mas, em vez de o assunto sair de cena, a mídia estatal passou a pressionar ainda mais agressivamente as mulheres na casa dos vinte anos, moradoras de centros urbanos e com alto grau de instrução, a se casarem e começarem a ter filhos após a suspensão da "política do filho único". Depois de ter passado mais de trinta anos obrigando as mulheres a abortarem, a mídia estatal chinesa de repente fez uma virada brusca e começou a distribuir ferozmente slogans, artigos e imagens sobre as glórias de se ter dois filhos – e, de preferência, o quanto antes.

"Não percam os melhores anos para o organismo feminino engravidar!", diziam algumas das manchetes dos órgãos oficiais da imprensa. Esses "melhores anos" seriam entre os 24 e 29, segundo o governo, visto que depois haveria o risco de defeitos congênitos. Um artigo de dezembro de 2015, veiculado originalmente no *Beijing Youth Daily*, publicação oficial da Liga da Juventude Comunista, trazia uma foto que poderia muito bem ter vindo do mundo distópico criado por Margaret Atwood em *O Conto da Aia*, romance a respeito de mulheres que são forçadas a fazer sexo e ter filhos em um país onde as taxas de natalidade despencaram. Na imagem, via-se a silhueta sombreada de uma mulher usando toga e beca, como se estivesse se formando na universidade, segurando nos braços uma criança pequena (mostrada em cores). O texto explica que quando as universitárias procuram emprego antes de se formarem, os entrevistadores invariavelmente perguntarão: "Quando você pretende ter filhos?". Em vez de fazer uma crítica a essa forma onipresente (e ilegal) de discriminação de gênero, o autor aconselha que as universitárias procurem ter filhos logo, porque os empregadores "são mais propensos" a contratar mulheres que já resolveram a sua vida reprodutiva: "Muitas universitárias acabam descobrindo que as mulheres que marcam um 'x' no campo 'já casada, já com filhos' [*yihun yihu*] têm mais chances de sucesso em sua busca por emprego".

O texto foi replicado amplamente em diversos veículos de imprensa por toda a China, com variações no texto das chamadas: o site do *People's Daily* usou "Universidade em Pequim tem mais de 10 alunas que são mães: grandes chances de contratação" e "'Já com filho' se torna quesito definidor nas buscas por emprego – mais estudantes universitárias se preparam para engravidar" (dados do sohu.com).

Outras matérias na mídia exibiam lindas "universitárias-mães" falando sobre como estavam felizes por terem tido seus bebês enquanto ainda concluíam a pós-graduação ou mesmo o curso de graduação. Um texto de março de 2017 no site sohu.com exibia a manchete "O Amor Felizardo da Estudante Universitária: Primeiro Ano – Morar Juntos, Segundo Ano – Engravidar, Terceiro Ano – Ter o Bebê". A foto que o acompanhava mostrava uma jovem de beleza convencional com um sorriso radiante, usando toga e beca, com uma das mãos pousada na barriga bastante grávida e a outra segurando o primogênito ainda pequeno.

Ao mesmo tempo, o governo desencoraja que mulheres solteiras tenham filhos, por ver o casamento e a família como pilares da estabilidade social. Portanto, as iniciativas para promover encontros em massa também têm se intensificado. Em maio de 2017, a Liga da Juventude Comunista da China divulgou um comunicado amplamente alardeado de que iria "ajudar jovens solteiros a encontrarem sua cara-metade", promovendo atividades como rodadas em massa de encontros às escuras e "educando os jovens a adotarem valores adequados com relação ao amor e ao casamento".

O *Global Times* noticiou que muitos usuários no Weibo estavam postando reclamações sobre empresas estatais forçarem os funcionários mais jovens e solteiros a participar de encontros às escuras em parques e estádios e registrarem como "faltas ao trabalho" a ausência dos que se recusavam a participar. O texto da notícia trazia a declaração de um especialista em planejamento populacional, Yuan Xin, da Universidade de Nankai, afirmando que "a alta incidência de pessoas solteiras afetará a estabilidade social". Yuan vai além, dizendo que "uma grande população de homens solteiros também poderá causar diversos outros problemas sociais, como violência sexual e tráfico de mulheres e crianças, sem falar na sobrecarga da previdência à medida que eles forem envelhecendo". No texto, havia estatísticas do *China Youth Daily* informando que a população de "pessoas solteiras" havia alcançado a marca dos 200 milhões em 2015, um número considerado "preocupante" pelo governo.

Nesse mesmo mês, os censores tiraram abruptamente do ar o maior aplicativo para lésbicas do país, o Rela, com cerca de cinco milhões de usuárias registradas. Simultaneamente, a página deles no Weibo foi deletada, sem que se desse qualquer explicação para o ato. O app Rela e a sua página desapareceram da internet dias depois de a corte máxima de Taiwan ter divulgado uma decisão histórica, em 24 de maio de 2017, a favor da legalização do casamento entre pessoas do mesmo sexo. Entre as usuárias do app, houve especulações de que a censura talvez se devesse ao fato de o Rela ter manifestado apoio a mães de filhos LGBTQ+ que haviam desejado participar de um evento de encontros popular organizado no Parque do Povo, em Xangai. É desnecessário acrescentar que dar liberdade para que lésbicas se conheçam e se amem livremente significa reduzir o número de mulheres dispostas a aderir a casamentos heterossexuais, o que atrapalha as metas de planejamento populacional da China. Embora os censores também tenham atacado apps voltados para homens gays, o governo chinês costuma se mostrar mais tolerante com atividades voltadas para gays do sexo masculino – talvez porque a população do país tenha cerca de 33 milhões de homens a mais do que o total de mulheres, segundo dados da Xinhua. Soma-se a isso o fato de que cerca de 80% dos homens gays chineses já estão casados com mulheres ou deverão se casar com mulheres, como mostra um estudo feito por Zhang Beichuan, professor aposentado da Escola de Medicina da Universidade Qindao.

Apesar de tudo, os esforços misóginos, de ataque aos solteiros e muitas vezes homofóbicos da propaganda governamental chinesa surtem cada vez menos efeitos – e isso tem uma boa parcela de participação da influência exercida pelas jovens feministas no discurso que circula pelas mídias sociais. Praticamente todas as feministas perseguidas pelo governo chinês são parte do grupo demográfico que forma o público-alvo das políticas de promoção do casamento e da natalidade: jovens na faixa dos 20 a 35 anos, com diploma universitário e de classe média.

Embora tentem se esquivar da oposição política ostensiva, as campanhas organizadas pelo ativismo feminista chinês trazem uma mensagem oculta que é extraordinariamente radical. Ao mobilizar as mulheres para que se libertem das instituições patriarcais do casamento e cuidado com os filhos compulsórios em vigor na China, o que as feministas fazem é sabotar o objetivo crucial do governo de garantir que as mulheres (de "alta qualidade", instruídas e da etnia han) se mantenham nos postos de produtoras de bebês e dóceis endossantes da estabilidade social.

Uma feminista americana pertencente à "segunda onda" do movimento nos anos 1960 e 1970, Shulamith Firestone, articulou uma visão de sociedade que destruiria aquilo que, na sua opinião, constituía o principal instrumento da tirania exercida pelos homens sobre as mulheres: a estrutura da família biológica, que precisa ser erradicada por meio da revolução. Trechos do livro que publicou em 1970, *A Dialética do Sexo: Um Estudo da Revolução Feminista*, seriam capazes de aterrorizar qualquer especialista em planejamento populacional do Partido Comunista, em especial pelo fato de a linguagem da revolução marxista e da "biologia populacional" utilizada por ela lhes soar tão familiar:

> De forma que, assim como a eliminação das classes econômicas requer a revolta das classes oprimidas (o proletariado) e, numa ditadura temporária, a tomada por parte delas dos meios de *produção*, a eliminação das classes sociais requer uma revolta das mais oprimidas (as mulheres) e a tomada do controle sobre a *reprodução*: não apenas resgatando inteiramente a soberania delas sobre os próprios corpos, mas instaurando também (temporariamente) o seu controle sobre a fertilidade humana – a nova biologia populacional, assim como todas as instituições sociais ligadas à gravidez e criação de crianças.

O apelo de Firestone para que se derrubasse a estrutura da família biológica e pela "libertação das mulheres da tirania da reprodução de todas as formas possíveis" era visto como excessivamente radical pelas feministas americanas mais conhecidas. Mas, sob alguns aspectos, o que nós temos começado a ver na China talvez se pareça com uma "tomada do controle sobre a fertilidade humana" realizada em massa pelas mulheres.

Milhões de jovens chinesas da florescente classe média do país estão começando a viver um despertar de consciência a respeito de seus direitos que terá consequências profundas sobre o futuro da China. Individualmente, pode ser que a maioria delas não se disponha a enfrentar o poderio do Partido Comunista, mas, agindo no âmbito coletivo – por meio de suas escolhas reprodutivas –, mulheres que rejeitem o casamento e a gravidez poderão comprometer as metas mais urgentes de planejamento populacional do governo. Um levantamento feito em maio de 2017 com mais de 40 mil mulheres com vida profissional ativa pelo Zhaopin, um dos maiores sites de recrutamento da China, apurou que pouco mais de 40% delas não desejam ter filhos de maneira nenhuma. E que quase dois terços das trabalhadoras que já têm um filho não pretendem engravidar pela segunda vez. As mulheres entrevistadas enumeraram como razões principais para não desejarem ter filhos "falta de tempo e energia", "foco no desenvolvimento profissional" e "criar filhos custa muito dinheiro". Mais da metade de todas as mulheres trabalhadoras consultadas afirmou que a sua maior preocupação ligada a uma gravidez era "a dificuldade para voltar ao mercado de trabalho depois do parto", enquanto um pouco menos da metade delas afirmou estar mais preocupada com "ser substituída por outros funcionários".

Muitas dessas mulheres, submetidas a uma pressão enorme de suas famílias e do governo para sacrificar seus desejos pessoais em nome do "bem maior" da sociedade, podem acabar tendo um filho ou dois, de qualquer forma. Ainda assim, o fato de quase a metade das mulheres trabalhadoras chinesas sem filhos terem declarado que não desejam engravidar nunca tem implicações assombrosas, considerando as dimensões imensas da classe média do país e o ritmo com que ela vem se expandindo ainda mais. Em 2016, a Unidade de Inteligência da revista *The Economist* divulgou uma estimativa mostrando que o número de chineses pertencentes às faixas de renda média-alta e alta, que havia chegado aos 132 milhões (10% da população total) em 2015, subirá para 480 milhões (35% da população) em 2030.

O número de casamentos, depois de ter passado muitos anos em ascensão, está começando a cair. Em 2016, o número de casais inscritos para oficializar o matrimônio em toda a China caiu pelo terceiro ano seguido (e ficou quase 7% mais baixo do que no ano anterior), ao passo que os divórcios têm crescido por oito anos seguidos desde 2008, de acordo com estatísticas do Ministério dos Assuntos Civis. Essa rejeição feminina ao casamento tem sido comum há anos em outras partes do Extremo Oriente, como Japão, Coreia do Sul e Singapura, mas é uma tendência que só começou a se mostrar agora na China. Embora seja cedo para afirmar que a tendência de queda no número de matrimônios será mantida, eu conheci uma quantidade surpreendente de jovens chinesas nos últimos anos que militam contra o casamento, por não desejarem criar um vínculo de obrigação com um homem e a família dele.

Enquanto isso, existem mulheres solteiras que desejam ter filhos, mas são punidas por engravidar. Se o objetivo do governo chinês fosse simplesmente aumentar as taxas de natalidade, uma solução bastante óbvia seria reduzir as sanções contra as mães solteiras. Os tabus a respeito das famílias com apenas um genitor vêm sendo revistos em muitos países do mundo, mas, na China, mulheres solteiras que não tenham uma "autorização de reprodução" válida emitida pelo governo muitas vezes não conseguem registrar oficialmente os seus filhos. Sem a certidão de nascimento, a criança não terá o registro de residência (*hukou*) e enfrentará problemas para conseguir matrícula em uma escola e ter acesso a cuidados médicos a um custo viável. E, mais do que isso, mulheres que não apresentam uma certidão de casamento ao dar à luz frequentemente pagam "taxas de manutenção social" por terem violado as restrições do planejamento populacional.

O fato é que, até o momento, a política dos dois filhos se aplica apenas a casais casados e heterossexuais, em grande parte os moradores dos centros urbanos (já que era comum que casais das áreas rurais tivessem dois ou mais filhos). Algumas mulheres na faixa dos 20 ou 30 anos em cidades como Pequim e Xangai afirmam que não desejavam se casar, mas que vão fazê-lo unicamente porque querem ter um filho. Uma permissão para que mulheres solteiras tenham filhos provavelmente levaria à queda ainda mais acentuada no número de casamentos – perspectiva que, sem dúvida, põe em xeque a visão do Partido Comunista de que o casamento heterossexual constitui a base fundamental da estabilidade social.

As autoridades chinesas parecem tão reticentes em conceder a mulheres solteiras e férteis qualquer liberdade que possa afastá-las do casamento que as tecnologias de reprodução assistida são vetadas às chinesas solteiras. Em reação a isso, algumas mais ricas têm viajado para o exterior para congelar seus óvulos. Em julho de 2015, uma das estrelas de cinema mais famosas do país, Xu Jinglei – na época com 41 anos –, revelou a uma revista chinesa que havia congelado seus óvulos numa clínica dos Estados Unidos. A notícia alcançou enorme repercussão no Weibo, e até mesmo o polêmico blogueiro Han Han, conhecido por alardear suas façanhas donjuanescas e peripécias sexuais, se manifestou em apoio à decisão da atriz. "Qual é o problema de querer ter um filho sem desejar estar casada com um homem?", questionou ele, gerando milhares de respostas na caixa de comentários do post.

O subtexto eugenista das políticas de planejamento populacional chinesas é inegável. Ao mesmo tempo que pressionam mulheres da etnia han com diplomas universitários a se casarem e engravidarem, as autoridades desencorajam, muitas vezes por coerção, aquelas pertencentes a minorias étnicas classificadas como "de baixa qualidade" (*di suzhi*) – em especial as mulheres uigures de Xinjiang, no noroeste do país – a terem mais filhos. A China dominada pelos han passou décadas permitindo que as famílias de minorias étnicas vivendo em áreas rurais tivessem três ou, às vezes, até mais filhos. Mas, agora, o governo decidiu aumentar as restrições do planejamento populacional para as uigures. Em janeiro de 2015, Hou Hanmin, funcionário do alto escalão do Partido Comunista na província de Xinjiang, afirmou que o governo precisava combater as "taxas de natalidade preocupantemente elevadas" ao sul da província, segundo noticiou o *Global Times*. "Essas taxas têm efeitos negativos não apenas para a saúde física e mental das crianças e das próprias mulheres, mas também para a qualidade populacional da região, criando riscos para a estabilidade social", Hou teria declarado.

Em novembro de 2015, a região sul da província de Xinjiang duplicou para 6 mil yuanes (quase US$ 950) a compensação paga a casais uigures que concordassem em ficar abaixo da cota permitida de filhos, segundo uma reportagem da revista *The Economist*, que traz ainda a declaração de um oficial local do Partido afirmando que o governo precisava baixar as taxas de natalidade e implementar uma "política de planejamento familiar 'igual para todos os grupos étnicos' como parte dos esforços de combate ao terrorismo". Em 2014, autoridades do sul de Xinjiang haviam oferecido incentivo em dinheiro vivo para estimular casamentos interétnicos entre chineses han e membros de algum grupo minoritário. Os casais recebiam também moradia, escola e outros benefícios, no que foi um esforço claro para diluir a população uigur da região.

Além de reprimir os nascimentos não aprovados na província de Xinjiang, o Partido Comunista divulgou em abril de 2017 uma lista de nomes muçulmanos proibidos de serem adotados em qualquer registro de nascimento no país, tais como Islã ou Corão. Sob o pretexto de combate ao "extremismo", as mulheres uigures também foram proibidas de cobrir o rosto com véus, e os homens, de usar barbas. A província de Xinjiang é, há muitos anos, o nascedouro dos protestos dos grupos muçulmanos uigures contra o domínio dos chineses han. Em julho de 2017, as autoridades locais citaram a "qualidade étnica" como motivo para encerrar a política em vigor havia muitas décadas de permitir que uigures e outras minorias étnicas tivessem um filho a mais do que as famílias da maioria han. Um artigo no jornal estatal *Global Times* a respeito dessa mudança trazia uma declaração de Wang Peian, da Comissão Nacional de Saúde e Planejamento Familiar, alegando que a porção sul de Xinjiang tinha sérios problemas de "pobreza, crescimento populacional acelerado e deficiências graves nos serviços de saúde pública".

Entre a maioria han da população chinesa, o crescimento no número de mulheres que rejeitam o casamento e a maternidade cria problemas também para uma das principais ferramentas usadas pelo aparato de segurança do Partido a fim de manter na linha cidadãos considerados como agitadores sociais, que são as ameaças feitas a seus cônjuges, pais e filhos e a pressão para que eles vigiem o "parente problema". Lu Jun acredita, por exemplo, que Wu Rongrong tenha sofrido mais que as outras companheiras do Quinteto Feminista nas mãos dos agentes da segurança estatal pelo fato de ter marido e um filho. "O governo podia usar muito facilmente os familiares para ameaçá-la. As outras não eram casadas nem tinham filhos, o que dificultou o trabalho dos agentes de encontrar algo com que ameaçá-las", afirma ele.

Quando interrogaram as integrantes solteiras do Quinteto Feminista, os agentes de segurança mencionaram os seus pais a fim de pressioná-las. Eles apelaram para o seu senso de devoção filial e procuraram explorar a culpa das detentas por serem "filhas ruins" e que causariam grande sofrimento aos pais caso se recusassem a "confessar" seus crimes. Essa estratégia foi particularmente eficaz com ativistas como Zheng Churan, que era muito próxima dos pais e se sentia culpada com a ideia de que o seu ativismo feminista pudesse prejudicá-los de alguma maneira. No caso das detentas que não se sentiam tão presas à tradição da devoção filial – como Li Maizi, que havia sido abusada pelo próprio pai –, ficou mais fácil resistir às acusações dos agentes de que elas seriam vistas como "filhas ingratas". Para Li, a ideia de desistir do ativismo só para não desagradar aos pais soaria como piada.

Quanto mais as mulheres tiverem liberdade de ação, vivendo com independência e sem vínculos de qualquer natureza, mais elas serão capazes de resistir e combater a ordem patriarcal e autoritária. Depois que libertaram o Quinteto Feminista, os agentes da segurança estatal escoltaram as quatro integrantes solteiras até a casa de seus pais – não importando quantos anos cada uma delas já tivesse sua vida longe deles – e fizeram alertas aos pais de que eles seriam os responsáveis por manter as filhas sob controle. No caso de Wu Rongrong, quando ela foi levada de volta para o marido e o filho, os agentes de Hangzhou fizeram ameaças específicas ao marido, dizendo que iriam "atrás dele" caso ela se envolvesse em outras atividades feministas. A fundadora do *Vozes Feministas,* Lü Pin, ressalta que a perseguição contra o Quinteto Feminista revela uma estratégia fundamental do sistema de "manutenção da estabilidade" do regime autoritário: explorar o amor dos "agitadores" por seus entes queridos e contar com o esforço de famílias inteiras para manter seus parentes rebeldes sob controle.

O mesmo tipo de ameaça é usado pelos agentes de segurança contra muitas outras ativistas. Por exemplo, a feminista Liang Xiaowen estava com apenas 22 anos quando se tornou alvo de uma operação secreta dos agentes de segurança em Guangzhou, por ter organizado no Consulado Britânico um seminário para advogados a respeito de direitos das mulheres e planejamento populacional. Numa noite de fevereiro de 2015, já bem tarde, a segurança estatal telefonou para o chefe do pai de Liang, que trabalhava em uma companhia de comércio de madeira. Os agentes convenceram o chefe a ir com eles bater à porta dos pais de Liang à meia-noite, dando ordens ao pai da ativista para que lhe dissesse que não fosse adiante com o evento no Consulado Britânico.

Liang Xiaowen já não estava morando com os pais nessa época, mas, como ela era uma universitária recém-formada, os agentes devem ter concluído que a melhor maneira de intimidá-la seria pressionando seus pais. O pai telefonou para ela já depois da meia-noite para lhe dizer que havia mais de dez homens, entre agentes de segurança, policiais e o seu próprio chefe, na sua casa. "Os policiais estão aqui neste momento, e estão me falando sobre um evento que você está organizando no Consulado Britânico", ele disse a Liang. "Seja o que for esse evento, você vai ter que cancelar tudo."

Liang concordou em não ir adiante. Uma semana mais tarde, ela foi "convidada" para um jantar formal com os agentes de segurança, a polícia de Guangzhou, seus pais e o chefe do seu pai. O chefe da agência local de segurança estatal estava à cabeceira da mesa, e disse a todos os presentes que estava ali para reconhecer formalmente Liang Xiaowen como sua "afilhada". "Eu serei o seu padrinho, então, se tiver qualquer problema, você pode pedir a minha ajuda. Agora, somos uma só família!", anunciou ele. Um mês mais tarde, quando o Quinteto Feminista foi preso, Liang passou a viver escondida. Em 2016, ela iniciou um mestrado em Direito na Universidade Fordham, em Nova York.

No ponto de vista da segurança estatal, estudantes universitários em geral são mais facilmente disciplináveis, porque os orientadores do Partido Comunista presentes em suas universidades podem ameaçá-los com a inclusão de deméritos acadêmicos no currículo ou com a expulsão. Por esse motivo, embora inicialmente a segurança estatal tenha abordado pelo menos dez feministas às vésperas do Dia Internacional da Mulher de 2015, as que estavam matriculadas em universidades – como Teresa Xu – foram liberadas em vinte e quatro horas e mandadas de volta aos seus campi para medidas disciplinares posteriores. E devemos lembrar que, em abril de 2018, a Universidade de Pequim também pressionou a mãe da aluna Yue Xin para que a impedisse de militar no campus pela campanha do #MeToo.

Em dezembro de 2016, o presidente Xi se dirigiu aos reitores universitários e agentes do Partido Comunista, clamando que reforçassem o controle ideológico nos campi e transformassem as universidades em "baluartes da supremacia do Partido". Em março de 2017, um inspetor disciplinar do Partido elegeu a Universidade Shantou, na província de Guangdong – que contava com um vibrante programa de Estudos da Mulher, além de uma respeitada Escola de Jornalismo –, como alvo de um alerta público especialmente severo. O inspetor-chefe Yang Hanjun disse que o comitê do Partido Comunista na Universidade Shantou era "fraco e omisso na implementação de decisões das lideranças central e provincial do Partido". Ele recomendou que a universidade monitorasse mais atentamente as falas de alunos e professores nas salas de aula e suas postagens nas redes sociais, de acordo com uma reportagem do *South China Morning Post*.

Feng Yuan, que deu aulas em diversas universidades, diz que os mecanismos de controle ideológico se acirraram para todos os programas de estudos de gênero, que já contavam desde sempre com pouquíssimos recursos e sempre precisaram da aprovação da Federação Nacional da Mulher Chinesa para funcionar. No seu entender, a postura do governo chinês com relação ao feminismo hoje é "cheia de contradições": o Partido Comunista oficialmente apoia a igualdade de gênero e quer passar para o mundo a imagem de que leva a sério o problema da discriminação de gênero. O desejo de ser reconhecida como uma grande potência mundial foi o que levou a China a enfim pôr em vigor a sua lei nacional contra a violência doméstica, em 2016. No entanto, dois anos após a aprovação da lei, algumas de suas disposições mais importantes – incluindo a emissão de medidas cautelares contra os acusados de agressão – ainda não foram implementadas adequadamente, segundo estudos do grupo coordenado por Feng, o Wei Ping (Igualdade). As mulheres que entram com pedidos de medidas cautelares frequentemente são aconselhadas a voltar para junto de seus parceiros, a fim de preservar a "harmonia" familiar e a estabilidade social. O recrudescimento das restrições às ações das ONGs também tem dificultado o percurso das vítimas de violência doméstica em busca de ajuda. "Nós não podemos contar apenas com *slogans*, dizendo 'mulheres e homens são iguais', sem pôr em prática políticas reais de combate às desigualdades de gênero", aponta Feng.

Quando eu entrevistei Feng Yuan pela primeira vez, em 2012, ela me disse: "Basicamente, não existe espaço para um movimento de mulheres independente na China". Enquanto o Partido Comunista continuar no poder, essa declaração seguirá sendo verdadeira. O estado de segurança patriarcal da China não aceitará um movimento independente de mulheres em larga escala. Mas o fato de que as jovens feministas já tenham conseguido formar uma comunidade que tem mobilizado e inspirado tantas mulheres e garotas é impressionante. Mesmo com a desigualdade de gênero profundamente arraigada que vigora no país e com a pesada repressão do governo ao ativismo feminista, Feng acredita que a crescente conscientização da opinião pública a respeito da questão dos direitos ajudou a fomentar um "ambiente mais rico" para a defesa dos direitos das mulheres. "Muitas pessoas pensavam que o feminismo era desnecessário, pois a Revolução Comunista já havia estabelecido a igualdade entre homens e mulheres", explica ela. "Mas, hoje, cada vez mais gente tem percebido que ainda temos muito trabalho a fazer para melhorar os direitos das mulheres."

Agora que o governo já aprovou uma lei contra a violência doméstica que deixa a China mais parecida com uma potência mundial responsável, eu acho muito pouco provável que o Partido Comunista vá trabalhar para que essa lei seja adequadamente cumprida, porque, afinal, manter intacta a estrutura da família patriarcal – mesmo que ela ponha em risco a vida de mulheres – é algo vital para a estabilidade política e para a sobrevivência do Partido Comunista. Assim, por extensão, a violência contra as mulheres é parte inerente do autoritarismo patriarcal chinês. Não importa quanto o homem seja brutalmente oprimido pelo Estado, ele sempre poderá ir para casa ou para algum outro lugar e descontar impunemente a sua raiva em alguma mulher. Não importa quão baixo seja o status social de um homem, a mulher ligada a ele (esposa ou namorada) sempre terá um status ainda mais baixo. Enquanto o governo continuar permitindo que os homens abusem de mulheres – seja em casa, no transporte público ou no local de trabalho –, será mais fácil conseguir que esses homens aceitem viver sob uma ditadura unipartidária.

De acordo com o governo chinês, as mulheres precisam se casar com homens para preservar a estabilidade social, fornecer uma válvula de escape para os impulsos violentos dos homens e realizar trabalhos domésticos sem remuneração. As mulheres precisam gerar bebês para contrabalançar o envelhecimento da população e a redução da força de trabalho (embora, como já foi observado, isso deva estar alinhado com a premissa eugenista da supremacia han e as chinesas han devam produzir mais filhos). A educação só é necessária para que as mulheres desempenhem seu papel adequado como mães, empenhando-se para construir mão de obra altamente qualificada para o futuro da China. Caberá a elas, por fim, tomar conta também dos mais velhos, de modo que o governo não precise investir em programas abrangentes de previdência social, e ser a força nutriz da "família harmoniosa" que é o coração do Estado autoritário.

À medida que as ativistas do feminismo continuarem a perturbar a ordem patriarcal e autoritária, é provável que o governo vá encontrando novas maneiras de persegui-las. Ainda assim, é cada vez maior o número de chinesas que já entenderam que elas merecem ser tratadas com dignidade e que já estão se rebelando contra a discriminação de gênero, a violência sexual e a misoginia. Elas estão assumindo o controle sobre a própria reprodução, ameaçando assim as metas de planejamento populacional que são parte crucial da estratégia de sobrevivência criada pelo Partido Comunista Chinês para resistir para além da marca dos setenta anos no poder dos seus camaradas soviéticos. Mesmo se todas as ativistas do feminismo na China forem presas ou silenciadas de alguma outra forma, as forças de resistência que elas já puseram em movimento dificilmente se deixarão eliminar.

Conclusão
Uma canção para todas as mulheres

Eu me encontrei com Li Maizi e Teresa Xu para um jantar em dezembro de 2015, oito meses após a libertação do Quinteto Feminista, em um café hipster no bairro Wangjing, em Pequim. Elas chegaram em uma *scooter* e usando máscaras antipoluição de uso industrial para filtrar o ar tóxico da cidade. Li havia acabado de pintar as unhas da mão esquerda de um tom vivo, de verde-água, e as da mão direita de rosa-choque; Teresa estava com um batom bem vermelho. Em julho de 2015 – dias depois da decisão histórica da Suprema Corte americana legalizando o casamento entre pessoas do mesmo sexo –, Li e Teresa fizeram a cerimônia do seu casamento em Pequim para celebrar sua união e protestar contra a proibição do casamento entre pessoas do mesmo sexo na China. Elas convidaram cerca de vinte amigos e quase o mesmo número de jornalistas, entoaram "Uma canção para todas as mulheres" e postaram fotos dos beijos que deram na cabine privativa de um restaurante da cidade, que havia sido decorada com bandeiras de arco-íris. (O casal acabou se separando em 2017.)

Li havia planejado levar para o nosso encontro dois dos vestidos de noiva manchados de tinta vermelha que ela, Wei Tingting e Xiao Meili haviam usado em seu protesto contra a violência doméstica "Noivas

Sangrentas", de 2012. "É melhor eu passar para você esses vestidos, porque não posso deixá-los na China continental", ela disse, sabendo que eu estava em contato com Lü Pin, do *Vozes Feministas*, para organizarmos uma exposição em Hong Kong sobre o ativismo feminista chinês.

"Quando a exposição terminar, você pode ficar tomando conta deles?", me pediu Li. "Talvez possam ser doados para algum museu feminista."

Eu perguntei a ela se realmente achava que não teria mais uso para os vestidos na China continental. A reação de Li foi de um desânimo atípico.

"Não há mais espaço para as nossas performances públicas", ela me disse.

E ela nunca havia pensado em estudar fora?

"Sim, mas ando muito dividida", foi a resposta. "Se eu for para o exterior, o que vai acontecer com meu trabalho na China?"

Dilemas desse tipo, com a sensação de não querer ir embora de um país opressor, foram expressos por dissidentes famosos, como o vencedor do Prêmio Nobel da Paz Liu Xiaobo, que morreu de um câncer de fígado na prisão em 2017, e o conhecido ganhador russo do mesmo prêmio Andrei Sakharov, que recebeu a alcunha de "a voz da consciência" por sua resistência às violações dos direitos humanos na União Soviética. É extraordinário constatar que feministas chinesas na casa dos 20 anos estejam diante das mesmas questões existenciais tão dilacerantes e sendo ameaçadas com acusações de "subversão" por um governo que, em seu discurso oficial, apoia a igualdade de gênero.

Eu acabei não levando os vestidos comigo. Mas logo antes da virada do ano, Li Maizi postou fotos de Teresa e de outra jovem usando os vestidos manchados de sangue falso no Weibo e no WeChat, com os rostos exibindo hematomas e cortes feitos com maquiagem e segurando bonecos também maquiados para parecer machucados. As fotos chamavam atenção para o problema dos ex-maridos abusivos que têm raptado os filhos das mães, visto que o número de divórcios continua aumentando por toda a China. A maior parte dos casos de rapto envolve meninos, que são considerados mais importantes para levar adiante a linhagem familiar.

Teresa e a outra ativista posaram em uma rua de Pequim, segurando grandes cartazes com os dizeres: "O casamento pode acabar / a violência doméstica não chega ao fim", e "raptar crianças é crime". Li Maizi não aparece nas imagens, mas ela escreveu as legendas das fotos explicando que a nova lei contra a violência doméstica na China não está garantindo proteção para as mulheres divorciadas e seus filhos contra ex-maridos violentos. No final, Li havia encontrado um jeito de fazer uso dos vestidos de noiva. Ela estava passando a tocha do movimento para outras feministas, que tratariam de manter vivo o ativismo.

Todas as integrantes do Quinteto Feminista sofreram maus-tratos psicológicos e, em alguns casos, também físicos durante o período em que estiveram presas. Ainda assim, apesar do que tiveram de enfrentar, essas mulheres reforçaram ainda mais o seu comprometimento com a resistência feminista. Mesmo tendo de lidar com os sintomas do estresse pós-traumático e com a perseguição por parte dos agentes do Estado nos meses que se seguiram à sua libertação, elas se mantiveram profundamente conscientes da sua posição como figuras inspiradoras cruciais para outras feministas.

Poucas semanas após ser liberada pelas autoridades, Xiao Meili lançou um concurso de brincadeira no Weibo, convocando as mulheres a postarem fotos de suas axilas não depiladas para desafiar os estereótipos da feminilidade e celebrar formas não convencionais de beleza. Em junho de 2017, Xiao anunciou as vencedoras do concurso. O primeiro lugar ficou com uma universitária de Hangzhou – ninguém menos que Zhu Xixi, que havia ela mesma sido interrogada por agentes da segurança estatal a respeito de sua participação no ativismo feminista. A fotografia vencedora de Zhu mostra uma imagem dela arqueando o pescoço num movimento de dança, com um sorriso enlevado nos lábios e os olhos fechados, trajando um vestido sem mangas e com os braços erguidos segurando os longos cabelos e exibindo as axilas naturais. O título lhe rendeu como prêmio cem camisinhas. "Agora eu me sinto ainda mais orgulhosa dos pelos nas minhas axilas", Zhu disse aos repórteres.

Mesmo antes do fim do concurso, as fotos haviam atraído bem mais de um milhão de visualizações no Weibo. Para todos os efeitos, era uma brincadeira inócua e apolítica, mas que paralelamente funcionou como uma estratégia brilhante para burlar os mecanismos rígidos de censura à internet em vigor no país e divulgar as imagens das cinco feministas "suspeitas criminais" para um público mais amplo no Weibo. E que enalteceu as integrantes do Quinteto Feminista como modelos de comportamento tentadores, mulheres à vontade com o próprio corpo e dotadas de um senso de humor irreverente.

A mulher premiada em segundo lugar (com um vibrador) foi a ativista Li Maizi, que posou para a foto com o torso inteiramente nu, os lábios pintados de vermelho-bombeiro e os braços estendidos provocativamente para o alto de modo a mostrar dois pequenos tufos de pelos nas axilas. Nos seios nus de Li, lê-se a inscrição, em caracteres chineses: "Axila cabeluda é amor / violência doméstica é crime".

O terceiro prêmio do concurso foi para a integrante do Quinteto Feminista Wei Tingting. A foto premiada mostra Wei só de sutiã, com um sorriso triunfante no rosto e o punho cerrado em riste – o gesto universal para simbolizar resistência à opressão.

Mesmo com todos os esforços das autoridades para silenciar as ativistas e restringir seus movimentos, o feminismo chinês começou a se expandir para além das fronteiras do país, como me relatou Wu Rongrong em dezembro de 2016. Eu estive com ela e Zheng Churan em uma viagem que as duas fizeram a Hong Kong. Era a primeira vez que eu via Wu depois do nosso encontro logo após a sua libertação da cadeia, e a mudança para melhor na sua aparência me deixou impressionada. O rosto não estava mais pálido e inchado, e uma aura radiante de energia pairava à sua volta. Enquanto conversávamos saboreando nosso jantar à moda cantonesa, o seu filho de 5 anos brincava debaixo da mesa.

Wu havia se resignado com o fato de que teria de viver sob a mira constante da vigilância do Estado, mas estava aliviada por constatar que agora a polícia de Hangzhou parecia mais respeitosa em sua monitoração. Ela chegou a criar uma perspectiva bem-humorada sobre a situação. Pouco antes da Reunião do G20 em Hangzhou, em setembro de 2016, Wu recebeu uma ligação de um agente de segurança.

"Wu Rongrong, quais são seus planos para o G20?", ele lhe perguntou.

"Eu não tenho nenhum plano, pode ser que saia para dar um passeio", respondeu Wu.

"É uma boa ideia. Onde você gostaria de passar uns dias? Nós a levamos."
"Bem, meu filho está querendo ir à Disneylândia de Xangai."
"Quando vocês querem ir? Final de agosto e a primeira semana de setembro são datas ideais", ele disse, como se fosse um agente de viagens organizando o pacote para algum cliente.

Em Xangai, Wu não queria ter agentes o tempo todo atrás dela e do filho na Disneylândia. Ela sabia, no entanto, que se reclamasse da vigilância a reação deles seria hostil. Em vez disso, tentou uma tática diferente, a da bajulação.

"O meu filho dá tanto trabalho! É muito bom vocês estarem aqui para me ajudar a tomar conta dele", soltou ela. Na mesma hora, os agentes debandaram e deixaram os dois em paz pelo resto da viagem.

Nesse meio-tempo, como eu estava prestes a me mudar de Hong Kong para Nova York, Zheng Churan me perguntou se podia levar uma encomenda para Liang Xiaowen, a ativista feminista que saíra de Guangzhou para fazer um mestrado em Direito na Universidade Fordham, em Nova York. Então, ela puxou um fio de cabelo da própria cabeça, simbolizando a falta que sentia da sua companheira de luta feminista. "Dizem que uma mecha de cabelo carrega todo o DNA de uma pessoa, então esse fio quer dizer que eu sempre estarei junto de Xiaomen [o apelido de Liang], apesar de estarmos tão distantes uma da outra", Zheng me disse.

Quando eu entreguei o símbolo da amizade de Zheng Churan para Liang Xiaowen, em Nova York, Liang já estava fortemente envolvida com o novo grupo que Lü Pin havia fundado na cidade, o Coletivo Feminista Chinês. Ela e dezenas de outras feministas chinesas vivendo nos Estados Unidos viajaram no dia 21 de janeiro de 2017 para a capital do país, Washington, para participar da Marcha das Mulheres, unindo-se aos milhões de americanas que protestaram contra a posse de Donald Trump como presidente do país, no maior protesto de um só dia da história dos Estados Unidos. As ativistas chinesas postaram no WeChat fotos e vídeos da sua participação para servirem de inspiração para as companheiras feministas na China.

Liang também ministrou um workshop de ativismo feminista para mulheres chinesas em Nova York, junto com Li Maizi (que estava na cidade em uma de suas turnês globais para fazer palestras) e outras duas feministas radicadas nos Estados Unidos, Liu Xintong e Di Wang. Terminado o curso, Liang, Li e algumas das outras mulheres foram até a Trump Tower para um protesto bilíngue contra a misoginia e o assédio sexual.

Ao participar como palestrante de uma conferência sobre liderança entre as mulheres chinesas no Barnard College, em abril de 2017, Liang afirmou que havia sido "criada no movimento feminista chinês" e lembrou que as mulheres chinesas deveriam usar o privilégio de trabalhar ou estudar nos Estados Unidos para aumentar a conscientização a respeito do ataque praticado pelo governo chinês aos direitos das mulheres. "Todos nós deveríamos falar pública e corajosamente a respeito do feminismo", ela disse à sua plateia majoritariamente formada por mulheres, clamando que elas organizassem seus próprios grupos feministas chineses em cada universidade e mandassem informações a respeito de suas atividades para as amigas que haviam ficado na China.

Quando o Weibo anunciou o bloqueio do perfil *Vozes Feministas* em fevereiro de 2017, ostensivamente em razão da postagem de um texto sobre a greve mundial das mulheres programada para o Dia Internacional da Mulher, Liang, Liu Xintong e outras feministas filmaram na Times Square um protesto contra a medida em que apareciam amordaçadas e com os corpos envoltos em tiras plásticas, manifestando a raiva por terem sido silenciadas. O bloqueio da página *Vozes Feministas* de 2017 durou apenas um mês, mas na noite de 8 de março de 2018, o Dia Internacional da Mulher, o Weibo bloqueou a conta novamente, no que pareceu ser uma medida definitiva, pelo menos até a ida deste livro para a gráfica. Dessa vez, ativistas do feminismo dentro da China e por outros lugares do mundo (incluindo o Central Park, em Nova York) vestiram fantasias coloridas e máscaras, no estilo das usadas pelo grupo russo Pussy Riot, e postaram fotos em que apareciam dançando em "cerimônias fúnebres e de renascimento", agitando faixas com dizeres como "O Feminismo Não Vai Morrer!" e "O Feminismo é Imortal!".

"Eu, como mulher, não tenho pátria. Como mulher, não quero uma *pátria*. Como mulher, a minha pátria é o mundo inteiro", diz Lü Pin, citando

Virginia Woolf. Para Lü, as feministas chinesas – seja na própria China, nos Estados Unidos ou em algum outro lugar – precisam formar alianças que cruzem as fronteiras, caso contrário o movimento feminista não terá como se manter durante os anos de incerteza e perigo que vêm pela frente. Visto que as autoridades mostram uma disposição cada vez mais beligerante para derrubar perfis feministas das mídias sociais ou perseguir ativistas individualmente, Lü Pin considera crucial globalizar o movimento feminista do país e "combater em diversos campos de batalha ao mesmo tempo".

Além dos Estados Unidos, há feministas chinesas construindo uma diáspora com bases na Grã-Bretanha, Hong Kong, Taiwan, Canadá e outros lugares. Wu Rongrong foi aceita para um mestrado em Direito na Universidade de Hong Kong, no segundo semestre de 2017, mas inicialmente as autoridades chinesas não lhe deram permissão para viajar. O Escritório de Segurança Pública da sua cidade, na província de Shanxi, rejeitou o pedido de autorização de viagem para Hong Kong alegando que ela estaria proibida de deixar a China por dez anos em razão de envolvimento com "atividades ilegais com análise pendente". Quando Wu foi a uma delegacia de Shanxi reclamar sobre a recusa da autorização, um policial lhe disse: "Continuar a estudar para quê? Volte para casa e aproveite a vida".

Wu contratou um advogado e entrou com processos legais contra duas agências locais do Departamento de Segurança Pública e passou a postar fotos e relatos no Weibo das suas discussões frequentes sobre o assunto com funcionários da segurança pública. Por fim, justamente no começo do período de aulas, em setembro de 2017, as autoridades cederam e lhe deram a autorização de viagem, permitindo que ela se matriculasse no curso.

Wang Man cursou o mestrado em Serviço Social na Universidade de Hong Kong, e Xiao Meili e outras feministas estavam com planos de se candidatar a programas de estudo no exterior. Enquanto isso, a Universidade de Pequim continuava fazendo ameaças a uma de suas alunas por atividades ligadas à campanha do #MeToo em abril de 2018, mas muitas de suas colegas e alunas em outras universidades continuavam a resistir às tentativas de calar seus protestos contra a violência sexual.

Embora a repressão antifeminista na China tenha levado algumas das ativistas a optarem por estudar ou trabalhar no exterior, poucas mulheres que eu entrevistei disseram que tinham vontade de deixar o movimento feminista. Em 2017, Bai Fei se mudou de Xangai para Pequim com planos de montar uma livraria/biblioteca feminista na capital. Uma loja do tipo bastante popular em Xangai, a Nüshu Kongjian, fundada por Ying Zhu e gerenciada por Gloria Wang, havia fechado as portas em razão das pressões da vigilância policial em 2016.

Guangzhou se firmou como epicentro feminista: Wei Tingting se mudou de Pequim para lá a fim de trabalhar em uma nova ONG, o Centro de Educação sobre Gênero e Sexualidade de Guangzhou. Em setembro de 2017, Wei lançou o seu documentário *Bi China*, a respeito das vidas de bissexuais chineses. Gina se mudou de Hangzhou para Guangzhou em 2016 e continua profundamente envolvida na articulação de atividades feministas.

Li Maizi, a integrante do Quinteto Feminista mais alardeada pela mídia, iniciou um mestrado em Teoria e Prática dos Direitos Humanos na Universidade de Essex em outubro de 2017. Ela viajou pelo mundo todo e discursou em muitos lugares – com frequência em inglês, idioma que passou a estudar com dedicação depois que foi libertada da cadeia. Li estava prestes a voltar para Pequim, para uma estadia de alguns meses, quando me encontrei com ela para um café da manhã em Nova York, em abril de 2017. Eu perguntei se não ficava apreensiva com a possibilidade de voltar a ser presa, especialmente por causa de suas críticas frequentes e nada discretas ao governo. Li me disse acreditar que as autoridades não ousariam prendê-la quando estava prestes a começar o mestrado em uma universidade britânica, já que o governo chinês vinha tentando projetar uma imagem do país como uma das lideranças mundiais em acesso ao ensino superior.

"Além do mais, não faz sentido viver com essa preocupação – eu não vou censurar a mim mesma", falou ela.

As viagens e palestras que Li ministrou internacionalmente ensinaram-na a buscar conexões entre as questões das mulheres chinesas e de mulheres de outras partes do mundo. "O recrudescimento do clima político na China está alinhado a uma tendência mundial; basta ver a forma como a Rússia vem insuflando seus nacionalistas populistas a reforçarem a permanência de Putin no poder. Temos visto retrocessos na democracia pelo mundo todo", disse ela. "Vemos a mesma coisa em lugares como Egito, Índia e nos Estados Unidos, com Trump."

Depois de ter recebido tanta atenção da imprensa, Li passou a se ver no papel de divulgadora do feminismo chinês para plateias internacionais e de ajudar a construir uma rede internacional de solidariedade feminista. "Companheiras feministas do mundo todo lançaram muitas campanhas – na internet e fora dela – para nos ajudar em ocasiões do passado, e, se nós construirmos e cultivarmos essas conexões internacionais, poderemos voltar a nos ajudar no futuro", ela me disse. "Porque há muitos problemas que são semelhantes para mulheres no mundo inteiro."

Li Maizi fez um alerta sobre a eficácia cada vez maior da propaganda governamental divulgada nas mídias sociais com o propósito de alimentar o extremismo nacionalista, a xenofobia e a islamofobia entre os chineses mais jovens – alguns dos quais seriam capazes de fazer qualquer coisa para defender a reputação da China contra uma suposta humilhação. Basta ver a onda organizada de hostilidade contra Yang Shuping, a chinesa que em seu discurso de formatura na Universidade de Maryland, em maio de 2017, fez elogios ao ar limpo e à democracia dos Estados Unidos. "No instante em que eu saí do aeroporto e respirei, me senti livre (...) Democracia e liberdade são o nome do ar puro pelo qual vale a pena lutar", ela disse para a plateia.

O discurso de Yang foi transmitido por *streaming* e assistido por milhões de chineses, alguns dos quais passaram a atacá-la imediatamente com agressões pesadas via internet. O site do *People's Daily* alimentou a onda de ódio nacionalista contra ela, publicando um artigo com a manchete "Estudante Chinesa na Universidade de Maryland é Atacada por Discurso Tendencioso na Formatura". O texto acusava Yang de "escolher os estereótipos errados sobre a China" e citava declarações indignadas de chineses dizendo que "as informações falsas (mentiras) do discurso feriram os sentimentos de um grupo numeroso de pessoas e prejudicam a imagem da nação".

O golpe desferido pelo *People's Daily* foi o aval para que se iniciasse uma avalanche de postagens bem mais sexistas e violentas no Weibo, com comentários do tipo: "Essa aí sabe puxar saco como ninguém. Nem se dê ao trabalho de voltar para a China. A nossa pátria não precisa de vagabundas como você". Yang considerou as reações hostis "profundamente perturbadoras" e postou um pedido de desculpas no seu perfil do Weibo. "Eu me desculpo de coração e espero sinceramente que todos possam compreender, a lição está aprendida para o futuro", dizia o texto.

Li Maizi comentou que ondas raivosas de nacionalismo on-line insufladas pelo governo muitas vezes descambam para a violência misógina, acusando as feministas chinesas de serem traidoras "anti-China". "As feministas são difamadas e tachadas caluniosamente de 'forças estrangeiras', numa tentativa de fazer as pessoas se voltarem contra nós", ela disse. "Esse tipo de nacionalismo só tende a ficar pior, então a nossa situação é bastante crítica." O governo conseguiu tornar a palavra "feminista" tão politicamente sensível e condenável que qualquer mulher que se declare publicamente como feminista torna-se imediatamente vulnerável a uma enxurrada de ataques on-line violentos e sexistas.

Ironicamente, no mesmo momento em que o governo vem intensificando a repressão ao ativismo feminista, as grandes empresas começaram a reconhecer o apelo comercial do feminismo de consumo e a explorar o vasto mercado em potencial que existe no país para marcas que representem o empoderamento feminino – de maneira apolítica, é claro.

Em 2016, por exemplo, um anúncio com forte apelo emocional da marca japonesa de cosméticos SK-II sobre a resistência das mulheres "que sobraram" às pressões em prol do casamento viralizou na China, acumulando milhões de visualizações logo nos primeiros dias da publicação. O vídeo, "A Derrubada do Front Matrimonial", mostrava mulheres comuns enaltecendo as suas vidas de solteiras como uma alternativa ao padrão compulsório do casamento. (Em nome da transparência total, eu admito que atuei como consultora para a agência de publicidade Forsman & Bodenfors, que produziu o vídeo, embora em nenhum momento eles tenham me informado que a SK-II estava no projeto.) A comediante da internet Papi Jiang também se transformou em símbolo feminista pop em 2016, acumulando mais de 25 milhões de seguidores no Weibo e milhões de dólares em patrocínio de empresas para os seus vídeos satíricos de "self-mídia" (*zi meiti*) ao fazer piada com o duplo padrão sexista em vigor na sociedade chinesa.

A indústria do entretenimento está começando a perceber que pode lucrar com a demanda gigantesca que existe entre as jovens chinesas por conteúdo musical e filmes que desafiem as normas tradicionais de gênero. Uma das maiores estrelas pop da China é uma mulher, Li Yuchun (também conhecida como Chris Lee), que investe num visual andrógino, usando um corte de cabelo curtíssimo e calças largas, e dá declarações afirmando que gosta de "contrariar a tradição", segundo uma reportagem do *The Guardian*. O disco lançado por ela em 2016, *Growing Wild*, vendeu mais cópias nos dezesseis primeiros dias após o lançamento do que *Lemonade*, de Beyoncé, vendeu no país o ano inteiro. A cantora também assinou contratos publicitários com a L'Oréal e a Gucci, e em 2017 tornou-se embaixadora da marca Diesel.

Seguindo os passos de Li Yuchun, a mais nova banda *genderfluid* chinesa se chama Acrush e é formada por cinco moças que se apresentam como uma "boy band" – e atraiu mais de 750 mil fãs no Weibo, a maioria do sexo feminino, antes mesmo de lançar o seu primeiro *single*, em abril de 2017. O nome "Acrush" traz uma referência ao deus grego Adônis, e a banda surgiu de um esforço deliberado da agência produtora de música pop Zhejiang Huati Culture para atrair as jovens urbanas avessas ao padrão de feminilidade caricata divulgado pela mídia *mainstream* do país, de acordo com reportagens publicadas no lançamento da banda. A Zhejiang Huati abriu um processo seletivo no país inteiro para encontrar jovens que se adequassem à imagem inconvencional e *genderfluid* planejada para a banda. "Elas curtem um visual mais masculino, um estilo mais descontraído, e querem cantar como garotos", revelou o CEO da agência, Wang Tianhai, ao *The Guardian,* enfatizando que a banda não tinha nenhuma proposta política.

O *single* de estreia, recheado de referências do rap e do hip-hop, chegou a ser batizado de "Ativista" (*xingdong pai*), embora as traduções para o inglês tenham preferido o termo "action", ou "ação". O clipe mostra as cinco com seus cabelos curtos usando calças e jaquetas de couro, uma delas com um boné com a aba virada para trás, fazendo passos de dança que incluíam o gesto de levar a mão à virilha. De muitas maneiras, a canção, que fala de romper as barreiras impostas pela sociedade e pelo Estado, mostra influência clara do discurso usado pelas ativistas do feminismo:

> Eu não vou mais levar uma vida insignificante...
> Como arranco esses rótulos?
> Como assumo o controle da minha vida?...
> Já cansei de tanta fraqueza
> Vou dar a volta por cima como ativista!...

Uma das integrantes da banda, Lu Keran, de 21 anos, que costumava ser expulsa do banheiro feminino por se parecer com um garoto, disse ao *The Guardian*: "Uma mensagem importante que nós queremos passar para nossos fãs é que é importante ser verdadeiro com a sua própria essência". As cinco cantoras, com idades entre 18 e 24 anos, receberam o apelido de "gatinhos" por parte das fãs, que costumam gritar e chorar de emoção a cada aparição pública da banda.

Mas, num lembrete sobre o clima de extrema repressão política que impera no país, consta que as moças são proibidas de fazer declarações a respeito de sua orientação sexual. Como a pesquisadora feminista chinesa Di Wang ressalta, embora os milhares de adesões à versão chinesa da campanha do Me Too tenham demonstrado que o público geral está cada vez mais disposto a denunciar situações de assédio sexual, "ainda não existe um espaço de acolhimento no qual seus sobreviventes se sintam à vontade para expor sua orientação sexual, identidade de gênero ou expressão de gênero".

Ainda assim, a China tornou-se o segundo maior mercado cinematográfico do mundo em 2012, e já há sinais de que filmes sobre empoderamento feminino tenham potencial de conseguir lucro recorde nas bilheterias do país – desde que não sejam censurados pelo governo. *Dangal,* uma produção de Bollywood lançada em maio de 2017 na China, contava a história real de duas irmãs treinadas pelo pai para serem campeãs de luta. Uma delas, Geeta, batia nos garotos que a importunavam quando era pequena e cresceu para se tornar a primeira mulher indiana a conquistar uma medalha de ouro como lutadora nos Jogos da Comunidade Britânica. O filme fez sucesso nas bilheterias e em outubro figurava na lista dos títulos mais lucrativos que já estrearam nos cinemas chineses, tendo faturado cerca de $ 200 milhões nas bilheterias. Dirigida por Nitesh Tiwari, a trajetória das lutadoras desafia os mesmos tipos de estereótipos de gênero que criam obstáculos para as vidas das mulheres chinesas, como a duplicidade de padrões e as pressões para que se casem jovens.

Em junho de 2017, a produção de super-heróis da Warner Brothers/DC *Mulher-Maravilha* estreou em cinemas por toda a China e, em outubro, havia faturado mais de $ 90 milhões. O valor foi quase um quarto do total dos lucros de bilheteria do filme fora dos Estados Unidos, consolidando com folga a China como o maior mercado da produção fora das fronteiras americanas. *Mulher-Maravilha* – o primeiro *blockbuster* hollywoodiano estreado por uma super-heroína sob a direção também de uma mulher, Patty Jenkins – teve mais espectadores no primeiro fim de semana em cartaz do que filmes do mesmo gênero com heróis masculinos, como *Guardiões da Galáxia* e *Homem de Ferro.* E, de acordo com o *China Daily,* a produção contou com investimentos das companhias chinesas Tencent Pictures e Wanda Pictures.

Zheng Churan escreveu, em junho de 2017, um artigo interessante para o *Vozes Feministas* sobre a sua própria reação a *Mulher-Maravilha.* Zheng faz críticas ao filme por não atender de muitas maneiras às suas expectativas feministas, citando como exemplo a exploração exagerada da sensualidade da heroína Diana e o seu relacionamento com o par romântico nas telas. Mas o que mais me marcou foi a segunda parte do texto da ativista, na qual ele se converte em um manifesto feminista. Apesar de ter apontado falhas que considerou importantes no filme, Zheng Churan fala também de sua identificação pessoal com a semideusa

Diana. Ela diz ter chorado ao ver a heroína combater a crueldade do "homem" e compartilhado o desapontamento de Diana ao ver as suas esperanças ingênuas de salvar a humanidade serem destroçadas. "Como ela, eu também sou uma feminista fervorosamente idealista: eu desejo a emancipação da mulher, desejo a igualdade de gênero e quero que todas as pessoas possam viver livres da opressão de maus-tratos cruéis", Zheng escreve.

Para ela, existem paralelos entre a jornada de autodescoberta de Diana e a sua própria trajetória como ativista do feminismo perseguida pelo governo na China, definidos pela descoberta de que a sociedade em que se está é muito mais selvagem do que se pensava e pelos questionamentos sobre se um dia será possível livrar o mundo de toda a violência terrível e misógina.

> Nos últimos anos, muitas pessoas têm me perguntado qual é exatamente o caminho que eu vejo para realizar todas as metas tão idealistas que defendo. Se será por meio do comunismo ou de uma democracia liberal e capitalista. De uma utopia feminista, talvez? Diana é uma semideusa, e nem mesmo ela foi capaz de evitar cometer erros em sua busca de um fim para a brutalidade da guerra. De nós [as ativistas do feminismo], como simples mortais que somos, não se pode esperar que sejamos capazes de apontar uma estratégia única e certa para o movimento lento e longo que estamos conduzindo.

Zheng escreve que toda mulher tem uma trajetória pessoal a ser seguida para encontrar o próprio despertar feminista, e que pode ser que ele seja muito lento e que a mulher passe por fracassos abissais no seu percurso. Que talvez a perspectiva mude em razão de uma nova identidade de gênero ou orientação sexual; que talvez exista algum episódio traumático de violência sexual no caminho. "Pode ser que o nosso despertar seja acompanhado por uma dor profunda, por entusiasmo ou terror até chegar àquele clique esclarecedor, ao momento em que a verdade se revela com uma potência avassaladora", escreve ela.

Desde que foi libertada da cadeia, Zheng tem lido sobre os movimentos em prol dos direitos das mulheres em outros países. No sul da Rússia, em agosto de 2017, cinco mulheres que haviam se encontrado para acampar à beira do Mar Negro e debater sobre feminismo foram detidas e interrogadas pela polícia. A polícia russa só libertou as mulheres depois que elas concordaram em assinar declarações confirmando ter recebido um alerta para que não se envolvessem em atividades "extremistas". No México, dezenas de ativistas do feminismo foram assassinadas brutalmente em retaliação por sua luta. Na Argentina, uma série de feminicídios violentos desencadeou protestos em massa em 2015 e deu uma nova força ao movimento das mulheres. No Brasil, a crueldade dos assassinos de mulheres se mostrou ainda maior – basta ver casos como o assassinato da deputada negra, lésbica e feminista Marielle Franco, em março de 2018 no Rio de Janeiro. E, é claro, há a subida ao poder de Donald Trump como presidente dos Estados Unidos.

Quando Zheng Churan esteve pela primeira vez em Nova York, em dezembro de 2017, eu fui com ela e a ativista Liang Xiaowen a uma manifestação da campanha #MeToo em frente à Trump Tower, em apoio a sobreviventes de casos de violência sexual. Nós também saímos para jantar com outras feministas chinesas e com a ativista egípcia-americana Mona Eltahawy, autora do livro *Headscarves and Hymens: Why the Middle East Needs a Sexual Revolution*[9]. Durante a revolução egípcia de 2011, Mona chegou a ser detida, espancada e atacada sexualmente por forças de segurança do país, que fraturaram seu braço esquerdo e a mão direita. Depois do acontecido, a escritora quis "celebrar sua sobrevivência" fazendo tatuagens nos dois braços. Ela mostrou suas tatuagens a Zheng Churan, exibindo desenhos que incluíam a figura de Sekhmet, deusa egípcia da retribuição e do sexo – "ambas coisas que eu quero", segundo as palavras de Mona. Depois que ouviu o relato da violência e do percurso de cura da companheira, Zheng estendeu os braços para enlaçá-la por muito tempo nos seus, com lágrimas a escorrer pelo rosto.

---

9 Em tradução livre, "Lenços de cabeça e himens: por que o Oriente Médio precisa de uma revolução sexual". (N. da T.)

"Pelo mundo todo, as feministas têm suas batalhas próprias a enfrentar, mas nos momentos de crise nós podemos nos unir e apoiar umas às outras", Zheng me disse em outra de nossas conversas. "As forças do autoritarismo e do capitalismo entre comparsas estão se unindo e se empoderando pelo mundo todo; nós, feministas, precisamos dar as mãos também, ou nos deixaremos desarticular por essas forças."

Mas, embora faça piadas constantes sobre o Partido Comunista, nem Zheng, nem qualquer das ativistas feministas com quem eu tive contato direto defende a derrubada do regime. "As pessoas discutem o que vai acontecer se o Partido Comunista cair, mas, mesmo com a saída de cena dele, ainda teremos que enfrentar o chauvinismo dos homens em posições de liderança e o patriarcado", Zheng Churan diz. "Será preciso que consigamos preservar e manter a nossa força ao longo de muitos anos."

Algumas feministas chinesas – incluindo a própria Zheng, que considera que o capitalismo inerentemente promove a exploração das mulheres – lamentam o fato de que sua mensagem originalmente tão radical clamando pela luta contra a opressão tenha sido cooptada por empresas que vendem um "feminismo de consumo", apolítico. Ainda assim, Lü Pin considera que essa nova onda de interesse corporativo pela causa feminista talvez possa, por paradoxal que seja, ajudar a manter vivo o movimento. "Não é necessariamente algo ruim que as corporações queiram capitalizar o imenso mercado para o feminismo que existe na China; elas estão nos usando, mas nós também podemos usá-las", argumenta ela. "Num ambiente em que o governo quer nos calar, [o uso do feminismo pelas corporações] pode nos ajudar a espalhar a nossa mensagem e ampliar os espaços de discussão sobre os direitos das mulheres." Ela conclui citando uma expressão chinesa: "Um lago limpo demais não tem peixes" (*chi zhi qing ze wu yu*), dizendo com isso que um movimento não tem como sobreviver se mantendo completamente puro do ponto de vista ideológico. "Não existe instituição que possa ser 100% feminista, e intelectuais que não fazem nada além de criticar uns aos outros nunca farão a revolução caminhar, porque são incapazes de fazer concessões e atuar em cooperação com outras pessoas", lembra ela. "Como ativistas, nós precisamos trabalhar no mundo real, resolvendo problemas reais."

Na descrição de Lü Pin, a represália antifeminista é "suave pelo lado de fora, mas dura por dentro" (*wai song nei jin*), no sentido de que as autoridades querem dar ao mundo a impressão de que não são tão repressivas, mas seu objetivo é erradicar completamente o movimento. Ela prevê que os próximos anos trarão uma batalha duríssima, e que talvez toda atividade feminista independente do Partido Comunista tenha que passar para a clandestinidade.

"Nós temos que sobreviver aos nossos inimigos", Lü Pin diz.

Enquanto estou concluindo a redação deste livro, em abril de 2018, é impossível prever se o nascente feminismo chinês será mesmo capaz de sobreviver. Em longo prazo, pode ser que o movimento enfim triunfe e leve a uma sociedade mais aberta. Com o passar dos anos, talvez a prisão do Quinteto Feminista venha a ser vista como um ponto de virada crucial na história da resistência organizada contra o domínio autoritário e patriarcal do Partido Comunista.

Os homens que detêm a liderança na China veem a opressão de gênero como uma peça crucial para o futuro da sua ditadura; já o feminismo – que entrega às mulheres o controle sobre seus próprios corpos e sua reprodução – confronta diretamente as metas de controle populacional eugenistas e pró-natalidade do Estado chinês. À medida que os desafios demográficos do país se acirrarem e que a batalha pela sobrevivência do Partido Comunista se tornar mais tensa, nos próximos anos, é provável que a repressão contra o feminismo aumente na mesma escala.

A represália contra o movimento, aliás, poderá se intensificar não apenas na China, mas no mundo inteiro. Segundo a organização americana Freedom House, o ano de 2017 registrou a crise democrática mais grave das últimas décadas, com a passagem do papel de grande liderança mundial dos Estados Unidos para a China emergente, endossando a ação de autocratas misóginos determinados a reprimir os avanços dos direitos das mulheres, em uma lista de países que incluiu desde a Rússia até a Hungria e a Turquia.

Leta Hong Fincher

Num momento de crise como este, como nós devemos reagir à escalada do autoritarismo na China e por todo o mundo – incluindo os Estados Unidos? Lutando contra o patriarcado. Apoiar o ativismo feminista e promover os direitos das mulheres é a maneira mais eficaz de deter o ataque crescente e misógino às liberdades democráticas que vem ocorrendo no mundo inteiro.

No clipe de "Uma canção para todas as mulheres", a música que abre este livro, Zheng Churan aparece descalça em uma praia do sul da China, segurando as sandálias nas mãos. As ondas do mar quebram perto dela, deixando rastros brancos de espuma, enquanto Zheng canta o seu desejo de se libertar de todos os abusos. As imagens se alternam entre as cinco integrantes do Quinteto em Pequim, Hangzhou e Guangzhou, e a letra fala de mulheres que se erguem contra a opressão.

> Acreditamos num mundo igualitário
> Esta canção clama por liberdade e dignidade
> Você vem comigo
> Se juntar à nossa longa luta pelos nossos direitos?
> Eu quero seguir sem medo
> Eu quero ser linda sem que me assediem

Fortemente vigiadas pelo Estado de segurança, as integrantes do Quinteto Feminista cantam sobre a sua inocência e sobre a ameaça de um predador do sexo masculino:

> Acorde do seu sono! Vá atrás dele
> Não fui eu que cometi um crime

Wei Tingting e Wang Man aparecem em um bambuzal verdejante em Pequim, contrariando o estereótipo de que feministas são sempre feias, pudicas e mal-humoradas:

> Eu canto para mim mesma
> Não para o seu olhar julgador

Wu Rongrong emenda, de um jardim em Hangzhou:

> Eu tenho sonhos brilhantes
> E desejos profundos

A canção se encerra com Zheng Churan sentada ao lado de Li Maizi, as duas sorridentes e celebrando a libertação de seu espírito:

> Eu enfrentei desconfiança e escárnio
> E as batalhas me deixaram mais forte

Uma voz anônima pergunta às mulheres sobre as vidas delas depois da saída da cadeia, com a melodia vibrante da canção soando ao fundo enquanto as jovens ativistas fazem graça consigo mesmas e com o Estado de segurança que as persegue.

"Agora que estou sem emprego, ando meio entediada de ficar em casa o dia inteiro", Wei diz.

Li faz piada com o confisco de seu passaporte e a perda do emprego. "Retirem a acusação logo! Quando vou ter meu passaporte de volta?"

Zheng comenta, numa seriedade irônica: "Depois que a minha organização em defesa dos direitos foi fechada, eu decidi mudar de ramo. Agora sou uma empresária sem sucesso."

O clipe termina com uma sequência em câmera lenta das cinco mulheres rindo, encontrando alegria nos seus laços de solidariedade e se recusando a dobrar-se diante dos opressores. Logo antes do *fade* final, elas erguem os punhos fechados e fazem o "V" da vitória com os dedos. Li olha diretamente para a câmera e declara, com toda a confiança: "Eu acredito que o movimento feminista chinês vai ficar cada vez mais forte".

Li Maizi, Zheng Churan, Wei Tingting, Wu Rongrong e Wang Man são retratadas como oponentes do patriarcado, cantando para as mulheres do seu país que "Acordem do seu sono!". A canção as transformou da condição de seres humanos comuns, capazes de serem esmagados pela intromissão violenta do Estado de segurança em suas vidas cotidianas, em anjos vingadores clamando a todas as mulheres que resistam à opressão. Elas enfrentaram o regime mais autoritário do mundo e ainda assim persistiram em sua luta, chegando, assim, a uma vitória. Apesar dos esforços do governo para silenciá-lo, o Quinteto Feminista da China tornou-se um mito fulgurante, voando alto como o lendário pássaro Jingwei em sua determinação para – por mais tempo que isso leve – finalmente encher o mar.

Agradecimentos

Agradeço a todas as pessoas que me contaram suas histórias: eu espero que lhes tenha feito justiça e que tenha sido bem-sucedida no meu empenho de lançar alguma luz sobre este momento tão complexo da história da China. Eu agradeço especialmente a Lü Pin, Zheng Churan, Li Maizi, Wu Rongrong, Wei Tingting, Wang Man, Teresa Xu, Lu Jun, Xiao Meili, Zhang Leilei, Zhu Xixi, "Gina", Liu Wei, Li Yuan, Feng Yuan, Liang Xiaowen e Han Dongfang. As pessoas que cito neste livro representam apenas uma parte ínfima do movimento feminista chinês, e eu espero que muitos autores se dediquem a escrever mais sobre ele nos próximos anos.

Eu sou grata à minha editora tão conscienciosa, Audrea Lim, por ter reconhecido a importância deste livro e contribuído com sugestões criativas para que ele ficasse melhor. Deixo agradecimentos especiais à equipe da editora Verso Books, em particular à minha copidesque, Sarah Grey; o editor de produção, Duncan Ranslem; a assessora de imprensa, Emily Janakiram; e a gerente de marketing para os Estados Unidos, Anne Rumberger.

Eu tive a sorte de poder contar com os comentários preciosos de Eileen Chow, que generosamente se dispôs a fazer a crítica da primeira versão e da versão final do meu manuscrito, e sou grata também a Lisa Estreich, pelas observações oportunas que fez sobre vários capítulos.

Eu agradeço a Dorothy Ko, que me recomendou para a cátedra de professora visitante na Universidade Columbia em 2016, onde eu desenvolvi as ideias para escrever este livro. Obrigada ao Instituto Weatherhead da Ásia Oriental da Universidade Columbia, por ter me convidado em março de 2016 para fazer uma palestra intitulada "Controle Social e de Gênero na Era Xi Jinping", onde eu tive a oportunidade de apresentar algumas de minhas ideias iniciais sobre o autoritarismo patriarcal chinês.

Deixo um "obrigada" gigante à minha agente, Marysia Juszczakiewicz, por acreditar no meu trabalho. Obrigada também a Mona Eltahawy, por ter torcido apaixonadamente por este livro e por ter me ensinado a deixar de lado os meus medos. E a Rebecca Karl, por seus conhecimentos e pelo enorme apoio ao meu trabalho.

Alguns trechos deste livro aparecem de outras formas em artigos meus publicados em diversos veículos de imprensa. Obrigada a Kaen Attiah, por ter editado para o *Washington Post* em 2018 o meu texto "Xi Jinping's authoritarian rise in China has been powered by sexism"[10], e a Stéphanie Giry, por ter editado para o *New York Times* o artigo "China dropped its one-child policy - So why aren't more Chinese women having babies?"[11] Obrigada também a Hannah Bloch e Alex Leff, por terem editado para a National Public Radio também em 2018 o texto "China is attempting to muzzle #MeToo"[12]. E obrigada a Kaavya Asoka e a Sarah Leonard, pelo convite para que eu contribuísse para a edição do outono de 2016 da revista *Dissent* com o artigo "China's Feminist Five"[13]. Obrigada, Anna Leach, por ter editado em 2016 meu texto para o *The Guardian* "How Chinese feminists can inspire women to stand up to Trump"[14]. Obrigada, Nancy Naples, por ter me convidado para contribuir com a entrada "Feminism, Chinese"[15] para a *The Wiley Blackwell Encyclopedia of Gender and Sexuality Studies*[16], e a Jeffrey Wasserstrom, pelo convite para contribuir para a revista *Dissent* em 2013.

Eu agradeço a Didi Kirsten Tatlow pela excelente matéria sobre o ativismo feminista na China, que me serviu de material de pesquisa, e

---

N. da T. Traduções livres dos títulos dos artigos, na ordem em que são citados:
10 "Sexismo impulsiona a escalada autoritária de Xi Jinping na China."
11 "A China derrubou a política do filho único – Por que as chinesas não estão tendo mais filhos?"
12 "China tenta amordaçar o #MeToo."
13 "O Quinteto Feminista da China."
14 "Como as feministas chinesas são uma inspiração para a resistência feminina a Trump?"
15 "Feminismo na China."
16 "Enciclopédia Wiley-Blackwell de Estudos de Gênero e Sexualidade", não editada no Brasil. (N. da T.)

por ter me apresentado à fantástica ativista da luta contra a violência doméstica Kim Lee. Eu sou grata a todos os meus professores do Departamento de Sociologia da Universidade Tsinghua, onde eu concluí o meu PhD, e agradeço também à cofundadora e editora do site WAGIC.org, Séagh Kehoe, que pode ser encontrada também no Twitter como @halfthesky49.

Há muitas pessoas que me ajudaram de maneiras variadas a perseverar com o trabalho que eu estava fazendo sobre a China, mesmo nos momentos em que pensei em desistir. Eu sou especialmente grata a Stephanie Kleine-Ahlbrandt, Oscar Alcantara, Ted Anthony, Alec Ash, Bao Pu, Angie Baecker, Sophie Beach, Sarabeth Berman, Bill Bishop, Laurel Bowman, Tania Branigan, Adam Brookes, Julia Broussard, Melindah Bush, Melissa Chan, Yuen Chan, Elaine Chen, Chen Yaya, Renee Chiang, Farai Chideya, Mike Chinoy, Joanna Chiu, Lenora Chu, Clifford Coonan, Heather Cross, Kath Cummins, Maura Cunningham, Deborah Davis, Rangita de Silva de Alwis, Julia Famularo, Mei Fong, Howard French, Paul French, Michelle Garnaut, Bonnie Glaser, Jeremy Goldkorn, Jorge Guajardo, Paul Haenle, Elizabeth Haenle, Jane Hayward, Gail Hershatter, Albert Ho Chun-yan, Hanson Hong Fincher, Mara Hvistendahl, Denise Hyland, Susie Jakes, Sarah Jones, Jan Kiely, Deborah Krisher-Steele, Suzanne Kuai, Kaiser Kuo, Shiamin Kwa, Elizabeth LaCouture, Indira Lakshmanan, Christina Larson, Susan Lawrence, Ching Kwan Lee, Kim Lee, Louisa Lim, Lydia H. Liu, Jonathan Man Ho-ching, Lu Miaoqing, Kristie Lu Stout, Melissa Ludtke, Elizabeth Lynch, Darcy Mackay, Rebecca Mackinnon, Evan Medeiros, Judy Melinek, Trey Menefee, Carl Minzner, T.J. Mitchell, David Moser, Tamara Nopper, Brendan O'Kane, Evan Osnos, Eileen Otis, Malin Oud, James Palmer, Pan Yue, Brenda Pitts, Vivien Pong, Oliver Radtke, Melissa Rayworth, Maguena Reimers-Fincher, Sophie Richardson, Bernice Romero, Robert Rutledge, Paola Sada, Sarah Schafer, David Schlesinger, Andrew Shaw, Peggy Shaw, June Shih, Victor Shih, Christoph Steinhardt, Dermot Tatlow, Nora Tejada, Kate Threlfall, Kirk Troy, Kellee Tsai, Anne Tumlinson, Corinne Vigniel, Gloria Wang, Alice Wong, Minky Worden, Wang Yajuan, Yan Hongjun, Charlotte Yang, Xu Xi, Zeng Jinyan, Tianqi (Kiki) Zhao e Ying Zhu.

Eu agradeço ao Coletivo Feminista Chinês. A compilação do site da Human Rights in China (HRIC) sobre os acontecimentos ligados à prisão do Quinteto Feminista ajudou bastante na minha pesquisa. Eu quero agradecer a todas as pessoas que me convidaram para palestras ou que estiveram presentes às palestras dadas por mim sobre o meu primeiro livro, *Leftover Women: The Resurgence of Gender Inequality in China*, e deixar um "obrigada" a todas as pessoas que citaram meu nome ou expressaram apoio ao meu trabalho nas mídias sociais.

Eu agradeço à minha mãe, Beverly Hong-Fincher, por ser um modelo de pioneira do feminismo. E agradeço ao meu finado pai, John Fincher.

Eu agradeço aos meus filhos, Aidan e Liam, por me darem tantas alegrias – espero que vocês continuem tentando fazer do mundo um lugar melhor à medida que forem crescendo.

E, por fim, eu quero deixar um agradecimento ao meu marido, Mike Forsythe. Obrigada pela torcida, pela amizade e pela fé inabalável que tem depositado em mim todos estes anos.

Notas

Na noite de 8 de março de 2018, Dia Internacional da Mulher, censores chineses retiraram do Weibo a página *Vozes Feministas*, e, no dia seguinte, o perfil de mesmo nome foi apagado do WeChat. Muitos dos textos on-line a que eu faço referência no livro vieram do *Vozes Feministas*, e, como a mídia estatal tem deletado frequentemente as postagens, eu incluí nestas notas apenas alguns dos endereços on-line. A maior parte das informações foi colhida em entrevistas pessoais registradas em gravações, mas, em alguns casos, elas foram complementadas em fontes adicionais que estão listadas nestas notas. Eu me esforcei em fazer uma verificação conscienciosa da veracidade de todos os fatos, e quaisquer erros podem ser atribuídos apenas a mim.

Introdução

p. 13 "em chinês *a capella*". O trecho aparece de forma diferente no artigo de Leta Hong Fincher para o *The Guardian*, "How Chinese Feminists Can Inspire Women To Stand Up To Trump", de 23 de novembro de 2017, em theguardian.com.

p. 13 "Uma canção para todas as mulheres"/"A Song for All Women" foi a minha tradução pessoal para o título da canção delas, *Nüren zhi ge*. O vídeo da canção no YouTube, postado seis meses depois da libertação do Quinteto Feminista, tem o título "Do You Hear The Women Sing". Ver também Conclusão: Uma canção para todas as mulheres.

p. 14 "Xi hosting a meeting on women's rights at the UN while persecuting feminists? Shameless." Tuitado pela conta @HillaryClinton, às 7h39, em 27 de setembro de 2015.

p. 15 "O proletariado está com você!" Há uma compilação com algumas dessas postagens feita por Wei Lizhi sob o título "Free the Women's Day Five! – Statements from Chinese workers and students", no blog Nao, em 13 de março de 2015, em libcom.org.

p. 16 "enquanto estiver vivo". Partes desse trecho apareceram antes no artigo de Leta Hong Fincher para o *Washington Post*, "Xi Jinping's Authoritarian Rise in China Has Been Powered By Sexism", de 1º de março de 2018, em washington-post.com.

p. 17 "impedido que uma campanha em escala nacional do #MeToo decolasse." Ver o artigo de Mimi Lau e Mandy Zuo para o *South China Morning Post* "#MeToo? Silence, Shame and the Cost of Speaking Out about Sexual Harassment in China", de 8 de dezembro de 2017, em scmp.com; do artigo do Merriam-Webster "Word of The Year 2017: 'Feminism' Is Our 2017 Word of the Year", n.d., acessado em 16 de fevereiro de 2018 em merriam-webster.com.

p. 17 "exibirem nas ruas". Ver artigo de Qiao Long para a *Radio Free Asia* "Chinese Feminists Forced to Leave City Ahead of Fortune Global Forum", de 1º de dezembro de 2017, traduzido para o inglês e editado por Luisetta Muddle em rfa.org.

p. 17 "violava o regulamento." Ver artigo de Jiayun Feng para o *SupChina* "WeChat Censors Victim of Sexual Harassment in Shangai, Who Is Criticized for 'Overreacting'", de 30 de novembro de 2017, em supchina.com.

p. 18 "e mais de 70 mil no WeChat." Ver artigo de Jiayun Feng para o *SupChina* "Chinese Social Media Censors Feminist Voices", de 9 de março de 2018, em supchina.com.

p. 18 "em 1949." Essa e outras passagens do livro aparecem de outras maneiras no artigo "China's Feminist Five", de Leta Hong Fincher para a revista *Dissent* na edição do outono de 2016, em dissentmagazine.org.

p. 18 "nos anos 1990 as desigualdades entre homens e mulheres se acirraram." Ver também, de Isabelle Attané, "Being a Woman in China Today: a Demography of Gender", no periódico *China Perspectives 4* (2012): páginas 5 a 16. De Philip N. Cohen e Wang Feng, o ensaio "Market and Gender Pay Equity: Have Chinese Reforms Narrowed the Gap?", na publicação *Creating Wealth and Poverty in Postsocialist China,* com edição de Deborah S. Davis e Wang Feng (Palo Alto: Stanford University Press, 2009).

p. 18 "3,3 vezes o valor do PIB chinês." Ver artigo de Zhang Zhi Ming, Dilip Shahani e Keith Chan para o HSBC Global Research Report "China's Housing Concerns", de 7 de junho de 2010, pág. 5. O valor total das propriedades residenciais no país passou 3,27 vezes o PIB do país, batendo a marca dos RMB 109 trilhões em fevereiro de 2010.

p. 18 "Ao fim de 2017." Baseado nas 3,3 vezes o valor do PIB chinês ao fim de 2017, o que equivalia a cerca de RMB 273 trilhões, ou US$ 43 trilhões.

p. 19 "uma lacuna gigantesca." Ver, também de Leta Hong Fincher, o livro *Leftover Women: The Resurgence of Gender Inequality in China* (Londres: Editora Zed, 2014).

p. 20 "posições políticas 'extremas.'" Ver artigo de Emily Rauhala para o *Washington Post* "Chinese State Media Attacks Taiwan's President for Being a Single Woman", de 25 de maio de 2016, em washingtonpost.com.

p. 21 "orientações da censura vazadas." Ver artigo de Anne Henochowicz para o *China Digital Times* "Minitrue: Delete Op-Ed on Tsai Ing-wen", de 25 de maio de 2016, em chinadigitaltimes.net.

p. 21 "em vigor a partir de 2016." Ver, também de Fincher, *Leftover Women*.

p. 26 "ferramentas reprodutivas para realizar as metas desenvolvimentistas da nação." Ver artigo de Susan Greenhalgh "Fresh Winds in Beijing: Chinese Feminists Speak Out on the One-Child Policy and Women's Lives" para a publicação *Signs 26* nº 3 (2001), p. 847 a 886.

Capítulo 1. O Quinteto Feminista da China

p. 30 "Prison Notes", de Wei Tingting, trecho de "What Happened On March 7", ou *Yuzhong zhaji*, Prison Notes (3).

p. 30 "entoando canções." A postagem no WeChat foi deletada pouco depois. Deixo a referência de um artigo acadêmico escrito por ela mesma que inclui menções ao período de detenção: Tingting Wei, "A Look at the Beijing Conference Through Lesbian Eyes", para o *Asian Journal of Women's Studies* 21, nº 3 (2015), p. 316 a 325.

p. 33 "proteger os interesses nacionais." Ver a matéria de Didi Kirsten Tatlow para o *New York Times* "Women in China Face Rising University Entry Barriers", de 7 de outubro de 2012, em nytimes.com.

p. 33 "assédio no metrô." Matéria para a *XinhuaNet* "Chinese Public Calls for Harsher Sexual Harassment Penalties", de 22 de agosto de 2017, em xinhuanet.com.

p. 37 "para o trabalho no campo." Ver artigo de Viola Zhou para a *Inkstone* "How One of China's 'Feminist Five' is Fighting For Women's Rights Even After Jail", de 8 de março de 2018, em inkstonenews.com.

p. 37 "cada momento vivido fosse significativo"... "circular no vilarejo"... "uma faca com que pudéssemos nos defender." Ver artigo de Wu Rongrong para a *China Change* "How I Became a Women's Rights Advocate", de 27 de abril de 2015, em chinachange.org.

p. 38 "Instituto Aizhixing, de Pequim." Aizhixing quer dizer "amor, conhecimento e ação", numa brincadeira com o nome chinês para a Aids, "ai zi bing".

p. 38 "um maço de notas de dinheiro." Ver matéria de Sophie Beach para o *China Digital Times* "Deng Yujiao Tells Her Story; Protesters Express Support", de 25 de maio de 2009, em chinadigitaltimes.net.

38 "caso se visse ameaçada de estupro." Ver matéria de Cai Ke para o *China Daily* "Waitress Who Killed Official Spared Jail", de 17 de junho de 2009, em Document5chinadaily.com.cn.

p. 39 "ou seriam produto de alguma fraude?" Ver matéria de Bob Chen para o *GlobalVoices* "China: Netizens Stand with the Waitress Who Killed an Official", de 17 de maio de 2009, em globalvoices.org. O post original no blog chinês foi deletado.

p. 39 "pela sua dignidade." Ver matéria de Raymond Li para o *South China Morning Post* "Mixed Opinions on Deng Yujiao Verdict", de 17 de junho de 2009, em scmp.com.

p. 45 "uma tremenda revelação!" Ver entrevista de Wang Man para Didi Kirsten Tatlow, do *New York Times,* a respeito das limitações do rótulo "mulheres que sobraram": "Rejecting the 'Leftover Women' Label", de 23 de abril de 2013, em nytimes.com.

Capítulo 2. A Internet e o despertar feminista

p. 47 "Wang Man." Ver post de Eric Fish no blog da página Asia Society "Interview: Masked Chinese Activists 'Show Solidarity' with Detained Feminists", de 7 de abril de 2015, em asiasociety.org/blog.

p. 49 "de qualquer usuário procurado por eles." Ver livro de Rebecca MacKinnon, *Consent of the Networked: The Worldwide Struggle for Internet Freedom* (Nova York: Basic Books, 2012).

p. 49 "Libcom.org." Ver postagem de Wei Lizhi no blog Nao, "Free the Women's Day Five! – Statements from Chinese workers and students", de 13 de março de 2015, em libcom.org.

p. 49 "Federação Nacional da Mulher Chinesa." Ver artigo de Didi Kirsten Tatlow para o blog Sinosphere, do *New York Times*, "Supporters of Detained Feminists in China Petition for their Release", de 1º de abril de 2015, em sinosphere.blogs.nytimes.com.

p. 51 "mais de mil feridos." Ver matéria de Edward Wong para o *New York Times* "China Locks Down Restive Region After Deadly Clashes", de 6 de julho de 2009, em nytimes.com.

p. 52 "e decidiu ocupá-la." Ver texto de Gady Epstein para a *Forbes*, "Sina Weibo", de 3 de março de 2011, em forbes.com.

p. 52 "em todo o mundo." Ver artigo da equipe do site *China Internet Watch*, "Weibo's Monthly Active Users Reached 392 Million in 2017", de 19 de março de 2018, em chinainternetwatch.com.

p. 54 "persuadi-las a se casarem." Ver matéria de Leta Hong Fincher para o blog da revista *Ms.*, "China's 'Leftover' Women", de 12 de novembro de 2011, em msmagazine.com/blog.

p. 55 "Who Are China's Weibo Superstars?", artigo de Helier Cheung para a *BBC News* de 29 de novembro de 2013, em bbc.com.

p. 57 "das lideranças mais proeminentes do país." Ver matérias de Tania Branigan para o *The Guardian:* "China Blocks Bloomberg for Exposing Financial Affairs of Xi Jinping's Family", de 29 de junho de 2012, e "New York Times Blocked By China After Report on Wealth of Wen Jiabao's Family", de 26 de outubro de 2012, em theguardian.com.

p. 60 "em caso de divórcio." Ver texto de Li Ying "*Wo kan hunyinfa sifa jieshi san*" [Minhas visões sobre a Lei do Matrimônio, uma interpretação jurídica (3)], de 8 de agosto de 2011, em lady.163.com.

p. 61 "o interesse crescente entre os usuários pelas ideias feministas." Ver o ensaio publicado on-line por Lü Pin, "*Xingbie geming buhui shi tanhua yi xian*" [A revolução de gênero não é só fogo de palha], em lady.163.com.

p. 62 "uma aluna tão idealista e comprometida." Trecho de uma petição que circulou na Universidade Sun Yat-sen (traduzido originalmente por Wei Lizhi, com revisão minha). Ver post de Wei Lizhi no blog Nao, "Free the Women's Day Five! – Statements from Chinese workers and students", de 13 de março de 2015, em libcom.org.

p. 65 "mais fracas em seu trabalho político." Ver matéria de Viola Zhou para o *South China Morning Post*, "Chinese University Encourages Professors, Students to Post Online Content That Promotes 'Socialist Values'", de 21 de setembro de 2017, em scmp.com.

p. 66 "associada aos chineses han." Ver texto de Séagh Kehoe, "Plateau Redness and the Politics of Beauty in Contemporary Tibet", de 24 de março de 2016, no seu próprio website: seaghkehoe.com.

p. 66 "acabaram sendo desativados." Ver texto de Dilnur Reyhan para o site Women and Gender in China "Mothers Who Educate: Uyghur Women's Activities in Digital Space", de 25 de setembro de 2017, em wagic.org.

p. 68 "falha na segurança e no atendimento ao cliente." Ver artigo de Joanna Chiu para a *Foreign Policy*, "For Chinese Victims of Sexual Assault, 'Going Viral' Is Best Revenge", de 15 de abril de 2018, em foreignpolicy.com.

p. 68 "mensagens obscenas que ele costumava lhes enviar." Ver matéria de Zhang Liping para o *Sixth Tone*, "Bank Investigates Allegations of Suggestive Texts to Interns", de 27 de maio de 2017, em sixthtone.com.

p. 68 "o controle sobre a internet não for acirrado demais." Ver artigo de Lü Pin no site da Anistia Internacional "Will China Have Its #MeToo Moment?", de 24 de novembro de 2017, em amnesty.org.

p. 69 "conduzam investigações semelhantes." Ver artigos de Jody Kantor e Megan Twohey para o *New York Times* "Harvey Weinstein Paid Off Sexual Harassment Accusers for Decades", de 5 de outubro de 2017, em nytimes.com; e de Ronan Farrow para a revista *New Yorker*, "From Aggressive Overtures to Sexual Assault: Harvey Weinstein's Accusers Tell Their Stories", de 23 de outubro de 2017, em newyorker.com.

p. 69 "governo exclusivamente masculino da China." Ver texto de Leta Hong Fincher para a NPR, "China Is Attempting to Muzzle #MeToo", de 1º de fevereiro de 2018, em npr.org.

p. 69 "da desigualdade de gênero e da repressão." Ver artigo de Lü Pin para o *China File*, "What is the significance of China's #MeToo Movement?", de 20 de março de 2018, em chinafile.com.

p. 70 "forças estrangeiras hostis." Do texto de Xiao Meili para o *China Change*, "Who Are The Young Women Behind the '#MeToo in China' Campaign? An Organizer Explains", de 27 de março de 2018.

p. 70 "Nós precisamos que mais homens deem atenção à situação de suas irmãs." Trecho traduzido para o inglês do texto da operária Jiayun Feng para o *SupChina* "I am a Woman Worker at Foxconn and I Demand a System That Opposes Sexual Harassment", de 26 de janeiro de 2018, em supchina.com.

p. 70 "driblar o rastreamento dos censores." Ver matéria de Maura Elizabeth Cunningham e Jeffrey Wasserstrom para o *Los Angeles Times*, "Want Insight into China's Political Situation? Keep an Eye on New Animal Memes", de 8 de março de 2018, em latimes.com.

p. 71 "privado de tratamento médico." Ver matéria de Chris Buckley para o *New York Times*, "Liu Xiaobo, Chinese Dissident Who Won Nobel While Jailed, Dies at 61", de 13 de julho de 2017, em nytimes.com.

p. 72 "ditadura digital." Ver artigo de Li Yuan para o *Wall Street Journal* "Stranger Than Science Fiction: The Future for Digital Dictatorships", de 1º de março de 2018, em wsj.com.

p. 72 "no meu celular e no meu computador." Ver texto de Samuel Wade para o *China Digital Times*, "Translation: Open Letter on PKU #MeToo Case", de 23 de abril de 2018, em chinadigitaltimes.net.

p. 72 "forças estrangeiras." Ver texto de Samuel Wade, Josh Rudolph, Sandra Severdia e Ya Ke Xi para o *China Digital Times*, "Translation: Yue Xin 'On the Week Since My Open Letter' (Full Text)", de 1º de maio de 2018, em chinadigitaltimes.net.

p. 72 "do que estão com medo, na verdade?" Ver artigo de Yanan Wang para a Associated Press, "Outrage in China Over Pressure on Student to Stop Activism", de 25 de abril de 2018, em ap.org.

p. 72 "novas câmeras de segurança." "Peking University installs new surveillance cameras to monitor bulletin boards where anonymous #metoo poster was found two days ago." Tuitado pela conta @ShawnWZhang às 9h48, em 26 de abril de 2018.

p. 72 "via perfis pessoais nas redes sociais." Ver artigo de Samuel Wade para o *China Digital Times*, "Minitrue: Do Not Report on PKU Open Letter", de 25 de abril de 2018, em chinadigitaltimes.net.

Capítulo 3. Prisão e liberdade

p. 76 "revisão dos direitos humanos em curso no país." Ver artigo de Didi Kirsten Tatlow para o blog Sinosphere, do *New York Times*, "Activist's Death Questioned as U.N. Considers Chinese Rights Report", de 19 de março de 2014, em sinosphere.blog.nytimes.com.

p. 78 "que Wang Man permaneça detida." Ver texto da organização Human Rights I in China, "Supporting Women's Rights in China", de 14 de abril de 2016, em hrichina.org.

Capítulo 4. Seu corpo é um campo de batalha

p. 95 "expor partes íntimas." Ver texto de Qian Jinghua para o *Sith Tone*, "1 in 3 Chinese College Students Sexually Harassed, Survey Says", de 26 de setembro de 2016, em sixthtone.com.

p. 96 "chefes ou colegas de redação." Ver artigo de Jiayun Feng para o *SupChina*, "More Than 80 Percent of Female Journalists in China Face Sexual Harassment in the Workplace", de 7 de março de 2018, em supchina.com.

p. 96 "já haviam sido assediadas." Ver texto da organização China Labour Bulletin, "Up to 70 Percent of Women Factory Workers in Guangzhou Sexually Harassed", de 6 de dezembro de 2013, em clb.org.hk.

p. 96 "*Wei Ping* (Igualdade)." Segundo avaliação dos dois anos de implementação da lei contra a violência doméstica feita pela ONG Equality-Beijing, em 6 de março de 2018.

p. 103 "sofrendo abuso constante." Ver a matéria de Didi Kirsten Tatlow para o *New York Times*, "Chinese Courts Turn a Blind Eye to Abuse", de 29 de janeiro de 2013, em nytimes.com.

p. 104 "tentar 'aguentar firme.'" Ver a matéria de Didi Kirsten Tatlow para o *New York Times,* "China, in Suspending Woman's Death Sentence, Aknowledges Domestic Abuse", de 24 de abril de 2014, em nytimes.com.

p. 104 "Painful Words", por Dan Avery, para o site *Logo:* "Gays And Lesbians Wear Their Tormentors' Words on Their Bodies in Emotional Photography Exhibit", de 10 de novembro de 2015, em newnownext.com.

p. 109 "generais do Exército Popular de Libertação." Ver artigo de Lynn Elber para o *San Diego Union-Tribune* "Bai Ling Reveals Dark Memories of Chinese Army", de 1º de julho de 2011, em sandiegouniontribune.com.

p. 109 "uma delegação que viajou pela China." Ver artigo de Rachel Leung para o *South China Morning Post,* "#MeToo Movement Unearths Heartbreaking Reality of Sexual Assault in Hong Kong", de 8 de dezembro de 2011, em scmp.com.

p. 109 "uma viagem a trabalho"… "afundasse suas carreiras." Ver matéria de Catherine Lai para o *Hong Kong Free Press,* "No #MeToo in China? Female Journalists Face Sexual Harassment, But Remain Silent", de 5 de dezembro de 2017, em hongkongfp.com.

p. 111 "ao longo de suas vidas." Ver texto da campanha do secretário-geral da ONU para acabar com a violência contra as mulheres, "About UNITE: Human Rights Violation", disponível em un.org/en/women/endviolence/situation.shtml.

p. 112 "de violência física ou sexual contra suas parceiras." Ver texto de Emma Fulu, Xian Warner, Stephanie Miedma, Rachel Jewkes, Tim Roselli e James Lang para o website da organização Partners for Prevention, "Why Do Some Men Use Violence Against Women and How Can We Prevent It?", de setembro de 2013, em partners4prevention.org.

p. 113 "reformas econômicas implementadas nas décadas de 1980 e 1990." Algumas sugestões de livros recentes sobre os estilos de vida adotados por jovens chineses: *Young China: How the Restless Generation will Change their Country and the World*, de Zak Dychtwald (Nova York: St. Martin's Press, 2018); *Wish Lanterns: Young Lives in New China,* de Alec Ash (Londres: Picador, 2017); *Little Emperors and Material Girls: Youth and Sex in Modern China,* de Jemimah Steinfeld (Londres: I.B. Tauris, 2015); *China's Millennials: The Want Generation,* de Eric Fish (Londres: Rowman & Littlefield, 2015).

p. 113 "concordam com a ideia do sexo antes do casamento." Ver texto publicado pela agência Xinhua, "Over 70 pct Chinese University Students Agree with Sex Before Marriage: Survey", de 26 de setembro de 2016, em xinhuanet.com.

p. 114 "enxergar mais claramente as coisas"... "haviam feito travessias longas a pé pelo país." Ver artigo de Xiao Meili para o *New York Times*, "China's Feminist Awakening", de 13 de maio de 2015, em nytimes.com.

p. 120 "para poder vigiar esses indivíduos." Ver nota divulgada à imprensa pela organização Human Rights Watch em 19 de novembro de 2017, "China: Police 'Big-Data' Systems Violate Privacy, Target Dissent", em hrw.org.

p. 122 "que o Quinteto Feminista acabou na cadeia?", partes dos posts publicados em sua conta chinesa original foram mais tarde transferidos e postados (com uma tradução diferente da minha, por Peng X) como "Drinking Tea with China's 'National Treasure': Five Questions", em 28 de agosto de 2017, no endereço chuangcn.org.

p. 123 "Joga os manifestantes na prisão" – letra de "Punk Prayer", do grupo Pussy Riot, publicada na edição original do livro como: Virgin Mary, Mother of God, banish Putin!/Banish Putin, Banish Putin!/The head of the KGB, their chief saint/ Leads protesters to prison under escort, com tradução para o inglês do site Genius.com acessada em 4 de fevereiro de 2018 e disponível em genius.com/1001369.

Capítulo 5. Jingwei enche o mar

p. 125 "Gina (um pseudônimo)." Gina pediu para ser citada por pseudônimo porque trabalha em tempo integral como ativista do feminismo, e até hoje é alvo de perseguição constante por parte da segurança do Estado chinês.

p. 126 "trechos em prosa com poesia no estilo Sung." De "Excerpts from *Stones of the Jingwei Bird*", do livro *Writing Women in Modern China*, com edição de Dooling e Torgeson, p. 41.

p. 126 "virou o barco e a afogou." Do livro *Message From an Unknown Chinese Mother: Stories of Loss and Love*, de Xin Ran, com tradução para o inglês de Nicky Harman (Nova York: Scribner, 2010), p. 163 e 164.

p. 127 "Mulheres chinesas, erguei-vos!"... "reconsolidarem a nação." De "Excerpts from *Stones of the Jingwei Bird*", do livro *Writing Women in Modern China*, com edição de Dooling e Torgeson, p. 45.

p. 127 "*As Pedras do Pássaro Jingwei*." Ver também o livro de Louise Edwards, *Gender, Politics and Democracy: Women's Suffrage in China* (Palo Alto: Stanford University Press, 2008).

p. 128 "corajosa heroína da causa feminista." Ver artigo de Amy Qin para o *New York Times*, "Qiu Jin: A Feminist Poet and Revolutionary Who Became a Martyr Known as China's 'Joan of Arc'", de 20 de janeiro de 2018.

p. 128 "*The Birth of Chinese Feminism*"... "salvar sua pátria"... "um papel crucial para a renda das famílias." Ver o livro *The Birth of Chinese Feminism: Essential Texts in Transnational Theory*, editado por Lydia H. Liu, Rebecca E. Karl e Dorothy Ko (Nova York: Columbia University Press, 2013), p. 29 e 30, 78.

p. 130 "as historiadoras Dorothy Ko e Wang Zheng." Ver o livro *Translating Feminisms in China*, editado por Dorothy Ko e Wang Zheng (Hoboken, NJ: Editora Wiley-Blackwell, 2007), p. 4.

p. 130 "modernizar as instituições da dinastia Qing." Ver artigo de Mizuyo Sudo "Concepts of Women's Rights in Modern China", para a publicação *Gender and History* 18, nº 3 (novembro de 2006), p. 472 a 489.

p. 130 "das nações civilizadas,"... "tão contente e tranquilo!"... "com o feminismo?" Tradução de Michael Gibbs Hill com edição de Tze-lan D. Sang do livro *The Birth of Chinese Feminism*, de Liu, Karl e Ko, p. 208.

p. 131 "nome próprio hifenizado no país." Ver artigo de Rebecca E. Karl para o site WAGIC: Women and Gender in China, "Feminism and Reconceptualizing History: A Brief Comment", de 14 de março de 2018, em wagic.org.

p. 131 "período breve em que o jornal circulou."... "mulheres como sua propriedade privada." Ver *The Birth of Chinese Feminism*, de Liu, Karl e Ko, p. 51.

p. 132 "deixarão de ser necessárias." Ver texto de He-Yin Zhen com tradução de Meng Fan e Cynthia M. Roe, "The Feminist Manifesto", publicado em *Birth of Chinese Feminism*, de Liu, Karl e Ko, página 184.

p. 133 "a traumatizada autoconsciência chinesa." Ver livro *Woman and Chinese Modernity: The Politics of Reading Between West and East*, de Rey Chow (Minneapolis: Editora University of Minnesota Press, 1991), p. 170.

p. 133 "urbanas e de classe média." Ver *Translating Feminisms in China*, editado por Dorothy Ko e Wang Zheng, p. 8.

p. 133 "da porta batendo atrás de Nora." Ver o livro *Chinese Visions of Family and State, 1915-1953*, de Susan L. Glosser (Berkeley: University of California Press, 2003), p. 9.

p. 134 "direitos iguais na sociedade." Essa tradução do artigo de Lu Xun, "What Happens After Nora Leaves Home?", é parte do livro *Women in Republican China: A Sourcebook,* com edição de Hua R. Lan e Vanessa L. Fong (Oxon: Edotora Routledge, 2015), p. 178 e 179.

p. 134 "liberdade de escolha na morte, por meio do suicídio"... "surgimento de pequenos grupos comunistas por todo o país." Do livro *Mao Zedong and China in the Twentieth-Century World,* de Rebecca E. Karl (Durham, NC: Duke University Press, 2010).

p. 135 "reuniões secretas de 1921."... "meios para se libertar dela."... "Federação dos Círculos Femininos de Xangai". Do livro *Engendering the Chinese Revolution: Radical Women, Communist Politics, and Mass Movements in the 1920s,* de Christina Kalley Gilmartin (Berkeley: Editora University of California Press, 1995), p. 50 a 52.

p. 136 "do que com uma instituição política."

p. 136 "fazia as vezes do termo 'proletariado'."

p. 137 "ocupando uma posição mais importante que a de seu marido."

p. 137 "do Incidente do 30 de Maio."

p. 138 "privilegiando a causa da opressão econômica de classe sobre a exploração de gênero."... "não querer gerar antagonismo com os valores patriarcais arraigados desses trabalhadores."

p. 138 "'liberação feminina' (*funü jiefang*)." Ver *Translating Feminisms in China,* editado por Dorothy Ko e Wang Zheng, p. 6.

p. 139 "não vai prejudicar quem quer que seja." Ver texto de Ding Ling, "Miss Sophia's Diary", do livro *I Myself am a Woman: Selected Writings of Ding Ling,* com edição de Tani Barlow e Gary J. Bjorge (Boston: Beacon Press, 1989), p. 55.

p. 139 "associá-la aos lábios (*labia*)." ... "igualdade de oportunidades para participar do serviço público." Ver texto de Lydia H. Liu, "Invention and Intervention: The Female Tradition in Modern Chinese Literatura", do livro *Chinese Femininities, Chinese Masculinities,* editado por Susan Brownell e Jeffrey N. Wasserstrom (Berkeley: University of California Press, 2002), p. 155 e 156.

p. 140 "às massas revolucionárias." Ver também *The Question of Women in Chinese Feminism,* de Tani E. Barlow (Durham: Duke University Press, 2004).

p. 140 "um artista ou um supervisor." Essa versão do texto de Ding Ling pode ser encontrada no post "Thoughts on 8 March (Women's Day)", do dia 16 de dezembro de 2009, em libcom.org.

p. 141 "encarar silenciosamente todas as tarefas domésticas." Do livro *Mao Zedong and China...*, de Rebecca E. Karl.

p. 141 "a respeito de si mesmo, de sua comunidade e de seu passado."... "nas cidades chinesas do período pré-1949"... "pouco a pouco começariam a arejar a sua maneira de pensar." Do livro de Gail Hershatter, *The Gender of Memory: Rural Women and China's Collective Past* (Berkeley: University of California Press, 2014), p. 3, 105.

p. 142 "uma 'política da dissimulação.'"... "Até mesmo os homens estavam dizendo que agora elas faziam uma grande diferença." Do livro de Wang Zheng, *Finding Women in the State: A Socialist Feminist Revolution in the People's Republic of China, 1949-1964* (Berkeley: University of California Press, 2016), p. 18, 33.

p. 144 "seu compromisso de 'liberar as mulheres por meio do trabalho.'" Do livro *Mao Zedong and China...*, de Rebecca E. Karl.

p. 144 "nos empreendimentos geridos pelo Estado chinês"... "uma parte normal da economia socializada." Do artigo de Jiang Yongping, "Employment and Chinese Urban Women Under Two Systems", parte do livro *Holding Up Half the Sky: Chinese Women Past, Present, and Future*, editado por Tao Jie, Zheng Bijun e Shirley L. Mow (Nova York: Feminist Press, 2004), p. 207 e 208.

p. 144 "não correspondia a uma liberação verdadeira." Ver o artigo de Guo Yuhua para a *Chinese Social Science* 4 (2003): "Collectivization of the Soul: Women's Memories of the Agricultural Cooperative Movement in the Village of Ji in North Shaanxi."

p. 145 "não se ouvem vozes femininas na narrativa oficial da história do Partido." Trecho da fala de Guo Yuhua no workshop "Pesquisa Contemporânea Sobre As Mulheres Chinesas", organizado em Pequim pela CEFC em 11 de maio de 2013.

p. 146 "as últimas a serem recontratadas mais tarde." Ver o livro de Liu Jieyu *Gender and Work in Urban China: Women Workers of the Unlucky Generation* (Nova York: Routledge, 2007).

p. 146 "A discriminação de gênero nas contratações." Ver matéria do Human Rights Watch "Only Men Need Apply", de 23 de abril de 2018, em hrw.org.

p. 147 "inspirou uma nova geração de jovens feministas." Ver o artigo de Zeng Jinyan para a *Initium* "Zhongguo nüquan zhuyi sanshi nian" ["Trinta Anos do Feminismo Chinês"], de 24 de setembro de 2015, em theinitium.com.

p. 147 "Departamento Nacional de Estatística da China." Ver artigo de Yang Yao para o *China Daily USA*, "Pay Gap Still Wide Between Men and Women Despite Improvements", de 13 de março de 2015, em usa.chinadaily.com.cn.

p. 148 "a China no 100º lugar entre os 144 países." Do relatório do Fórum Econômico Mundial "The Global Gender Gap Report 2017", publicado em 2 de novembro de 2017, em weforum.org.

p. 148 "no final de 2017." Segundo uma análise dos números apresentados pelo Banco HSBC. Ver *Leftover Women*, de Fincher.

p. 151 "do poderio nacional." Ver nota no *People's Daily*, "Zhonggong zhongyang guowuyuan guanyu quanmian jiaqiang renkou he jihua shengyu gongzuo tongchou jiejue renkou wenti de jueding" [Decisão do Conselho do Estado Visando a Promoção do Programa de Planejamento Populacional e Familiar e a Busca de Solução para as Questões Populacionais], publicada em 22 de janeiro de 2007, em cpc.people.com.cn.

p. 151 "'elevar a qualidade populacional [*suzhi*]' era uma meta primordial." Para saber mais sobre *suzhi*, ver o livro *The Chinese Women's Movement Between State and Market*, de Ellen Judd (Palo Alto: Stanford University Press, 2002).

p. 151 "filhos de 'alta qualidade' para o benefício da nação." Para saber mais sobre o papel da mentalidade eugenista no planejamento populacional, ver o livro de Susan Greenhalgh, *Cultivating Global Citizens: Population in the Rise of China* (Cambridge: Harvard University Press, 2010); e também o artigo de Harriet Evans, "Past, Perfect or Imperfect: Changing Images of the Ideal Wife", no livro *Chinese Femininities/Chinese Masculinities*, editado por Susan Brownell e Jeffrey N. Wasserstrom (Berkeley: University of California Press, 2002).

Capítulo 6. Feministas, advogados e trabalhadores

p. 160 "violenta com uma mulher pequena como eu?" Ver artigo de Wang Yu, "My Endless Nightmare", parte do livro *The People's Republic of the Disappeared: Stories from Inside China's System for Enforced Disappearances*, editado por Michael Caster (Safeguard Defenders, 2017).

p. 161 "aceito a liderança do governo chinês." Ver artigo de James Podgers para o *ABA Journal*, "Chinese Lawyer Wang Yu Given ABA International Human Rights Award in Absentia", de 6 de agosto de 2016, em abajournal.com.

p. 161 "agradecendo a todos que a apoiaram." Tuíte da conta @YaxueCao, às 9h17 de 22 de julho de 2017, traduzido para o inglês por mim para a edição original deste livro.

p. 163 "abusos sexuais contra meninas nas escolas." Ver documentário *Hooligan Sparrow*, 2016, dirigido por Nanfu Wang.

p. 164 "dezesseis meninas em sala de aula". Ver matéria de Jiang Aitao para o *China Plus*, "Teacher Detained for Sexual Abuse in Rural School", de 27 de maio de 2013, em english.cri.cn. Liu diz que o professor inicialmente foi considerado culpado de ter atacado sexualmente vinte meninas, mas que em quatro dos casos, com meninas de duas famílias diferentes, as acusações acabaram sendo retiradas.

p. 166 "a vasta maioria delas do sexo feminino." Ver matéria assinada como Xinhua Insight para a *XinhuaNet*, "Underage Victims of Sexual Assault Struggle to be Heard in China", de 31 de maio de 2016, em xinhuanet.com.

p. 166 "entre o segundo semestre de 2011 e o primeiro semestre de 2015". Ver reportagem de Robin McDowell, Reese Dunklin, Emily Schmall e Justin Pritchard para a Associated Press "Hidden Horror of School Sex Assaults Revealed by AP", de 1º de maio de 2017, em ap.org.

p. 166 "comprimidos não identificados." Ver matéria da *XinhuaNet* "Police Investigate Child Abuse at Beijing Kindergarten", de 23 de novembro de 2017, em xinhuanet.com.

p. 167 "distrito de Chaoyang, em Pequim." Ver texto de Samuel Wade para o *China Digital Times*, "Minitrue: Don't Report on Kindergarten Abuse", de 24 de novembro de 2017, em chinadigitaltimes.net.

p. 168 "o primeiro dessa natureza na história da China." Ver reportagem de Tania Branigan para o *The Guardian* "China: Woman Settles in First Gender Discrimination Lawsuit", de 28 de janeiro de 2014, em theguardian.com.

p. 169 "ficou preocupada com o valor muito baixo da indenização." Ela usou um pseudônimo diferente para o processo judicial.

p. 172 "exigindo direito de visita aos maridos encarcerados." Ver reportagem de Chris Buckley e Didi Kirsten Tatlow para o *New York Times*, "In China,

Wives Fight Back After Their Activist Husbands Are Jailed", de 18 de maio de 2017, em nytimes.com.

p. 173 "a ponta do iceberg." Ver texto do China Labour Builletin, "Strikes and Protests by China's Workers Soar to Record Heights in 2015", de 7 de janeiro de 2016, em clb.org.hk.

p. 173 "promover os direitos e interesses das mulheres." Obrigada a Jeffrey Wasserstrom pela observação.

p. 173 "países com a mão de obra mais barata." Ver também, de Ching Kwan Lee, o livro *Against the Law: Labor Protests in China's Rustbelt and Sunbelt* (Berkeley: University of California Press, 2007).

p. 176 "diante das suas recusas, ameaçou-a com a demissão." Ver texto do China Labour Bulletin "Pregnant Woman Takes Employer To Arbitration for Unfair Dismissal", de 1º de junho de 2017, em clb.org.hk.

p. 176 "uma das mulheres recebesse 10 mil yuanes." Ver artigo de Echo Huang para o *Quartz* "A Chinese Firm Is Facing a Rare Joint Complaint from Women Workers Fired When Pregnant", de 11 de dezembro de 2017, em qz.com.

p. 177 "indenização de 230 mil yuanes." Ver texto do China Labour Bulletin "Sacked Labour Activist Continues to Push for Workers' Trade Unions", de 21 de setembro de 2015, em clb.org.hk.

p. 177 "vídeos de registro da ação coletiva." Vídeo postado no website do China Labour Bulletin e mais tarde retirado do ar. Acessado em abril de 2017.

p. 178 "pela empresa que assumiu a prestação de serviços de limpeza." Ver texto do China Labour Bulletin, "Unity Is Strength: The Story of the Guangzhou University Town Sanitation Workers' Strike", de 16 de outubro de 2014, em clb.org.hk.

p. 179 "o seu papel nessas violações tão graves." Ver texto do China Labour Bulletin "Global Brands Have To Live Up to Their Commitments to Chinese Workers, de 28 de abril de 2017, em clb.org.hk.

p. 179 "a ponto de fazê-lo sangrar." Ver matéria de Erika Kinetz para o *Houston Chronicle* "Making Ivanka Trump Shoes: Long Hours, Low Pay and Abuse", de 27 de junho de 2017, em houstonchronicle.com.

p. 179 "como China, Camboja e Vietnã." Ver texto do China Labour Bulletin "Guangdong Workers Show Once Again How Collective Bargaining Should Be Done", de 13 de março de 2018, em clb.org.hk.

p. 180 "Essas São Mulheres Fortes e Empoderadas." Texto de Zheng Churan publicado com o título original de *"Zhe shi yi qun chongman liliang de nüren/ Guangzhou Daxuecheng huanweigong weiquan bagong zhi jishi "* [Essas São Mulheres Fortes e Empoderadas: Um Registro da Greve dos Funcionários da Limpeza do University Tower em Guangzhou para Protestar por Seus Direitos] em 21 de agosto de 2014, no site worldlabour.org.

Capítulo 7. O autoritarismo patriarcal chinês

p. 185 "um dos ativistas sociais mais procurados da China." Ver matéria de Josh Chin para o *Wall Street Journal* "Meet Lu Jun, One of China's Most Wanted Social Activists", de 6 de setembro de 2015, em wsj.com.

186 "havia sido preso." Ver matéria de Barbara Demick para o *Los Angeles Times* "China Lawyer Who Fought Unfair Arrest Is Arrested", de 7 de agosto de 2009, em latimes.com.

p. 188 "líder supremo da China." Alguns desses trechos apareceram de formas diferentes no artigo de Leta Hong Fincher para o *Washington Post* "Xi Jinping's Authoritarian Rise in China Has Been Powered by Sexism", de 1º de março de 2018, em washingtonpost.com.

p. 188 "o controle autoritário exercido pela China sobre sua população." Dois outros autores que também escreveram sobre o autoritarismo patriarcal chinês são Edward Friedman, do livro *National Identity and Democracy Prospects in Socialist China* (Oxon, ME: Sharpe/Routledge, 1995), e Susan L. Glosser, que lançou *Chinese Visions of Family and State, 1915-1953* (Berkeley: University of California Press, 2003). Ver também o artigo de Tani E. Barlow "Theorizing Woman: Funü, Guojia, Jiating" para a publicação *Genders* 10 (edição da Primavera de 1991), p. 132 a 160.

p. 189 "se infiltrar no campo das questões ligadas às mulheres." Ver matéria de Son Xiuyan para o *People's Daily* "Ba jiang zhengzhi guanchuan yu Fulian gaige he gongzuo quan guocheng" [O Debate Político Deve Ser Integrado ao Processo de Reforma e Trabalho na Federação da Mulher], de 19 de maio de 2017, em cpc.people.com.cn, com tradução da própria autora.

p. 190 "o colapso da União Soviética!" Ver texto de Gao Yu para o *China Change* "Beijing Observation: Xi Jinping the Man", de janeiro de 2013.

p. 190 "pontos de vista perigosos vindos do Ocidente." Ver reportagem de Chris Buckley para o *New York Times* "China Takes Aim at Western Ideas", de 19 de agosto de 2013, em nytimes.com.

p. 191 "'estado-família sob a bênção dos céus' (*jiaguo tianxia*)." Do minivídeo da CCTV "Jiaguo Tianxia" [Estado-família sob os céus], de 18 de fevereiro de 2018.

p. 192 "com taxas de crescimento de dois dígitos, chegaram ao fim." Do artigo de Michael Forsythe e Jonathan Ansfield para o *New York Times* "Fading Economy and Graft Crackdown Rattle China's Leaders", de 22 de agosto de 2015, em nytimes.com.

p. 192 "o que se espera é um resfriamento geral da economia." Do texto divulgado pela Reuters "China's Economy Set to Slow to 6.5 Percent in 2018 as Government Turns Off Cheap Money", de 16 de janeiro de 2018, em reuters.com.

p. 193 "após o massacre na Praça da Paz Celestial, em novembro de 1989." Ver matéria de John Runwitch e Yawen Chen para a Reuters "Moody's Downgrades China, Warns of Fading Financial Strength as Debt Mounts", de 23 de maio de 2017, em reuters.com.

p. 193 "está começando a se canibalizar". Ver *End of an Era: How China's Authoritarian Revival is Undermining Its Rise*, de Carl Minzner (Nova York: Oxford University Press, 2018), p. xviii.

p. 193 "na definição das normas da feminilidade." Ver *Women and Confucian Cultures in Premodern China, Korea and Japan*, editado por Dorothy Ko, JaHyun Kim Haboush e Joan R. Piggott (Berkeley: University of California Press, 2003), p. 2.

p. 194 "isso é *yi* [a moralidade]"... "o Estado está bem governado." Do artigo de Fangqin Du e Susan Mann "Competing Claims on Womanly Virtue in Late Imperial China", incluído no livro *Women and Confucian Cultures*, editado por Ko, Haboush e Piggott, p. 225 e 226, 237.

p. 195 "Desde o Décimo Oitavo Congresso do Partido, Xi Jinping Vem Falando dessa Maneira sobre os Valores Familiares" [*Shibada yilai, Xi Jinping zheyang tan "jiafeng"*], publicado pelo *People's Daily* em 29 de março de 2017, em politics.people.com.cn, com tradução do próprio autor.

p. 197 "segundo a 'cultura tradicional'". Ver texto no *Tengxun News* "*Zhenjiang chengli xinshidai nüzi xuetang guifan nüxing zuozi*" [Zhenjiang abre Escola Feminina da Nova Era para Divulgar Padrões de Postura e Aparência Feminina], de 26 de março de 2018.

Enfrentando o dragão

p. 197 "um vídeo que vazou na internet em novembro de 2017." Ver texto de Yi-Ling Liu "Chinese Activists Decry So-Called 'Female Morality Schools'", de 2 de fevereiro de 2018, em csmonitor.com.

p. 197 "das 31 administrações provinciais da China continental em 2017." Ver artigo de Cheng Li para a Brookings Institution "Status of China's Women Leaders on the Eve of 19th Party Congress", de 30 de março de 2017, em brookings.edu.

p. 198 *"One Child"*. Livro de Mei Fong *One Child: The Story of China's Most Radical Experiment* (Boston: Houghton Mifflin Harcourt, 2016). Ver também o artigo de Wang Feng, Baochang Gu e Yong Cai, "The End of China's One-Child Policy"", na publicação *Studies in Family Planning* 47, nº 1 (de março de 2016), p. 83 a 86; e o livro *Governing China's Population: From Leninist to Neoliberal Biopolitics* (Palo Alto: Stanford University Press, 2005).

p. 198 "dos 2,1 necessários para a reposição populacional." Dados do arquivo do Banco Mundial "Fertility Rate, total (births per woman) – China", acessado em 27 de maio de 2018, em data.worldbank.org.

p. 198 "se reproduzirem pela China." Alguns desses trechos aparecem de forma diferente no meu editorial para o *New York Times* "China Dropped Its One-Child Policy. So Why Aren't Chinese Women Having More Babies?", de 20 de fevereiro de 2018, em nytimes.com.

p. 199 "mais de 60 anos de idade em 2030." Ver texto da *Bloomberg News* "China Sees Gray Generation as Quarter of Population by 2013", de 26 de janeiro de 2017, em bloombergquint.com.

p. 199 "já havia passado dos 60". Ver matéria na *XinhuaNet* "Elders Make Up One-Third of Shanghai's Population", de 28 de março de 2017, em xinhuanet.com.

p. 199 "para 69,7% em 2050". Ver reportagem da equipe do China Power "Does China Have an Aging Problem?", de 15 de fevereiro de 2016, em chinapower.csis.org.

p. 199 "113 meninos para cada 100 meninas em 2015." Ver matéria do *XinhuaNet "Zhongguo weilai 30 nian nei jiang you yue sanqianwan shihun nanxing zhaobudao duixiang"* [30 Milhões de Homens em Idade de se Casar não Encontrarão Parceiras nos Próximos 30 anos], de 13 de fevereiro de 2017, em xinhuanet.com.

p. 199 "*Leftover Women*." Ver também o livro de Mara Hvistendahl *Unnatural Selection: Choosing Boys Over Girls, and the Consequences of a World Full of Men* (Nova York: Public Affairs, 2012).

p. 199 "Política dos Dois Filhos Leva ao Maior Número de Nascimentos desde o Ano 2000", matéria de 11 de março de 2017, em xinhuanet.com.

p. 199 "bem abaixo da expectativa." Ver artigo de Wang Xiaoyu para o *China Daily* "NBS: Birth-rate Dropped, But More Chinese Couples Had Second Child", de 30 de janeiro de 2018, em chinadaily.com.cn.

p. 199 "a engravidar novamente." Ver artigo de Shan Juan para o *China Daily* "Incentives for Second Child Considered", de 28 de fevereiro de 2017, em chinadaily.com.cn.

p. 200 "a população do país envelhece." Ver matéria da *Bloomberg News* "Chinese Lawmaker Proposes Cutting Nation's High Marriage Age", de 12 de março de 2017, em bloomberg.com.

p. 200 "foi compartilhado milhares de vezes no Weibo." Ver matéria de Sui-Lee Wee para o *New York Times* "After One-Child Policy, Outrage At China's Offer To Remove IUDs", de 7 de janeiro de 2017, em nytimes.com.

p. 201 "serem obrigadas a ter filhos?" Texto de Lü Pin para o *Vozes Feministas* "*Kaifang er tai, huibuhui rang nüren zaici shou shanghai?*" [A abertura para a política dos dois filhos deverá prejudicar ainda mais as mulheres?], de 30 de outubro de 2015, com tradução da própria autora.

p. 202 "haveria o risco de defeitos congênitos." Da matéria para o *People's Daily* "*Bie buxin! 30 sui zhiqian shi nüxing zuijia shengyu nianling*" ["Não pensem que é mentira! Abaixo dos 30 é a melhor fase da vida da mulher para ter filhos"], de 24 de outubro de 2017, em health.people.com.cn.

p. 202 "segurando nos braços uma criança pequena." Ver matéria " '*Yiyu' cheng jiuye ji youshi/zaixiao beiyun nü daxuesheng zengduo*" ["Já com filhos" se torna quesito procurado na temporada de busca por vagas – mais universitárias se preparam para engravidar], de 4 de dezembro de 2015, no site sohu.com, com tradução do próprio autor.

p. 202 "estudantes universitárias se preparam para engravidar." Ver matéria do *People's Daily* "*Beijing yi xueyuan 10 yu ming nü daxuesheng huaiyun shengzi: qiuzhi you youshi*" [Universidade em Pequim tem mais de 10 alunas que são mães: boas perspectivas de emprego], de 4 de dezembro de 2015, em edu.people.com.cn.

p. 202 "O Amor Felizardo da Estudante Universitária: Primeiro Ano – Morar Juntos, Segundo Ano – Engravidar, Terceiro Ano – Ter o Bebê." No título original: "*Nü daxuesheng xingfu ai: dayi tongju, daer huaiyun, dasan shengzi*", matéria publicada em 8 de abril de 2017, no site sohu.com.

p. 203 "ao amor e ao casamento." Ver artigo de Du Xiaofei para o *People's Daily* "Communist Youth League Vows to Help Unmarried Young People", de 18 de maio de 2017, em em.people.cn.

p. 203 "dos que se recusavam a participar." Ver texto de Zhao Yusha para o *Global Times* "Staff Complains About Obligatory Blind Dates as China Sees Single People As Problem", de 21 de maio de 2017, em globaltimes.cn.

p. 204 "ou deverão se casar com mulheres." Ver reportagem de Song Jingyi para o *China Daily* "Wives in Sham Marriages Hidden in the Shadows", de 22 de abril de 2016, em chinadaily.com.cn.

p. 205 "à gravidez e criação de crianças." Do livro em reedição inglesa de Shulamith Firestone *The Dialectic of Sex: The Case for Feminist Revolution* (Londres: Verso, 2015 [1970]), p. 11.

p. 206 "não desejam ter filhos de maneira nenhuma." Do texto da Zhaopin Limited "Zhaopin Report Found China's Working Women Less Keen on Childbearing", publicado pela Cision PR Newswire em 11 de maio de 2017, em prnewswire.com.

p. 206 "faixas de renda média-alta e alta." Do texto da *XinhuaNet* "China's High-Earning Consumers to Surge by 2030: Report", de 5 de novembro de 2016, em xinhuanet.com.

p. 206 "oito anos seguidos desde 2008." Relatório divulgado pelo Ministério de Assuntos Civis da República Popular da China, "2016 Social Service Development Statistical Communique"; ver também o artigo de Xuan Li na *The Conversation* "China's Marriage Rate Is Plummeting – And It's Because of Gender Inequality", de 11 de outubro de 2016, em theconversation.com.

p. 206 "a tendência de queda no número de matrimônios será mantida." Ver também *Wives, Husbands and Lovers: Marriage and Sexuality in Hong Kong, Taiwan and Urban China*, com edição de Deborah S. Davis e Sara L. Friedman (Palo Alto: Stanford University Press, 2014).

p. 207 "para congelar seus óvulos." Ver reportagem de Emily Rauhala para o *Washington Post* "Why China Stops Single Women From Freezing Their Eggs", de 4 de agosto de 2015, em washingtonpost.com.

p. 208 "taxas de natalidade preocupantemente elevadas." Ver matéria no *Global Times* "Xinjiang Official Calls for Fewer Births, Later Marriage in Rural South", de 23 de janeiro de 2015, em globaltimes.cn.

p. 208 "dos esforços de combate ao terrorismo." Ver, no *The Economist*, "Remote Control: The Government in Xinjiang is Trying to Limit Muslim Births", de 7 de novembro de 2015, em economist.com.

p. 208 "diluir a população uigur da região." Ver texto de Edward Wong para o *New York Times* "To Temper Unrest in Western China, Officials Offer Money for Interethnic Marriage", de 2 de setembro de 2014, em nytimes.com.

p. 209 "em qualquer registro de nascimento no país." Ver reportagem de Benjamin Hass para o *The Guardian* "China Bans Religious Names for Muslim Babies in Xinjiang", de 24 de abril de 2017, em theguardian.com.

p. 209 "deficiências graves nos serviços de saúde pública." Ver texto do *Global Times* "Xinjiang Sets New Child Policy", de 1º de agosto de 2017, em pressreader.com/china/global-times.

p. 212 "nas salas de aula e suas postagens nas redes sociais." Ver reportagem de Nectar Gan para o *South China Morning Post* "Chinese Communist Party Targets University Known For Global Outlook", de 28 de março de 2017, em scmp.com.

p. 212 "não foram implementadas adequadamente." De acordo com avaliação da ONG Equality-Beijing sobre os dois anos de implementação da lei antiviolência doméstica, de 6 de março de 2018. Relatório não publicado, em tradução fornecida pela Equality-Beijing.

Conclusão: Uma canção para todas as mulheres

p. 219 "no maior protesto de um só dia da história dos Estados Unidos." Ver reportagem de Erica Chenowith e Jeremy Pressman para o *Washington Post* "This Is What We Learned By Counting the Women's Marches", de 7 de fevereiro de 2017, em washingtonpost.com.

p. 220 "O Feminismo é Imortal!" Ver a página do Facebook Free Chinese Feminists e, no Twitter, a conta @FeministChina, para vídeos e fotos.

p. 221 "Volte para casa e aproveite a vida." Ver matéria de Sophie Richardson para o *Human Rights Watch* "China Tells Women to 'Go Home and Live Well'", de 28 de agosto de 2017, em hrw.org.

p. 222 "das vidas de bissexuais chineses." *Bi China*, 2017, com direção de Wei Tingting.

p. 223 "ar limpo e à democracia dos Estados Unidos." Ver matéria de Simon Denyer e Congcong Zhang para o *Washington Post* "A Chinese Student Praised the 'Fresh Air of Free Speech' at a U.S. College: Then Came the Backlash", de 23 de maio de 2017, em washingtonpost.com.

p. 223 "Estudante Chinesa na Universidade de Maryland é Atacada por Discurso Tendencioso na Formatura", tradução livre do título da matéria de Jiang Je para o *People's Daily* "Chinese Student at University of Maryland Slammed for Biased Commencement Speech", de 22 de maio de 2017, em en.people.cn.

p. 225 "embaixadora da marca Diesel." Ver matéria de Melanie Wilkinson para o *The Guardian* "Li Yuchun: Meet the Pop Star Taking Gender Neutral Style to China", de 15 de outubro de 2017, em theguardian.com.

p. 225 "querem cantar como garotos." Ver matéria de Benjamin Haas para o *The Guardian* "Acrush: The Boyband of Girls Winning Hearts in China", de 30 de abril de 2017, em theguardian.com.

p. 226 "ou expressão de gênero." Ver texto de Di Wang para o *China File* "What is the Significance of China's #MeToo Movement?", de 16 de março de 2018, em chinafile.com.

p. 227 "campeãs de luta." Ver reportagem de Amy Qin para o *New York Times* "China Fears India May Be Edging It Out in Culture Battle", de 30 de setembro de 2017, em nytimes.com.

p. 227 "das companhias chinesas Tencent Pictures e Wanda Pictures." Do texto de Rob Cain para a *Forbes* "'Wonder Woman' Winds Up June In China With Super $ 89 Million", de 29 de junho de 2017, no site forbes.com.

p. 227 "reação a *Mulher-Maravilha*." Texto de Da Tu (Coelho Gigante), "*Shenqi nüxia' jiujing shibushi yibu nüquan zhuyi dianying?*" [Mulher-Maravilha É Mesmo Um Filme Feminista?] para o *Vozes Feministas* de 5 de junho de 2017, com tradução da própria autora.

p. 229 "interrogadas pela polícia." Ver matéria de Tanya Lokshina para o Human Rights Watch, "Authorities in Southern Russia Scared of Feminism", de 14 de agosto de 2017, em hrw.org.

p. 229 "retaliação por sua luta." Ver reportagem de Nina Lakhani para o *The Guardian* "Mexico City Murders Put Defenders of Women's Rights on High Alert", de 20 de agosto de 2015, em theguardian.com.

p. 229 "deu uma nova força ao movimento das mulheres." Ver matéria de Traci Tong para o PRI's The World "The Dangers of Reporting on Femicide in Argentina", de 3 de novembro de 2017, em pri.org.

p. 229 "em março de 2018 no Rio de Janeiro." Ver texto de Suyin Haynes para a *TIME* "The Assassination of Brazilian Politician Marielle Franco Turned Her Into a Global Icon", de 22 de março de 2018, em time.com. Ver também o livro *The Unfinished Revolution: Voices from the Global Fight for Women's Rights*, com edição de Minky Worden (Nova York: Seven Stories Press, 2012).

p. 229 "ativista egípcia-americana Mona Eltahawy." Ver livro de Mona Eltahawy, *Headscarves and Hymens: Why The Middle East Needs a Sexual Revolution* (Nova York: Farrar, Straus and Giroux, 2015).

p. 231 "a crise democrática mais grave das últimas décadas". Ver relatório da Freedom House "Freedom in The World 2018 – Democracy In Crisis", em freedomhouse.org.

p. 232 "segurando as sandálias nas mãos." Ver vídeo de Jing Xiong "China Feminist Five – Do You Hear the Women Sing", publicado em 21 de setembro de 2015 no youtube.com.

Agradecimentos

p. 236 "Feminism, Chinese". Verbete de Leta Hong Fincher "Feminism, Chinese", na *The Wiley-Blackwell Encyclopedia of Gender and Sexuality Studies*, com edição de Nancy Naples, Renee C. Hoogland, Maithree Wickramasinghe e Wai Ching Angela Wong (Hoboken, NJ: John Wiley & Sons, 2016).

MATRIX